中电联电力发展研究院

YINGGUO DIANLI GONGCHENG
ZAOJIA GUANLI YANJIU

英国电力工程造价管理研究

主　编　董士波
副主编　郭婧娟　徐慧声

中国电力出版社
CHINA ELECTRIC POWER PRESS

内 容 提 要

为了解和掌握国外典型、成熟的工程造价管理方法及国际惯例，把握工程造价管理的发展方向和最新动态，推动电力企业"走出去"，中电联电力发展研究院组织相关专家编写了《英国电力工程造价管理研究》。

本书结合英国电力工程市场基本情况，全面介绍了英国电力工程建设的投资环境、造价管理概况、费用构成，英国建设工程工程量清单结构，英国电力工程计价方法和依据，以及英国电力工程招投标阶段和施工阶段的造价管理等内容。

本书可供电力工程建设行业及政府部门、行业协会和企业的领导，以及业主、承包商、监理单位、设计单位和第三方咨询机构等相关专业人士使用，并可作为全国电力工程造价管理、工程管理及项目管理等相关专业博士、硕士研究生的参考图书。

图书在版编目（CIP）数据

英国电力工程造价管理研究 / 董士波主编. —北京：中国电力出版社，2019.1
ISBN 978-7-5198-2931-5

Ⅰ. ①英… Ⅱ. ①董… Ⅲ. ①电力工程–工程造价–研究–英国 Ⅳ. ①F456.166

中国版本图书馆 CIP 数据核字（2019）第 011231 号

出版发行：中国电力出版社
地　　址：北京市东城区北京站西街 19 号（邮政编码 100005）
网　　址：http://www.cepp.sgcc.com.cn
责任编辑：张　瑶（010–63412503）
责任校对：朱丽芳
装帧设计：张俊霞
责任印制：石　雷

印　　刷：三河市百盛印装有限公司
版　　次：2019 年 1 月第一版
印　　次：2019 年 1 月北京第一次印刷
开　　本：787 毫米×1092 毫米　16 开本
印　　张：14.25
字　　数：306 千字
印　　数：0001—2000 册
定　　价：57.00 元

本 书 编 审 人 员

主　　编　董士波

副 主 编　郭婧娟　徐慧声

主　　审　赵　斌　李成栋　柳瑞禹　周　慧

参编人员　李东伟　韦　波　贺　成　张欣然

前言

中共中央十一届三中全会以来，我国改革开放已经走过了 40 年的光辉历程，取得了举世瞩目的伟大成就，电力行业国际合作取得了跨越式发展。近年来，在"一带一路""全球能源互联网"等倡议下，我国电力企业在对外投资与合作中积累了丰富的经验，投资范围涉及水电、火电、风电以及输变电等领域。我国电力企业"走出去"，专业技术是重要的支撑和基础，工程造价管理体系和标准是庞大系统技术体系中一个重要的组成部分。因此，了解和掌握国外典型、成熟的工程造价管理方法以及国际惯例，把握工程造价管理的发展方向和最新动态十分重要。

英国地处西欧，拥有稳定的政治环境，商业环境开放透明，社会安定，各项法律法规健全，执法体系完善。英国在项目运营、风险管控等领域经验丰富。在工程造价管理体系方面，英国工料测量（Quantity Surveying，QS）有着悠久的历史，可追溯到 16 世纪，至今已有 400 年的历史。在此过程中，英国工程造价管理机构结合本国的实际情况，已经形成了统一的工程量标准计量规则和工程造价管理体系，使工程造价管理成为了一个科学化、规范化、颇有影响的独立专业。本书根据英国电力工业发展脉络，全面介绍了英国电力工程建设的投资环境；详细介绍了英国电力工程造价管理概况，包括英国工程造价管理相关专业团体、英国电力工程项目的监管组织和监管方式，英国工程项目管理流程以及工程建设各阶段的工程造价管理内容；系统介绍和分析了英国电力工程费用构成、英国电力工程计价方法和依据；此外，还介绍了英国电力工程招投标和施工阶段的造价管理。

本书由中电联电力发展研究院编撰。在编写过程中，大量查阅和检索了英国电力工程造价管理方面的信息和资料，并得到北京交通大学的大力支持和帮助，在此表示由衷的感谢。本书在编写过程中，从内容到形式都进行了反复的调查和研究，力求以严谨的态度、翔实的数据和真实的记述介绍英国电力工程造价管理。本书可供从事海外电力工程项目投资决策与工程造价管理的相关企业及人员参考和借鉴。希望本书能够成为中国企业了解海外电力工程市场和工程造价管理的窗口，也期待业界同仁和广大读者多提出宝贵意见和建议，为提升我国电力企业"走出去"的能力和水平发挥更大的作用。

中电联电力发展研究院　编写组

2018 年 12 月于北京

目录

第一章 英国电力工程建设的投资环境

英国是由大不列颠岛、爱尔兰岛东北部及附近许多岛屿组成的岛国，分为四个部分：英格兰（England）、苏格兰（Scotland）、威尔士（Wales）、北爱尔兰（Northern Ireland）。英格兰划分为 43 个郡；苏格兰下设 32 个区，包括 3 个特别管辖区；威尔士下设 22 个区；北爱尔兰下设 26 个区。除本土之外，英国还拥有十四个海外领地，国土面积 24.41 万 km^2（包括内陆水域），总人口超过 6500 万。

英国为君主立宪制国家，采用议会制进行管理。英国作为欧洲四大经济体之一，是英联邦元首国、八国集团成员国、北约创始会员国，同时也是联合国安全理事会五大常任理事国之一。英国不仅是发达国家，更因其较高的名义 GDP 水平被称为世界第五大经济体。

英国拥有大量的煤、天然气和石油储备，比如，英国北海油田的海底石油储量居世界第三位，仅次于波斯湾和马拉开波湾。英国位于欧洲西部，盛行西风，属于典型的温带海洋气候，拥有较为丰富的海上风能资源，其中可用于商业开发的部分占全欧洲海上风电总量的 1/3，高达 48 000MW。

2017 年，英国本土发电量为 3350kWh，净进口量为 148 亿 kWh，风能、太阳能和核能等清洁能源的发电量占 2017 年总电力的 90%。自 2012 年以来，英国已拥有良好的清洁电力系统，该清洁系统分别位列欧洲第四，全球第七。在此基础上，其电力部门的碳排放量也减少至原来的一半。英国也在 2017 年 4 月迎来了自工业革命以来的第一个 24h 不使用任何煤炭的时期。

本章从英国电力市场发展历程入手，讲述英国电力发展现状，介绍电力工程建设的政策和法律环境，分析电力工程建设趋势，为对英国电力市场感兴趣的投资者、建设者提供参考。

第一节 英国电力市场的发展历程

自 1950 年以来，英国电力工业的发展可以以 1990 年为界划分这样两个阶段：第一阶段是在 1990 年以前，此时还未实行私有化；第二阶段是 1990 年以后，逐步实行私有化。各个阶段的划分和特征如表 1-1 所示。

表 1-1 英国电力工业的发展阶段

阶段划分	阶段特征	
第一阶段（1990 年前）	尚未实行私有化，以垂直一体化运行模式为特征	
第二阶段（1990 年后）	第一时期（POOL 时期）	以电力库（POOL）运行模式（1990~2001 年）为特征，所有的电力交易均在 POOL 中进行
	第二时期（NETA 时期）	以实施新电力交易协议（NETA）（2001~2005 年）为标志，以市场交易自由与可签订双边合同为特征
	第三时期（BETTA 时期）	以实施英联邦电力贸易和传输协议（BETTA）（2005 至今）为标志，扩大英国电力市场改革的范围，不再仅限于英格兰和威尔士地区，而是将苏格兰地区也加入到英国电力市场中，以统一由相同机构管理全英国的电力系统为特征

一、私有化前时期

在实行私有化以前，英国电力工业并未进行全国性的统一管理，而是由地方政府对各自的管辖区域管理经营，对发电、送电、配电和售电实行纵向一体化垄断式管理。在英格兰和威尔士，主管部门为中央电力局（The Central Electricity Generating Board），所有的发电厂和输配电网均由它统一控制，其下设 12 个区域性供电局用于垄断其管辖区域的发电，输电和供电业务。电力委员会（Electricity Council）作为一个协调组织，负责制定电力政策和法规以及处理相关的事务。在苏格兰和北爱尔兰，也有类似的垄断机构，如苏格兰发电局（Scotland Generating Board）。

私有化以前的垄断式管理模式的特点是：以最低消耗为准则，对发电机组实行统一调度以满足需求；对输配电系统实行中央计划投资，统一建设、运行和维护；电价包括电力系统的实际成本和附加费。私有化以前的垄断式管理模式不足之处在于缺乏活力，能源利用率低，劳动生产率难以提高。

1989 年，英国议会通过了关于英格兰、威尔士和苏格兰电力工业重组和私有化的计划，并批准了《电力法》（1989 年版）。该电力法奠定了电力工业私有化的法律基础。《电力法》（1989 年版）自 1990 年 4 月开始生效，同时标志着英国电力工业重组计划正式开始施行。

在英格兰和威尔士，原中央电力局分化成 3 个发电公司和 1 个输电公司。3 个发电公司为国家电力公司（National Power），电能公司（Powergen）和核电公司（Nuclear Electricity）。国家电力公司和电能公司于 1992 年实行私有化，成为股份公司，政府现只拥有 40%的股份。输电公司为英国国家电网公司（National Grid Company），主要经营输电系统，于 1995 年 12 月成为股份公司。目前，英国国家电网公司已经与一家天然气公司合并，改名为国家电网天然气公司，主要经营英国与美国的电力和天然气传输系统。原来的地区供电局被新建立的 12 家地区电力公司（Regional Electricity Company，REC）所取代。REC 主要负责配电系统，并向电力用户售电。原来的电气委员会被撤销，其调节职能由新成立的电气协会承担。电气协会作为电力企业中的一个横向组织,它的任务除了向会员公司提供相关信息和技术上的服务外,还为电力企业提供相应的场所便于相互间意见的交流。南苏格兰电力局和北苏格兰水电局在私有化后股份全部售出,成立了苏格兰电力公司和苏格兰水电公司。统一经营发、送、配和售电,各部门独立核算,各企业间按合同运营。北爱尔兰电气服务部在1992年私有化中,将所属4个发电厂出售给美国和比利时的一家合资企业以及不列颠煤气公司,同时成立北爱尔兰电网公司,经营送电、配电和零售业务。该公司在1993年全部为民间股份。在重组同时,新的管理体制也在电力工业中开始逐步实行,相比之前的管理体制而言,新的管理体制引入了竞争机制来开发电力市场。在该模式下,发电和售电部分实行竞争模式,发电商和售电商可自由竞争,而输电和配电部分虽也归私家能源公司所有,但仍采用垄断式运行模式,即由英国天然气及电力市场办公室统一监管各个部门。

二、电力库时期

电力库市场机制的核心是《电力库及结算规程》(Pooling & Settlement Agreement,PSA)。该规程是一个合同体系,由电力市场中供求双方所有成员共同制定并签署。依照这个规程,持有发电执照的发电商需提前一天向电力库申报其发电机组在各时段(半小时为一时段)上的发电量与电价。电力库时期电力市场结构和交易方式分别如图1-1、图1-2所示。

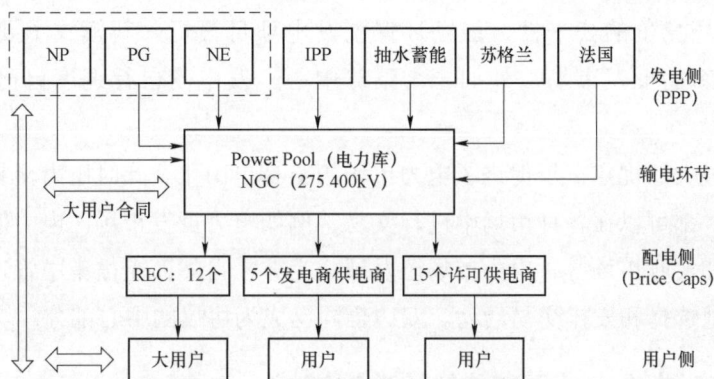

图1-1 电力库时期电力市场结构[1]

在英格兰和威尔士,其高压输电网由英国国家电网公司(NGC)作为唯一法定拥有和运营者,负责发电机组的调度和最优排列顺序,担当独立系统操作员的角色,其最终目的就是在合理的价格之下使得发电和负荷达到供求平衡,同时提供相关的辅助服务,以满足组织各种输电的需求。在具体操作时,系统操作员以预测的负荷为准,在保证输配电系统运行安全的前提下按着一定的优选规则,进行机组调度,制订发电计划。系统操作员一般是以上网发电机组所申报的最高发电价来确定当天电力库购电价,并以该价格作为发电商和用户进行购

---

[1] 图表来源:北极星输配电网,网址:http://shupeidian.bjx.com.cn/。

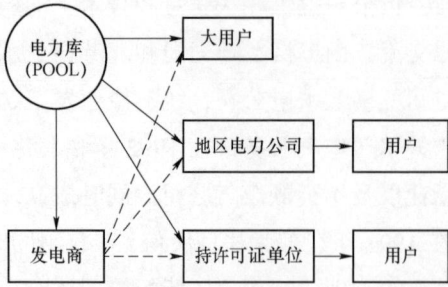

图 1-2　电力库时期电力市场的交易方式❶

电和售电的交易价格，同时系统操作员也以此价格对交易电量进行结算。

在电力库机制下，虽然发电企业可以相互竞争，并开始重视发电成本和资源利用率，但是参与竞争的发电企业数量有限，电力市场机制无法从根本上消除主要的发电企业的市场力。在 20 世纪 90 年代电力库机制实施的 10 年里，新建电厂投资降低了将近 40%，联合循环燃气发电厂增加 10% 以上，现货市场天然气价格降低 50%，然而电力库电价却增长 10%。

三、新电力交易协议时期

电力库时期发展了一段时间后，许多不足之处也逐渐显现出来，例如 NGC 的职能过于集中、电力供应的合同没有长期性、价格信息变化快且用户无法及时获取信息、竞争者少导致的相关方操纵市场等诸多问题；为更多的利润而转向国外进行投资活动。❷

从 2001 年 3 月开始，英国电力工业以实施新电力交易协议（the New Electricity Trading Arrangement，NETA）为标志进入一个新时期。其目的主要是：第一，为保证供电的即时性和长期供电的可靠性，降低批发电价；第二，价格透明，使用户真正参与价格制定过程；第三，提高发电市场竞争的公平性，鼓励环保型发电项目投资。新模式主要以双边交易为基础，共有三级新的批发市场，外加一个结算中心。发电商自行调度自己机组，不再由 NGC 中央调度。

这一时期的最大的优点在于促进了电力市场的交易自由化。此时电力交易与其他商品已基本上没有区别，都可以在各种市场中进行交易，例如电力批发市场，电力期货市场，提前一天的电力市场和实时市场等。电力市场已发展成为非常自然而无需集中管理的市场。市场参与者可以自由地选择和安排交易活动。双边合同已成为协议的中心部分。

四、实施英联邦电力贸易和传输协议时期

在完成了英格兰及威尔士地区（简称 E&W 模式）第二次电力工业改革，即建立了 NETA 机制后，英国政府［以贸易与工业部（DTI）为代表］及独立监管机构（英国天然气及电力市场办公室，简称 OFGEM）在广泛听取各界意见和参考研究结果后，确定了最合适的改革路径：在苏格兰、英格兰及威尔士三大地区（统称 Great Britain，GB）推广已有的 E&W 模式，让 GB 三大地区所有市场实体在同等条件下进入统一的市场。

从 2005 年 4 月开始，英国电力工业将以实施英国电力交易和输电协议（the British

---

❶ 图表来源：北极星输配电网，网址：http://shupeidian.bjx.com.cn/。
❷ 资料来源：中国储能网，网址：http://www.escn.com.cn/news/。

Electricity Trading and Transmission Arrangements，BETTA）为标志进入另一个新时期。这一时期，由国家电网天然气公司对英国电力系统进行统一管理，此时系统将作为一个整体系统，在现有的市场结构下运营。其主要内容是：一是在全 GB 地区建立统一电力贸易、平衡和结算系统；二是在全 GB 地区建立统一电力传输定价方法和电网使用合同体系；三是建立一个独立于发电和供电的英国国家级系统操作机构（GB System Operator，GBSO）。电力贸易、平衡和结算系统与合同体系两种体系的建立均是以 E&W 模式为基础，同时，这一时期还修订《苏格兰电网规范》和《国家电网公司电网规范》，制定了具有创新性且独立的《英国电网规范》。将《系统运行机构与输电网拥有者协议》在原有的基础上修改后重新制定出新版协议，以明确界定系统运行机构与输电网拥有者的职责范围。消除了跨大区电网的使用障碍。建立了新的英格兰-苏格兰高压电力输送网络，同时扩大了市场范围，为参与者创造了更开放的环境[1]。

第二节 英国电力发展现状

一、投资现状

当前，英国电力市场上的主要成员有输电商、配电商、发电商、零售商和交易中心等。全英国共拥有 3 家输电商，7 个配电商。具体成员关系如图 1-3 所示。

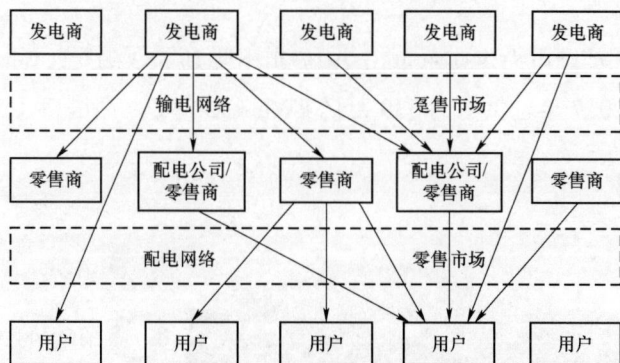

图 1-3 英国电力市场成员关系图

（一）电力市场主要成员

1. 发电商

英国存在发电商超过 400（420~430）家，其中规模排名前六的发电商一共占有市场份额已高达 70%以上多，排名前十的发电商，其总市场份额占有率超过 85%。随着发电商的进一步分拆和整合，发电侧的市场集中度呈现进一步下降的趋势，*HHI* 指数约为 1000 以上，属

---

[1] 北极星输配电网，http://m.bjx.com.cn/mnews/20160927/776162.shtml。

于轻度集中市场（低寡占Ⅱ型：1000～1400），竞争较为充分。在英国进行电力交易的发电商是由不同国家的公司进行投资的，其中占据市场份额最大的为德国，其次为英国，约占市场总额的30%。此外，法国、西班牙、美国的发电商等也占有很大比例。

2. 零售商

全英国拥有20多家零售商（Supplier），前6大公司的市场份额总额超过90%，并且，除去苏格兰以外，零售商原则上不拥有配电资产。在英国过去五年来看，有超过50%的终端用户更改了自己的电力供应商，这说明在英国电力市场上，终端用户有着充分的选择权，零售商竞争十分激烈。此外，英国的发电商和零售商呈现纵向一体的特点，零售商都有自己的发电资产，即零售商也是发电商，这也是英国当前能够良好运转的一个重要原因，如苏格兰电力企业SSE既有发电资产，又有配电资产，并且还是电力零售商。

3. 零售交易中心

为了进一步增强市场流动性，英国成立了两家电能交易中心，负责为短期现货合同的交易提供平台，以及为交易双方提供合约管理。合同类型包括日前拍卖、现货和促销合同三种。在交易中心内交易的电量不会进行安全校核。电能交易中心的交易工作结束，市场成员将自己的初始发用电曲线提交给调度。在平衡机制阶段，交易中心没有组织交易的职能，调度中心反而可以接受市场成员调整量的报价。此外，英国电力市场上还存在进行非物理中间交易的交易商（Trader），它本身并不拥有发电或负荷职能，只是通过从发电商买电、并向零售商卖电来赚取差价利润。对于英国电力市场上的大用户来说，它与小用户类似，同样可以自由选择供电商。

（二）英国电力供应

如图1-4所示，英国电力供应总量在2017年下降到353万亿kWh，比2016年减少了3.6万亿kWh。英国2017年总供给为339万亿kWh（95.8%），净进口（进口减去出口）占总供给的4.2%。

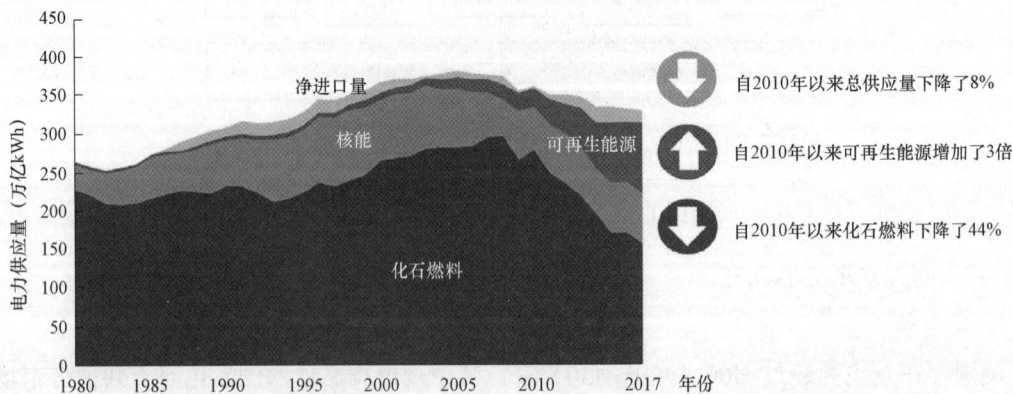

图1-4 英国2017年电力供应●

● 图表来源：英国国家统计网站，网址：https://www.gov.uk/government/statistics/electricity-chapter-5-digest-of-united-kingdom-energy-statistics-dukes。

随着电力需求的驱动，英国发电量在 2017 年下降了 0.2%，所有发电公司的总发电量为 336kWh，主要发电量占发电量的 84.9%。一级能源（包括核能、风能、太阳能和水力）的电力份额在 2017 年增加到 41%，而 2016 年电力份额占 37.1%。2017 年，主要来自次级来源（包括煤、天然气、石油、生物能源和非生物废物）的电力份额占 59%。

（三）英国电量进出口[1]

2017 年，英国本土净进口量为 148 亿 kWh，下降了 16.8%，而 2016 的净贸易增长率为 17.7%。进口量下降的主要原因是英法联网线路在 2017 年第一季度发生故障，以及 2017 年第 4 季度法国核电站的维修[2]。2017 年英国电力进口和出口情况如图 1-5、1-6 所示。

英国与欧洲有四个相互联系的国家：英格兰-法国（2GW 容量），英格兰-荷兰（1GW），北爱尔兰-爱尔兰（0.6GW）和威尔士-爱尔兰（0.5GW）。表 1-2 和图 1-6 显示了 2015—2017 年英国的净进口电量。

表 1-2　　　　　　　　　　　英国 2015—2017 年的净进口电量

Table 1-2：Net Imports via interconnectors 2015 to 2017
英国 2015—2017 年的净进口电量（单位：GWH）

年份	France UKa- 英格兰-法国	N.Ireland-b 北爱尔兰爱尔兰[3]	Netherlands UKa-英格兰荷兰	Ireland-Walesa 威尔士爱尔兰[4]	Total 合计
2015	13 838	334	7999	-1065	21 106
2016	9728	399	7306	313	17 745
2017	7181	-110	6858	831	14 760

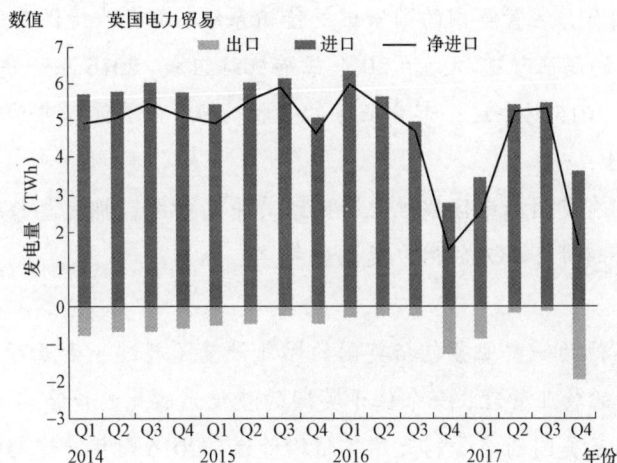

图 1-5　2014—2017 年英国进口和出口发电量走势图

注：Q 代表季度

---

[1] 数据来源：英国国家统计网站，网址：https://www.gov.uk/government/statistics/electricity-chapter-5-digest-of-united-kingdom-energy-statistics-dukes。

[2] 数据来源：北极星风力发电网，网址：http://shupeidian.bjx.com.cn/。

[3] 数据来源：SEMO 网，网址：www.Simo.COM/MuleDATA/PaSe/EngyTraceMult.ASPX。

[4] 数据来源：国家电网，网址：www.National Algel.com/英国/Industryinformation/电力传输操作数据/数据探索者/国家。

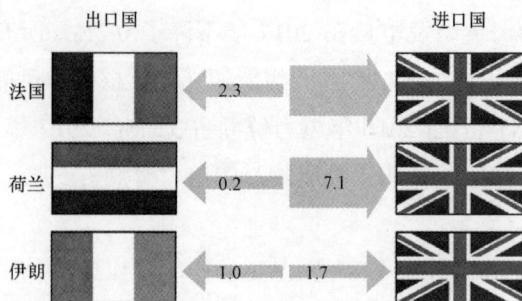

图1-6 英国2017年的电力进口和出口[1]

专栏1-1：英国国家电网公司

国家电网公共有限公司作为一家公共事业核心公司，专注于电力以及燃气的传输和配送。国家电网的主要业务分为以下几个板块：英国电力的传输、英国燃气传输、英国燃气的配送等。

1. 英国电力传输

英国国家电网拥有并运营英格兰和威尔士的电力传输网络，负有维持供需平衡的责任，也负责苏格兰电力传输网络的运营，但它本身并不拥有苏格兰的电力传输网络。它的网络由大概7200km长的架空线路以及将近1500km的地下线路和大约340个变电所组成。2016财年这一部分的营收为39亿英镑，占总营收的26.18%。

2. 英国燃气传输

英国国家电网拥有并运营英国的国家燃气传输系统，负有维持供需平衡的责任。它的网络由将近7660km长的高压管道和大约20个压缩机站组成。2016年一年，有800亿 m^3 的燃气通过了这个网络。2016财年这一部分业务的营收为9.3亿英镑，占总营收的6.21%。

3. 英国燃气配送

英国国家电网拥有英国八个区域性配送网络其中的四个，拥有总长约为13万km的管道。这些管道负责给超过1千万的用户提供燃气。

4. 其他业务

英国国家电网其他的一些业务包括英国的燃气计量（超过一千五百万个燃气表），英法荷传输中继站，英国的物业管理，一个位于英国的液化天然气进口终端、美国的液化天然气管理、美国的气田以及美国的非管制天然气传输管道。2016财年，这部分业务的营收为8.4亿英镑，占总营收的5.59%。

5. 英国管制业务

英国国家电网联合拥有并运营纽约上州、马萨诸塞州、新罕布夏州、罗德岛和佛蒙特州

---

❶ 图表来源：英国国家统计网，网址：https://www.gov.uk/government/statistics/electricity-chapter-5-digest-of-united-kingdom-energy-statistics-dukes。

的传输设施。它同时拥有并运营纽约上州、马萨诸塞州和罗德岛的电力配送网络。这部分资产包括超过 170km 的地下线路，超过 490 个传输站和大概 690 个配送站。它拥有并运营横跨美国东北的燃气配送网络，包括纽约上州、纽约市、长岛、马萨诸塞州和罗德岛。这部分的营收在 2016 财年达到 74 亿英镑，占总营收的 49.57%。

二、地域分布

全英国共拥有 3 家输电商，分别为国家电网公司（NGET）、苏格兰输电有限公司（SPLT）和苏格兰水电输电有限公司（SHETL）。其中，2 家输电商分享苏格兰地区的电网，剩余 1 家输电商英国国家电网（National Grid）拥有英格兰和威尔士的所有输电线路及相关设备，包括 7200km 的输电线路、675km 的地下电缆和 338 座变电站。此外，2005 年将苏格兰纳入统一调度区之后，英国电网公司（NGU）负责全英国电力系统的调度和控制，成为唯一的输电系统运营商和调度操作者。英国全国共有 7 个配电商，包括：西北部配电商（Electricity North West）、北爱尔兰配电商（Northern Ireland electricity networks）、北部电网（Northern Powergrid）、SP 能源网络（SP Energy Networks）、苏格兰及南部的能源生产商（Scottish & Southern）、英国电力网（Uk Power Networks）、西部配电商（Western Power Distribution），负责运营 14 个区域的配电业务。

三、发电工程类别[1]

2017 年所有发电公司的燃料使用量下降了 4.5%，这一趋势主要是由于发电组合转向更低碳的替代品。2017 年煤炭使用量比 2016 年下降了 26.3%，天然气使用量从 25.6 百万吨降至 24.6 百万吨，下降了 4.0%。

2017 年，英国生产了 338.6TWh 的电力，其中包括 2.9TWh 的抽水蓄能，总发电量与 2016 年产生的数量非常相似（下降 0.2%），包括抽水蓄能在内的主要发电厂的发电量（MPP）占总发电量的 85.0%，其余 15.0% 由其他发电机供电。2017 年 MPP 发电量为 287.8TWh（比 2016 年下降 1.8%），而其他发电机发电量为 50.9TWh，比 2016 年增长 9.7%。2012—2017 年英国各类能源发电概况如图 1-7 所示。

（一）低碳能源发电

低碳能源作为高碳能源的替代能源，其所属的能源产品可实现二氧化碳等温室气体的低排放甚至零排放，主要包括核能和一部分可再生能源等。实行低碳能源是指通过发展清洁能源（如：风能、核能、太阳能、地热能、生物质能等），来减少因煤炭、石油等化石能源的使用而造成的二氧化碳排放。

---

[1] 数据来源：英国国家统计网，网址：https://www.gov.uk/government/statistics/electricity-chapter-5-digest-of-united-kingdom-energy-statistics-dukes。

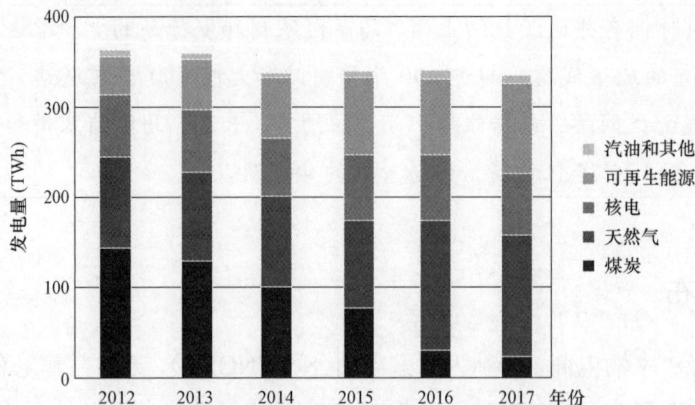

图 1-7 英国 2012—2017 年各类能源发电概况[1]

2017 年英国低碳电源（核电、生物质、风电、光伏、水电）发电比例首次超过了 50%，比 2016 年（45.7%）增长 4.7 个百分点，化石能源（天然气、煤、油）发电比例 47.5%（其余 2.5% 为抽水蓄能等其他电源）。2017 年英国电力部门的碳排放强度为 237g/kWh，仅为 2012 年的一半（508g/kWh）。

1. 可再生能源

可再生能源发电指利用多种用之不尽、取之不竭的，在很长的一段时间内都不会消耗殆尽的可再生能源来发电。一般包括：风力发电、太阳能发电、水力发电、地热能发电、海洋能发电和生物质发电等。

2017 年可再生能源发电量增长是主要趋势。2017 年可再生能源（风电、光伏、生物质）发电量达到 989 亿 kWh，比 2016 年（832kWh）增长 19%，发电比例为 29%（2016 年为 24.1%）。2017 年，全年平均风速比 2016 年高 0.4×1852m，平均日照时数大致相同，降雨量略有下降，可再生能源发电机容量增加了 12.8%。

2. 风能和太阳能

2017 年风能和太阳能发电量从 2016 年的 47.7TWh 增加到 61.5TWh（+29.1%）。2017 年英国风电发电量达到 49TWh，比上一年大幅增长 31%，在各类电源中增长最快，主要原因是装机容量增长 20%，并且这一年风力资源较好。太阳能发电量增加了 7.3%，产能增加 1.0%，使天然水力发电量增加 10.0%，达到 5.9TWh。此外，生物能源（包括可生物降解的废物）的产生量增加至 31.9TWh，与 2016 年相比增加了 6.0%。

3. 核能发电

核能发电（nuclear electric power generation）指利用核反应堆中核裂变所释放出的热能进行发电，以核裂变能代替矿物燃料的化学能。核电是 2017 年英国最大的低碳电源，发电量达 70TWh，2017 年核电比例为 20.9%（与 2016 年持平），自 2000 年以来一直稳定在这个水平。

---

❶ 数据来源：北极星输配电网，网址：http://shupeidian.bjx.com.cn/。

核电发电量从 2017 年的 71.7TWh 下降至 70.3TWh，这与 2015 年的发电量非常接近。

（二）天然气发电

天然气发电机组主要分为两种，一种是联合循环燃气轮机，一种是燃气内燃机。燃气轮机功率比较大，主要用在大、中型电站，燃气内燃机功率比较小，主要用在小型的分布式电站。它是取代燃油、燃煤机组的新型绿色环保动力。2017 年，天然气发电量减少至 136.7TWh（与 2016 年相比下降 4.6%），这与 2016 年天然气发电量大幅增加形成鲜明对比。2017 年天然气发电量仍高于 2015 年。

（三）煤炭发电

火力发电（thermal power，thermoelectricity power generation）是利用可燃物在燃烧时产生的热能，通过发电动力装置转换成电能的一种发电方式。虽然 2016 年发电燃料组合发生了巨大变化，但 2017 年这一趋势继续缓慢下降。最大的变化是煤炭，与 2016 年相比，煤炭发电量减少了 26.5%，与 2015 年相比下降了 70.3%。煤炭和天然气发电量转移的主要推动因素是 4 月份碳价格上涨。与天然气相比，煤炭发电每千瓦时电力产生的二氧化碳量是天然气发电的两倍多，这使得煤炭发电比天然气发电更贵。因此，燃煤电厂倾向于在需求最高的时期保留发电量。2016 年 3 月两座大型燃煤电厂关闭，降低了燃煤发电量。煤电衰落的重要原因是英国实施碳税（碳的"地板价"），目前每吨二氧化碳碳价达 23 英镑。英国政府已经决定到 2025 年关闭所有煤电厂❶。

图 1-8 显示了与 2016 年相比，按产出计算的 2017 年燃料的比例（即燃料产生的电力百分比）。继 2016 年发电从煤炭转向天然气之后，2017 年煤炭的持续走势仍在继续。煤炭的份额从 2016 年的 9.0% 下降 2.4 个百分点至 2017 年的 6.7%。天然气的发电份额减少了 1.9 个百分点，百分比为 40.4%。2017 年可再生能源的份额从 2016 年的 24.5% 增加了 4.8 个百分点，

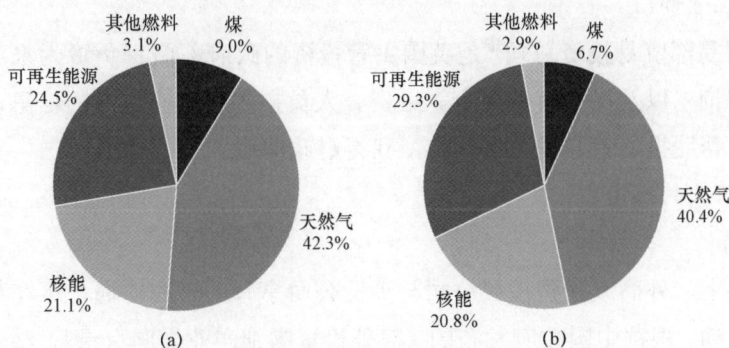

图 1-8 2016 年和 2017 年各类能源对比❷

（a）2016 年；（b）2017 年

---

❶ 数据来源：北极星风力发电网，网址：http://fd.bjx.com.cn/。
❷ 图表来源：商业，能源和工业战略部，网址：https://www.gov.uk/government/statistics/electricity-chapter-5-digest-of-united-kingdom-energy-statistics-dukes。

达到 29.3%，2016 年可再生能源的份额（21.1%）与 2015 年相比较为稳定，2017 年可再生能源的发电份额创历史新高。图 1-9 为 2014—2017 年英国低碳能源（核电和可再生能源）发电比例。

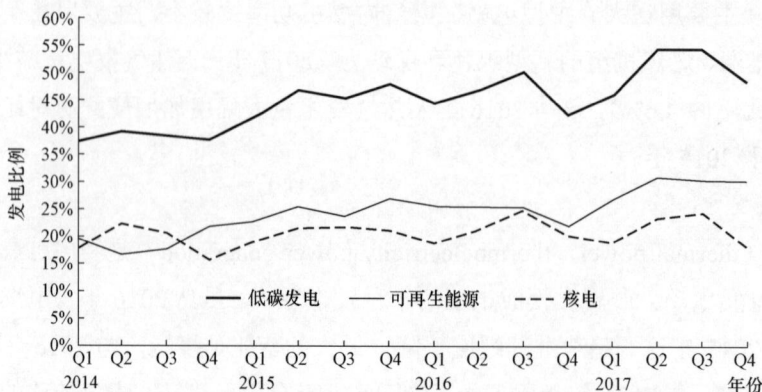

图 1-9　2014—2017 年英国低碳能源（核电和可再生能源）发电比例●

注：Q 代表季度

第三节　电力工程建设的政策环境

一、市场准入政策❷

根据英国政府公布的投资政策导向，英国吸引投资的重点行业包括高级工程、生命科学、信息通信技术、金融、商业服务和基础设施产业等。

（一）投资主管部门

英国国际贸易部贸易投资总司❸是英国主管投资的政府部门，负责为来英国投资的海外企业提供建议咨询，以及提供有关资金、融资、人员招聘和运作方面的信息，引荐专业顾问和主要联系人，帮助投资者寻找合作伙伴，获得财政奖励。

（二）投资行业的规定

1. 国民待遇

从法律意义上，外商或外资控股公司与英资公司享有同等的待遇，可在英国进行多种形式的经营投资活动。根据中国政府发布的《对外投资国别产业导向目录》，结合英国政府投资促进机构发布的招商信息，推荐中资企业赴英国对计算机制造、交通运输、贸易、分销、法律咨询、金融、研发、生物制药、仓储等领域进行投资，但运输、能源、国防、核能领域对

● 资料来源：北极星输配电网，网址：http://shupeidian.bjx.com.cn/。
❷ 资料来源：英国政府网站，网址：https://invest.great.gov.uk/zh-cn/industries/。
❸ 资料来源：英国投资网站，网址：invest.great.gov.uk/int。

外国公司和英国公司均有限制。

2. 外资并购涉及的行业审批

尽管英国对投资一般没有限制，但外国投资者开展跨国并购仍可能需要获取针对特定行业的批准。例如，对英国和威尔士许可的自来水公司进行收购会受到反垄断委员会强制性管辖。对其他受监管的公用事业公司（如电力、天然气、通信或铁路公司）进行收购，均受到《企业法》收购制度的约束。

3. 行业管理

在英国，涉及发电、供电传输或分配的公司，陆上燃气供应、运输、分配或传输的公司，联络线路经营的公司须在燃气及电力市场办公室取得执照。该执照包括控制权变更或公司重组所需的条件，如要求被许可的最终控制者作出某些承诺，如超过一定股权，相关方需要获得原金融服务监管局（现 FCA）的监管同意，才可转让其在银行和保险公司拥有的权益。

此外，还要满足环境法和能源效率法案的相关规定，而且，外国投资者涉及与高新技术公司有关的交易，还可能需要做到数据保护。

（三）投资方式的规定

外商在英国投资可以采取通过在英国注册分支机构、注册新企业或并购当地企业的方式。

1. 注册分支机构

通过在英国注册分支机构，外国公司不用创办独立法人实体，只需注册一家外国实体便可在英国经营，分支机构不具有英国公司所享有的有限责任好处。在英国注册外国公司分支机构耗时较长，因为该外国注册公司必须向英国公司注册处（Companies House）提交额外文件和信息，审核过程可长达四周。

2. 组建新公司

通过组建公司，外商可以在英国设立一个被称为私人有限公司的独立法人实体。在英国注册（组建）私人有限公司的过程很简单，所需时间通常不到 24h。在英国注册（组建）私人有限公司之前需要确定公司名称，公司注册地址（可以是任何英国地址）；至少有一位董事（董事不一定非得是英国居民），至少有一位股东（股东可以是公司或个人）。英国公司必须有公司组织大纲及章程（Memorandum and Articles of Association）。这些文件必须在组建时准备好，可以选择使用标准的公司组织大纲及章程，或者由专业顾问代表该公司准备、提交定制组织大纲及章程。

在英国开办公司时，虽然法律对董事或股东是否为英国居民不作要求，但很多银行在为公司开立英国公司银行账户时希望董事或股东是英国居民。

英国投资基础设施配套相对完善，英国政府设立了企业区（Enterprise Zones）、自由区（Free Zones）及科技园（Science Parks）三类特殊经济区吸引国内外企业投资并给予优惠政策。目前外资企业一般均根据自身情况入驻合适园区。

3. 并购企业

在英国 2002 年企业法（The Enterprise Act 2002）的指导下，英国的相关政府部长有权干预涉及公共权益的交易案件，包括国家安全问题，确保英国金融系统的稳定或媒体的多元化，不过该权力极少行使。

外资并购中要受到反垄断法的约束。根据现行规定，欧盟相关法律是欧盟并购条例（The EU Merger Regulation）（EU Regulation 139/2004）。英国的并购法规主要是 2002 年企业法（The Enterprise Act 2002），在该法的指导下，英国的竞争和市场局会进行评估。如果竞争和市场局决定相关的并购需要更深度的审查，会把相关的并购案交给欧盟。反垄断主管机构可能需要审批对合资企业或股份或业务的收购。英国实行自愿备案制度，但无论本相关方是否已提请备案，英国的反垄断主管机构可以对任何交易进行调查；即便交易已经完成，还可能会强加补救措施，如出售资产。因此，如果在英国的交易会导致时间安排问题或重大的反垄断问题，相关方则应仔细考虑在收购合同中加入反垄断法的先决条件。此外，还需考虑是否必须在欧洲以外的地方提出申请，这对已在欧盟进行单个备案或符合成员国标准的多个备案均适用。英国和布鲁塞尔（欧盟）的审核时间大致相同。

4. 收购上市公司和私人企业

英国《上市规则》规定，上市公司必须在其年报中披露是否遵守了《英国公司治理守则》中规定的标准。英国上市公司还要遵守《城市收购与兼并守则》。《上市规则》和《披露和透明规则》要求上市公司向市场披露信息。

（1）收购监管机构。英国收购委员会是英国对上市公司进行收购的主要监管机构。该机构在《城市守则》中颁布了管理收购的规则。《城市守则》对收购的实施明确了要求，包括需要发出通告和提供信息，同时还设置了严格的时间表和条件规则。

（2）在英国收购上市公司有两种分类。① 要约收购：竞标者与目标公司股东谈判收购要约，通常要求竞标者至少持有目标公司超过 50% 的投票权，即取得控制权；② 协议收购：目标公司向股东发出通知，就股权出售事宜进行表决，决议一旦获得 75% 具有投票权的股东同意，法庭将发出执行令，对有关各方都具有约束力。

通过收购私人公司的形式来进入英国市场，一般采用非公开拍卖或谈判的方式，这种方式更为灵活，各相关方可就交易流程和文件条款进行谈判自决。

二、劳务政策

英国政府以保障国内居民的充分就业作为制订劳务政策的基本原则，于是提出以下两个政策：欧洲经济区（简称 EEA）成员国内部人员自由流动；限制 EEA 以外的国家向英国输出劳务。当英国国内劳务供大于求时，英国用人单位必须首先从 EEA 成员国中招聘劳务，在确定没有合适人选的情况下，才能从非 EEA 国家招聘。

与此同时，为进一步提升英国综合竞争力，英国政府鼓励受过良好教育、有特殊技能的海外人才赴英工作，并对弥补国内短缺职位的外国劳务提供便利。

总体而言，英国劳务政策的显著特点是：限制低技能劳工流入英国，鼓励高技能人士及英国国内短缺人士到英国工作[1]。

三、投资、贸易政策

（一）在英国设立分支机构或办公室的纳税

在英国设立分支机构或办公室的任何外国公司必须缴纳英国公司税。公司税目前税率为20%，到2020年将降至17%。按照目前20%的税率，英国的公司税主税率在G7国家中最低，在G20国家中并列最低。外国公司必须为全体英国员工缴纳国家保险。英国员工社会保障费率为员工周薪超过112英镑部分的13.8%。外国公司必须就商品、服务征收及缴纳增值税。英国增值税税率为20%，不过也有部分例外情况。销售商品或提供服务的英国公司依据销售额征收增值税，本身进行了增值税登记的客户能够获得增值税退税。增值税不适用于绝大多数出口交易，不过有可能适用于对欧盟其他国家非增值税登记公司和个人的销售。从非欧盟国家向英国（和其他欧盟国家）进口须缴纳进口税。

（二）向英国政府出售产品或服务

在英国，从公司购买产品和服务有着公开公正的流程。所有产品或服务提供投标受《信息自由法案2000》（Freedom of Information Act 2000）约束，这意味着如果投资人的投标失败，可以要求了解投标过程和反馈详情。根据该法案，除非签订了不予披露协议，否则投资人的投标信息可向根据该法案提出要求的任何人披露。

（三）投资税收减免

英国提供具有吸引力的风险投资计划，以帮助中小企业扩大经营。具体包括企业投资计划（Enterprise Investment Scheme）和风险投资信托（Venture Capital Trust，VCT），为有兴趣投资小企业的个人提供税收减免。如果公司的资产不足1500万英镑，但可以吸引到500万英镑的投资，则减免个人投资者的税收。风险投资信托（VCT）是一种基于税收的风险投资计划，旨在帮助较小风险的交易公司筹集资金。对于在英国进行研发投资的公司，英国有很多宽厚的税收激励，以鼓励快速成长的创新服务和产品。

专栏1-2：英国投资贸易市场现状

1. 宏观经济良好

受全球金融危机影响，近几年经济增长乏力。英国2009年GDP下降了4.4%，随后分别在2010年和2011年实现了2.1%和0.8%的增长。2012年，尽管有奥运会的带动，GDP增长仅能达到0.8%。英国经济面临着大规模的财政紧缩，消费者购买力缩水，全球经济增

---

[1] 资料来源：中国商务部，网址：http://www.mofcom.gov.cn/。

长乏力，同时伴随大规模信贷紧缩的恐慌。在低息政策和通货膨胀减轻的带动下，消费者支出将会逐渐增加。表1-3是英国近年宏观经济指标。

表1-3　　　　　　　　　　　　　　　英国近年宏观经济指标

指标	2009年	2010年	2011年	2012年	2013年	2014年
GDP增长率（%）	-4.4	2.1	0.8	0.8	2.3	2.5
人均GDP（美元/年）	37 053	37 550	37 606	37 652	38 629	40 093
人口（百万）	61.8	62.3	62.6	63.1	63.9	64.8
CPI（%）	2.2	3.0	4.4	2.0	2.3	2.1
批发电价指数（%）	1.0	4.2	5.7	3.0	2.4	1.9

长期来看，英国经济发展前景乐观，但增速趋缓。受到商业投资减少和资金来源缺乏的影响，现在人们对英国的生产力状况存在着普遍的担忧。不过，人口统计资料显示，英国的劳动人口正在不断增加，这表明英国未来生产力的发展前景还是较为乐观的。长期看来，2010—2020年，英国GDP增速将会从2000—2007年间的2.50%～2.75%降到2.25%左右。导致经济增速放缓的主要原因包括高额的消费者债务、疲软公共财政、财政部门在拉动经济增长方面的能力不足等。

2. 电力需求稳定

英国是欧洲的第三大电力市场，规模仅次于德国和法国。英国的电力市场较为成熟，国内电力需求状况也相对稳定，从2000年到2008年保持平均0.5%的年增长率。受经济危机影响，2011年英国的经济增速依然缓慢，加之2011年气候又较为潮湿，在这些因素的共同作用下，英国的最终电力需求由2008年的3416亿kWh大幅下降到3089亿kWh，降幅达9.6%。2012年，随着天气回归正常状态，用电量比2011年增长了0.9%。具体如图1-10所示。

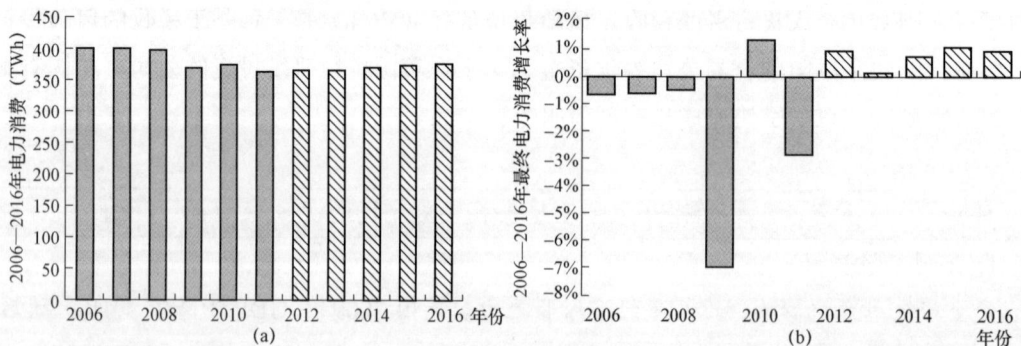

图1-10　英国电力需求

3. 电力供应有序

英国主要依靠化石燃料进行发电。2011年，化石燃料发电占总发电量的71%，其中天然气所占份额最大，达到 40%；其次是煤炭发电，比例占到了 30%；核电约占 19%。近几年来，天然气在电源中占据的比例越来越高。2012 年 3 月，英国共有 620 万 kW 在建装机，其中 320 万 kW 为天然气发电，150 万 kW 为海上风电，其余为陆上风电。

4. 电力市场平衡

英国电力行业在 1989 年进行了私有化改革，目前是世界上开放程度最高的电力市场之一，具备完善的法律法规框架。电力市场放松管制后，数十家公司进入了发电市场和供电市场，然后经过不断整合变得越来越集中。近几年英国的电力产业格局被整合到六大公司（Big Six）：德国意昂集团（E.ON）、德国莱茵集团（RWE）、法国电力公司（EDF）、苏格兰电力公司（Iberdrola 旗下）、英国森特理克集团（Centrica）和苏格兰南方能源公司（SSE）。这六家公司都是垂直一体化的公司，装机容量占总容量的 70%，占据不列颠岛零售市场 99% 的份额。在北爱尔兰，AES 拥有着 67% 的发电装机，ESB 占 17%。英国有自由的电力市场，不过经过整合，这个自由的市场也逐渐变成了一个静态稳定的市场。英国的监管机构 OFGEM 正在努力提高电力市场的竞争。

四、鼓励或限制政策[1]

（一）优惠政策

英国中央、地方政府均有对外国投资的鼓励优惠政策，外国投资项目可以同时享受多项支持政策。大部分支持政策规定，项目在获得批准前不得启动，否则将面临失去政策支持。相关优惠政策及支持计划可向英国商业部、地区发展署或专业顾问公司查询。主要支持政策有：国家援助计划、地区援助计划、当地援助计划、特殊项目援助计划、研究与开发援助计划。

（二）行业鼓励政策

1. 国家援助计划

英国政府和欧盟是向在英国开展业务或扩大规模的国内外企业提供财政支持（在英国被称为"援助"）的两个主要来源。欧盟的援助通常由多个项目构成，主要针对产业而不是企业，对企业直接帮助较小。英国政府直接负责在英格兰、苏格兰和威尔士的援助计划，对企业更为重要。

2. 本地援助计划

本地援助计划指向能够改善当地环境的室内建筑和施工项目提供贷款、土地和建筑物。能够创造或保留就业机会或刺激当地经济发展的项目也可申请拨款或贷款。

3. 特殊项目援助计划

可以给国家带来特殊利益，涉及投资金额至 50 万英镑，经技术战略委员会批准的研发项

---

[1] 资料来源：商务部。

目可获得财政支持。在特定行业，学术机构和企业为开发新产品和工艺而进行的联合科研项目，也可获得合作研究拨款。

（三）地区鼓励政策

地区鼓励政策主要是地区援助计划，由英国政府向英格兰、苏格兰和威尔士"受援助地区"提供资金支持。在英国有不同的援助和激励措施用于各类创新计划，例如革新、培训资本投资和业务扩张等。这些援助适用于特定地区，如英格兰、北爱尔兰、苏格兰和威尔士地区。

1. 英格兰地区援助计划

英格兰地区的 Business Link 网站为当地可获得的援助和激励计划提供了专门的建议，包括可搜索到的"援助目录"，详情请链接 Business Link 网站。除此之外，有潜在投资项目的公司还可通过地区成长基金（Regional Growth Fund）合法申请财务援助，英格兰地区 3 年提供 14 亿英镑的基金，用于刺激英格兰地区的私营可持续经济成长业务及其雇主（最低门槛100 万英镑）。

2. 北爱尔兰地区援助计划

北爱尔兰投资部为免费进行"业务健康检查"的北爱尔兰地区公司实施援助和激励计划，受助企业必须是生产企业或可提供国际贸易服务业务企业，详见 Invest Northern Ireland 网站。

3. 苏格兰地区援助计划

苏格兰地区对企业提供几种援助和激励计划，援助范围从提供小额地方贷款到国家基金，为投资项目提供资助。除此之外，在苏格兰高地和岛屿地区还可提供特殊的财政资助，此类项目可直接与苏格兰发展国际联系，详见 Scottish Enterprise 和 Scottish Development International 网站。

4. 威尔士地区援助计划

威尔士地区的援助和激励计划由威尔士议会政府协调，包括产权资助、创新支持和业务改进资助。详见 Business Support Wales 网站。

第四节 电力工程建设的法律环境

一、建设法规

在英国，法规属于法定文件（Statutory Instruments，SI）。法定文件为次级立法，主要是对法律（Act）条款的细化或调整，由国会授权各国务大臣（部长）制定，包括"令"（orders）、"规定"（rules）、"条例"（regulations）等主要形式[1]。

具体到建筑法规，一般是指《建筑条例》（Building Regulations）（现行版本为 The Building

---

[1] 英国议会网，网址：http://www.parliament.uk/。

Regulations 2010）。为进一步解释《建筑条例》（Building Regulations），英国国会（联合王国议会）还发布其他次级立法，主要包括《建筑核准检查员条例》[Building（Approved Inspectors etc.）Regulations]、《建筑地方机构管辖权条例》[Building（Local Authority Charges）Regulations]、《建筑能效条例》[The Energy Performance of Buildings（England and Wales）Regulations]等。苏格兰、北爱尔兰、威尔士等议会发布的法规与此类似，不再赘述❶。

英国建筑法规体系非常严密，政府对建筑业管理的常规事务都有明确的法规规定。英国的法律法规体系分为三个层次：法律、条例和技术规范与标准。法律由议会或议会授权制定，条例是根据法律中的授权条款，由政府或行业协会和学会制定，技术标准与规范由行业协会和学会制定。涉及的法律法规主要见表1-4。

表1-4 英国法律法规

法律法规	条例	技术规范与标准
《通用最小化标准》的五个成果性文件和"工程项目创优"活动的11个成果性文件；《建设法》（Building Act）、《住宅法》（Housing Act）、《新城镇规范法》（New Town Planning Act）、《工作场所等下健康安全法》（a health and safety at Work etc.Act）、《消防法》（Fire Precautions Act）、《环境保护法》（Environmental Precautions Act）等	《建筑条例》（Building Regulations）、《建筑产品法规》（Building products Regulations）、《工作场所安全、健康与福利条例》（Workplace Health Safety and Welfare Regulation）、《工程设计和管理条例》（Construction Design and Management Regulations）、《工程健康、安全与福利条例》（Construction Health，Safety and Welfare Regulations）等	与《建筑条例》规定的各项功能相对应的结构、消防、环保、节能、残疾人保护、卫生、隔声、通风、供热、排水、防坠落、玻璃安装、开启、清洗、室内用合成木地板、地下室。英国标准化协会组织制定的建筑工程类标准，如《建筑钢结构应用规程》（BS449）、《木结构应用规程》（BS5268）、《建筑物设计、建造使用的防火措施》（BS5588）等

专栏1-3：《建筑条例》

1. 法律依据

《建筑条例》的法律依据是现行的《建筑法》（Building Act 1984）。《建筑法》共分五章，其中，第一章即为建筑条例（Building Regulations）；该部分条例共46条，占全部的135条条文（局部修订后有所增删）的34%，可见其分量之重。在第一条中，即规定了制定建筑条例的目的（安全、便利、相关人员的健康福利；节省燃料与电力；减少不当消耗、垃圾、误用或污染水）、负责人（国务大臣）、范围、权力（即法定文件）等。这为相关部门制定《建筑条例》奠定了法律基础。

2. 制定程序

依照《建筑法》，由主管社区与地方政府事务的国务大臣（Secretary of State）即英国社区与地方政府部（Department for Communities and Local Government，DCLG）部长负责制定建筑条例。其间，由该部在财务与行政事务业务（Finance and Corporate Services Group）方面所设的法律事务司（Legal）提供法律建议，具体部门为该司下设的住房、建筑与土地处（Housing，Building and Land）。

❶ 中国工程建设标准化网，网址：http://www.cecs.org.cn/。

《建筑法》同时规定，《建筑条例》还需征求建筑条例咨询委员会（Building Regulations Advisory Committee，BRAC）、地方机构代表、相关公共机构（尤其是消防部门）等的意见。建筑条例咨询委员会（BRAC）是英国社区与地方政府部（DCLG）之下的一个咨询性质的非政府公共机构（non-departmental public body，NDPB），现有委员 15 位（含主席），广泛代表了业界利益所在，但其主席与委员均由主管副部长任命❶。

按照英国现行的《法定文件法》（Statutory Instruments Act 1946）规定，制定完成的条例需呈国会备案，并由法定文件委员会（Joint Committee on Statutory Instruments 或 Select Committee on Statutory Instruments）审阅。公共信息资料办公室（Office of Public Sector Information，OPSI）负责对其以法令文件形式编号发行。呈报备案的时间和生效实施的时间，均应在条例文本的首页明确给出。

另外，《建筑条例》虽理论上应由国务大臣（即部长）签发，但其 2000 年版和 2010 年版却并非如此，分别由当时的主管副部长（Minister of State 或 Parliamentary Under Secretary of State）在国务大臣的授权下签发。

3. 主要内容

现行的《建筑条例》包括 10 章，分别是总则，建筑工程的控制，告示、方案与认证，非地方机构管辖的建筑工程的监管，自认证制度，能效，节水，工程执行人员提供的信息，测试与调试，其他，共 54 条。和《建筑法》相比，《建筑条例》的内容并没有更加丰富，但就管理和技术两方面对如何执行法律要求的相关规定制定的更加细致。其技术方面的附录包括了以下 15 部分内容：结构，防火，场地准备与防污染防潮，防毒，隔声，通风，给水卫生和安全，排水与排污，燃烧设备和燃料储存系统，人员保护，节能，无障碍通勤，玻璃，电气安全，材料和工艺。

《建筑法》第六条规定，对于建筑条例中的功能性要求，国务大臣及其指定的机构可以给出实践指南及示例内容的核准文件（Approved Document）。核准文件的内容与前述的《建筑条例》附录中的 15 部分内容一一对应。与法律与条例不同的是，核准文件由英国皇家建筑师学会（The Royal Institute of British Architects，RIBA）旗下的国家建筑规程研究所（National Building Specification，NBS）发布。现行的核准文件还是对应《建筑条例》（Building Regulations）2000 年版的，暂未发行对应《建筑条例》（Building Regulations）2010 年版的新版（但有修订补丁）。此外，现行的各个核准文件均做了适时修订，故现行版本并不都是同一年发布的，例如现行核准文件的电气安全部分发布于 2006 年，而节能部分则发布于 2013 年。

4. 管理与实施

大部制改革后的英国社区与地方政府部在社区业务（Neighbourhoods Group）方面设有

❶ 英国政府网站/住房与社区建设，网址：http://www.communities.gov.uk/。

住房保障、建筑标准与气候变化司（Homelessness and Support, Building Standards and Climate Change），司下设建筑条例与标准处（Building Regulations and Standards）负责《建筑条例》相关事务。处内职员 8 名（不含主管副司长）[1]。该处同时也是建筑条例咨询委员会（BRAC）秘书处。

基层的管理机构则是众多的建筑工程管理机构（Building Control Body，BCB）。它属于独立第三方机构，主要包括地方机构（Local Authority Building Control，LABC）和核准检查员（Approved Inspectors）两大类。对于前者，现分为 12 区 300 多个机构，供职人员总数超 3000 名[2]；对于后者，现需向建筑行业委员会（Construction Industry Council，CIC）申请批准（原为国务大臣负责此事）[3]，现有约 14 位自然人和 50 家公司，并已成立核准检查员公司协会（Association of Corporate Approved Inspectors，ACAI）[4]。

对于《建筑条例》的实施监督，主要有三种方法：

一是全套方案（full plans）。图纸提交建筑工程管理机构审查和存档。各环节具体操作由建筑工程管理机构聘用的检查监理人员（Building Control Surveyor）进行。

二是工程告示（building notice）。要求在工程开工 2 天前向地方机构提交申告，并由地方机构对各环节进行检查验证（但不再检查方案/图纸），但这种模式不适用于带工作场所、或增加套间的房产。

三是资质人员（competent person）。对于特定资质人员承担的特定工程，可不再进行上述检查等环节，同时也避免了像前两者那样产生费用。

5. 裁决与申诉

根据《建筑法》第十六条和第五十条，地方机构或民间的核准检查员在建筑工程管理工作中提出的建筑工程方案是否符合《建筑条例》的问题，需要提交国务大臣申请裁决（Determinations）。这一业务需要收费。申请裁决的文件除工程项目各项基本信息外，还需包括具体的争议点、申请方理由和建筑工程管理相关机构提出的意见等。

根据《建筑法》第三十九条，对于地方机构拒绝放松或免除《建筑条例》要求申请的决定，也可向国务大臣提交申述（Appeals）。其与裁决的区别在于，仅仅针对《建筑条例》所规定的可放松或免除的部分所形成文件，均在该部网站公开。

6. 咨询与修订

《建筑条例》发布实施后，英国社区与地方政府部也一直会进行各类咨询，咨询渠道包括英国政府的 "Your Freedoms" 网站（yourfreedom.hmg.gov.uk）、该部 "Cut Red Tape" 项目、各类研讨会座谈会、公众咨询提案等。同时，《建筑条例》发布以后，几乎每年都会有

---

[1] 英国政府网站，网址：http://www.gov.uk/。
[2] 英国地方政府建设管理网，网址：http://www.labc.co.uk/。
[3] 英国建筑规划网，网址：http://www.planningportal.gov.uk/。
[4] 英国 CIC，网址：http://www.cic.org.uk/。

对其的修正案（amendment）或局部修订稿陆续发布。修正案的法律地位、制定发布程序等均与条例完全一样。对此，该部也会同步准备通告文件（Circulars）和函件（Circular Letters），分别用于向相关部门、核准检查员等告知相关法律和条例的变更情况。

比局部修订内容更加全面的，则是制定新版本的《建筑条例》。自《建筑条例》于1965年首次发布以来，陆续有1972、1976、1985、1991、2000、2010年等版本，其中值得注意的是现行《建筑法》于1984年发布实施后，《建筑条例》也进行了一次"瘦身"，篇幅由1976年版的300多页锐减至1985年版的不到30页。其中主要原因是，此前规定的绝大多数技术内容已由核准文件另行给出。

7. 调查与审查

国会作为立法机关也会对其进行干涉。国会下院的英国社区与地方政府委员会（Communities and Local Government Committee）就对《建筑条例》中对于住宅电气与燃气安装与维修的规定进行调查，而且，议员个人还会提出针对条例的法案。例如，国会上院的Harrison议员在2009年提交了《建筑条例修订法草案》[Building Regulations（Amendment）Bill]，要求所有新建住宅安装自动喷淋灭火系统，但该法案止步于上院报告阶段（Report stage：House of Lords 22 March，2010）；随后，Harrison议员与Michael议员联合提交了《建筑条例审查法草案》[Building Regulations（Review）Bill]，仍为前述内容，上院通过后现已完成下院一读阶段（1st reading：House of Commons 27 April，2011）。❶

二、能源相关法规、政策

英国的电力行业以《电力法》和《能源法》为主，构建了电力行业的法律法规体系，在该体系下进行了横向和纵向的整合，同时还成立了依法监管机构。通过一系列法律规则的制定，促进了可持续发展，降低了进入电力行业的限制，提高了电力市场的竞争力。

（一）《电力法》及其相关标准

英国电力行业在相关法律法规、经营许可、工业标准和公司标准这四个层级的技术标准体系建立完善的基础上，已经形成了整个体系的良性循环，为各级电网的协调发展奠定了扎实基础。

英国政府颁布的《电力法》（Electricity Act 1989）作为英国电力行业标准体系的基础，规定了输、配电公司需达到的执行标准以及实践标准，促进了电力生产与供应企业的高效率竞争。将电力行业内自然垄断性业务与非自然垄断性业务分离开来，由一家或者极少数几家企业对垄断性业务实行垄断经营，政府将这类业务作为管制的重点。

英国政府制定了一系列电力标准，主要分为实践标准和执行标准。实践标准是一系列与

❶ 中国工程建设标准化网，网址：http://www.cecs.org.cn/。

现场工作及员工职业健康相关的标准。执行标准主要包括承诺执行标准和综合执行标准。承诺执行标准主要和故障后供电恢复速度、供电中断通知、守约等相关，如不满足标准要求，将在用户有效投诉的先决条件下对客户进行赔付。综合执行标准定义了通常情况下为客户提供服务的最低水平。与执行标准相对应的具体的量化要求，由监管机构负责制订并监督执行。

经营许可类标准为输、配电公司必须遵循的强制性规范。部分标准对于输、配电网的使用者而言也必须遵守。最基本的标准包括：输电导则、配电导则、供电安全标准 ER P2/6 等。

（二）《能源法》及相关法规、政策

为落实英国政府发布的《迎接能源挑战：2007 能源白皮书》（Meeting the Energy Challenge：A White Paper on Energy）《迎接能源挑战：核能白皮书》（Meeting the Energy Challenge：A White Paper on Nuclear Power）中提出的有关能源政策，应对气候变化，减少二氧化碳排放、确保安全、清洁和价格可承受的能源供应，英国政府于 2008 年由女王签署能源法。

能源法的内容涉及下列领域：海上天然气基础设施、二氧化碳储存、可再生能源义务机制、小型低碳发电的强制上网电价、可再生能源供热激励、能源设施的退役（核能、海上可再生能源以及海上石油天然气）、海上输送、智能计量表等事项。相关法规、政策包括温室气体和二氧化碳排放、可再生能源、核能等方面。

1. 温室气体和二氧化碳排放方面

2008 年，英国正式通过并生效了《气候变化法案》（Climate Change Act，CCA）。该法案的确立使英国成为世界上首个针对减少温室气体排放、适应气候变化问题，并拥有法律约束力的长期构架的国家。气候变化法案中的温室气体排放目标为：以 1990 年的排放水平为基准，到 2020 年将减少 35%，在 2050 年前至少减少 80% 的温室气体排放。

2009 年，英国发布《英国低碳转型计划》，计划 2020 年将碳排放量在 1990 年基础上减少 34%。与该计划配套的还有《英国低碳工业战略》《英国可再生能源战略》和《低碳交通战略》等，共同提出为实现 2020 年的二氧化碳减排目标，英国 40% 的电力供应必须源自风能、核能和其他低碳能源。

2. 可再生能源方面

欧盟《可再生能源指令》（Renewable Energy Directive，RED）于 2009 年开始实施，成为近年来欧盟清洁能源政策的核心和驱动力。英国要在 2020 年前实现可再生能源占最终能源消耗 15% 的份额。

2011 年，英国发布了《可再生能源路线图》，内容包括：尽管可再生能源比例起点较低，但是英国能够实现其 2020 年目标；8 项主要技术可为英国贡献超过 90% 的可再生能源，分别是陆地和海上风能、海洋能、生物质能发电和发热、空气源和地源热泵以及生物燃料。

3. 核能方面

2008 年，英国政府发布《核能白皮书》；2012 年，发布新能源法案，支持包括核能在内的新能源发展。另外，英国政府开始简化核能建设审批程序，实施通用设计评估（GDA），确保英国新核电站建设过程中安全、环保和废物处理能达到高标准、严要求。

专栏 1-4：《电力市场白皮书》（征求意见稿）

（1）从 2013 年开始实施最低碳价制，为低碳行业创造更好的投资前景。最低碳价制将会以在实施前两年设立一系列税收支持政策的形式实行，来填补低碳价与欧盟碳排放交易体系（ETS）价格之间的空白。

（2）同所有的低碳发电企业签订长期新能源补贴制度（FIT）的差价合约（CFD）。

（3）设定 450g/kWh 的二氧化碳排放绩效标准，确保新建燃煤电站都会建立碳捕捉及储存（CCS）设施，该标准将于 2013 年生效。

（4）除了能源市场以外，以发电产能市场的形式建立一个发电产能机制，2017 年以前，发电企业将能够在新能源补贴制度（FITs）规定和现行的可再生能源义务机制（RO）之间选择。

第五节　电力工程建设发展趋势

一、英国能源发电的发展趋势

（一）英国能源发电工程市场

英国正在提高能源效率，扩大可再生能源和低碳能源，并最大限度地提高石油和天然气的产量。能源是英国发展的主要动力，能源项目占英国基础设施项目总量的 60% 左右。英国通过监管和财务支持措施为投资者提供有吸引力的激励措施，有助于满足英国不断增长的电力需求，实现其低碳目标，并从经济增长中受益。主要的投资领域包括：① 变废为能；② 电力网络；③ 海上风电。另外，英国在核能方面也有重大项目。

（二）英国在能源发电方面的区域分布

1. 核能

英格兰北部是塞拉菲尔德（Sellafield）的所在地，这是世界上最集中的核能站点，而英格兰南部则是 180 多个核组织和国家核学院（National Nuclear College）的基地。

2. 波浪和潮汐能

西南部是 Wavehub 测试站点的所在地，北爱尔兰有 Seagen 潮汐涡轮机。

3. 页岩气勘探

位于英格兰北部。

4. 海上风能

位于英格兰北部、苏格兰和威尔士。

5. 生物燃料

位于北爱尔兰。

6. 智能城市

目前在格拉斯哥试点低碳技术。英国能源生产主要分布在苏格兰、北爱尔兰、北英格兰、中部地区、威尔士、伦敦、南英格兰。

二、英国电力工程建设投资趋势

（一）海上风电[1]

英国目前在海上风电方面全球领先，运营期项目装机容量达 5GW，目标是 2020 年前达到 10GW。项目规模在逐渐增加，使得规模经济成为可能，例如，2016 年 2 月东能源（DONG Energy）公司宣布拟继续建设 1.2GW Hornsea 项目一海上风电场，有望成为世界最大的海上风电场。英国目前海上风电项目如表 1-5 所示。

表 1-5　　　　　　　　　　　　英国目前的海上风电项目

运营期项目	在建项目	拟建项目
Vattenfall Thanet Kentish Flats Kentish Flats 扩建	**DONG** RaceBank Walney 扩建 Homsea One	**Scottish Power** East Anglia One
E.ON Scroby Sands Robin Rigg Humber Gateway	**E.ON** 增资 Rampion	**SSE/Fluor** Seagreen Alpha & Bravo
Centrica Lincs	**GIB、RWE、西门子、麦格理资本** Galloper	

注：表中黑体为公司名字。

英国在"投资海上风能的最佳地点"的国际排名中名列前茅。该行业吸引了来自全球相关基础设施和制造业的投资。像西门子和 MHI Vestas Offshore 等供应商已经选择英国作为其未来世界级制造工厂的场地，并且在供应链中有进一步投资的重大机会。

英国已经安装或正在建设 5.7GW 的海上风电场。到 2020 年，英国有望实现 10GW 的发展目标，这是英国所有可再生能源技术中的最大扩张规模。

英国还拥有世界上最大的海上风电场——伦敦阵列（London Array）（630MW）。到 2020 年，英国将在位于约克郡海岸的东能源（Dong Energy）的霍恩锡一号项目（Hornsea Project One）中建造世界上第一座风力发电量超过 1GW 的风电场。这座风力发电场将能为超过 100

---

[1] 资料来源：英国诺顿罗氏律所，欧洲五国市场展望：海上风电存大量机会，网址：http://www.chinapower.com.cn/informationjzqb/20160909/53332.html。

万户英国家庭供电❶。

1. 短期展望

市场展望方面总体较好，像 DONG、Vattenfall、RWE 和 E.ON 之类的大开发商表示将继续投资英国海上风电业。但是，随着 2017 年 4 月起可再生能源义务机制（RO）的结束，新建海上风电项目市场会越来越窄、越来越波动。有些海上风电场可能会受益于宽限期，但考虑到海上建造期，很多已取得同意的项目现在依赖于差价合约（CFD）机制取得扶持，有 4.2GW 的海上风电项目已获得 CFD 和投资合同。政府在 2016 年 3 月宣布，2020 年前会对高达 4GW 的海上风电及其他没那么成熟的可再生能源项目竞拍 CFD（金额达 7.3 亿英镑），下一轮竞拍金额为 2.9 亿英镑（预计在 2016 年第 4 季度进行）。

专栏 1-5：可再生能源义务机制（即 RO）❷

历史上，可再生能源义务机制（即 RO）已对海上风电提供了财务方面的支持。该义务对于预计扶持力度会持续保持的运营期项目而言仍很重要。其对于在宽限期截止前争取取得 RO 认证的三个目前在建项目而言也密切相关，即：Rampion、Galloper 和 Race Bank。可再生能源义务指的是持证供电方有义务从可再生能源发电方处购得其所供部分电力。为证明供电方遵守了可再生能源义务，供电方需向监管机构（即 Ofgem）出示可再生能源义务证书（即 ROC）或者支付买断价（2015—2016 年度为每张 ROC 44.33 英镑）。ROC 是向英国境内用户发出或供应的合格可再生能源电力并经发电方认证所发放的"绿色证书"。发电方订约按与供电方之间的购电协议出售电力和 ROC。

可再生能源义务（RO）正在被差价合同（即 CFD）扶持机制所替代。CFD 属于电价对冲机制，即支付或获支付名义市场基准电价和成交价之间的差额，其可导致发电方收到 CFD 项下对家（即低碳合同公司）的付款或者向该对家付款，发电方仍须按购电协议另出售所发电力。在扶持机制向 CFD 过渡过程中，能源与气候变化部（即 DECC）向 3.1GW 的海上风电提供了投资合同（早期 CFD）以避免开发的中断。之后，2014 年秋进行了首轮拍卖授予 CFD。在拍卖中授予的 CFD 比按投资合同提供的价格低很多，平均价格为 117.14 英镑/MWh，而投资合同平均价格为 146 英镑/MWh。2016 年 3 月的最新政府公告表示，下轮分配的海上风电成交价封顶为 105 英镑/MWh（即 2012 年价格），2026 年前投产的项目则降至 85 英镑/MWh。

---

2. 长期展望

英国的可再生能源一直是监管部门的重点监管和改革对象，因为其跟化石燃料发电相比

---

❶ 资料来源：英国投资网站/海上风能投资，网址：https://invest.great.gov.uk/zh-cn/industries/energy/offshore-wind-energy/。

❷ 资料来源：英国诺顿罗氏律所，欧洲五国市场展望：海上风电存大量机会，网址：http://www.chinapower.com.cn/informationjzqb/20160909/53332.html。

成本高。两者间的差距因近期油气价格低迷而加剧。立法机构通过减少对可再生能源的扶持力度以降低成本，其重点迄今都在于其他可再生能源技术（比如，太阳能光伏及陆上风电）。不过，海上风电仍有强大的政治支持，前提是其成本持续降低。虽然政府已宣布拟最早在2025年才结束对新的可再生能源项目的税收支持（期望可再生能源项目无需补贴），但在2020年之前预计1/5的英国发电量会下网。海上风电随时可调度，会在填补英国即将发生的能源空白中发挥作用。其他海上能源基础设施也有市场投资机会，但是，会有欧盟分离条例项下所有权方面的限制。

（二）核能[1]

1. 目前核能行业概况

核能已在英国稳定可靠地运营了60多年。从前端设计直至退役，英国在整个核生命周期中都拥有丰富的经验。英国现有的8座核电站满足了约20%的英国电力需求。

该行业已经提出在英国的6个地点开发18GW核电机组的意向。这些项目可以显著减少二氧化碳排放量，并在建设高峰期创造约35 000个就业岗位。

英国在以下地区拥有新建站点：

（1）萨默塞特的欣克利角C（Hinkley Point C，Somerset）。

（2）萨福克郡的塞斯韦尔（Sizewell，Suffolk）。

（3）坎布里亚郡的穆尔赛德（Moorside，Cumbria）。

（4）安格尔西岛的威尔法（Wylfa，Anglesey）。

（5）格洛斯特郡的奥德伯利（Oldbury，Gloucestershire）。

（6）埃塞克斯郡的布拉德韦尔（Bradwell，Essex）。

2. 未来投资方向

政府支持开发下一代小型模块反应堆（SMR）的计划，将投资至少2.5亿英镑用于核研究和开发，该技术可能在世界清洁能源的未来发展中发挥重要作用。据国家核实验室称，估计到2035年为止，全球的SMR市场将约为65G～85GW，价值为2500亿～4000亿英镑。

3. 英国政府的支持

英国采用政府和私人支持的举措来帮助发展英国核领域更专业的技能和知识，政府还有最高达500亿英镑可用于支持从英国境内向英国境外买家提供的金融和保险。这种支持采用由出口信贷机构，英国出口金融（UK Export Finance）出具的担保、保险和贷款的形式。

（三）电力网络

英国正在通过迈向低碳未来应对气候变化，一方面维持现有的网络，另一方面提供配送能源的新方法，例如社区能源计划。此外对智能技术的需求也在不断增加。英国顾客是以智能技术为重点的能源解决方案的早期采用者。

---

[1] 资料来源：英国投资网站/核能投资，网址：https://invest.great.gov.uk/zh-cn/industries/energy/nuclear-energy/。

英国的创新支持机构"创新英国"（Innovate UK）为创新提供资金支持，这些创新正在将低碳技术整合到能源系统中。商务、能源和工业战略部（Department for Business，Energy& Industrial Strategy，BEIS）还为用于电气网络脱碳的产品和服务提供创新基金。政府还有最高达 500 亿英镑可用于支持从英国境内向英国境外买家提供的金融和保险。这种支持采用由出口信贷机构英国出口金融（UK Export Finance）出具的担保、保险和贷款的形式。

专栏 1-6：变废为能[❶]

英国长期以来一直被认为是变废为能领域的开拓国家，像 SITA、威立雅和 FCC 等世界领先的企业都在英国开展业务。2013 年，可再生能源市场创造了 68 亿英镑的总值。英国的市场正在走向成熟，并且还有对废弃物管理基础设施的进一步需求，这将需要 30 亿～90 亿英镑的投资。

变废为能市场包括各种废弃物来源：来自住宅或商业的混合废弃物有机原料，如食品垃圾和来自食品加工、农场、花园和公园的绿色垃圾；一系列活动产生的商业和工业废弃物；建筑和拆迁废弃物，包括生物质能设施使用的废弃木材，将来的变废为能工厂将由实验性技术提供动力，这些技术可利用有机或塑料废弃物为汽车生产生物燃料。

英国的企业正在开发这些创新的生物燃料新来源，其中英国的社区供热项目还有一系列价值约 10 亿英镑的机会，这可以通过变废为能和生物质能项目来实现。

从政府角度来看，英国有资金来源用于帮助希望开发可持续能源设施的公司。这些资金来源会根据项目类型和项目地理位置定期变更以满足市场需求。英国的可再生热能激励政策（Renewable Heat Incentive）可帮助企业支付用于安装可再生热能技术的费用。

政府还有最高达 500 亿英镑可用于支持从英国境内向英国境外买家提供的金融和保险。这种支持采用由出口信贷机构英国出口金融（UK Export Finance）出具的担保、保险和贷款的形式。

---

❶ 资料来源：英国诺顿罗氏律所，欧洲五国市场展望：海上风电存大量机会，网址：http://www.chinapower.com.cn/informationjzqb/20160909/53332.html。

第二章　英国电力工程造价管理概况

以英国皇家特许测量师协会等为代表的专业（行业）协会对英国工料测量的技术、管理提升发挥着重要作用。英国主要由工料测量师为公共和私营领域的各类业主提供工程成本与商务管理服务，工程计价主要采用工料测量体系。电力工程的造价管理基本遵循了工料测量的一般原理，但在项目监管方面有着特有的主体和方式。

本章首先介绍了英国工程造价管理相关的专业团体，介绍了工料测量师以及工料测量体系，让读者对英国造价管理有个简要的认识。在此基础上，介绍了英国电力工程项目的监管组织、监管方式以及项目管理的流程。最后，着重对电力工程建设各阶段的造价管理内容进行了介绍，使读者对英国电力工程的管理的具体做法有所了解。

第一节　英国工程造价管理相关专业团体

一、英国皇家特许测量师协会[1]

英国皇家特许测量师学会（Royal Institution of Chartered Surveyors，RICS）是全球广为推崇的权威机构，其在土地、评估、地产、建造以及环境方面都有涉及，会员客户和社会享有专业的建议和服务，主要是以操守水平和严格的专业来保障消费者的利益，为政府和企业提供专业、公正的分析和指导。RICS 的主要职责是制定行业标准、规范行业行为、为政府机构出谋划策、为会员提供专业服务、授权大学搞培训和促进行业发展等。测量界及物业界的重要信息都来自 RICS。

RICS 作为一个独立的、非盈利的机构，以公众利益为本，致力于提高会员的专业水平及职业操守，为项目业主、承包商双方提供科学、公正的服务及权威的建议，是历史悠久具有很高声誉和权威的专业组织。同时 RICS 与联合国、世界银行、欧洲复兴开发银行等国际组织长期保持紧密的联系。RICS 还是国际评估标准委员会、国际测量师联盟等团体的主导成员，在国际组织和国家政府涉及公共政策事务和对企业、社会有重要影响的议题方面并发挥重要作用。

---

[1] RICS 官网：https://www.rics.org。

迄今为止，RICS 的会员总数超过 17 万名，遍布世界 146 个国家。RICS 在全球各大洲均设有办事处，建立起广泛的服务网络，为会员提供专业而周到的服务。RICS 认可的 400 多个相关大学学位专业课程，每年发表超过 500 多份研究及公共政策评论报告，向会员提供覆盖 17 个专业领域和相关行业的最新发展趋势；全球 50 多个地方性协会及联合团体大力支持英国皇家特许测量师学会（RICS）。

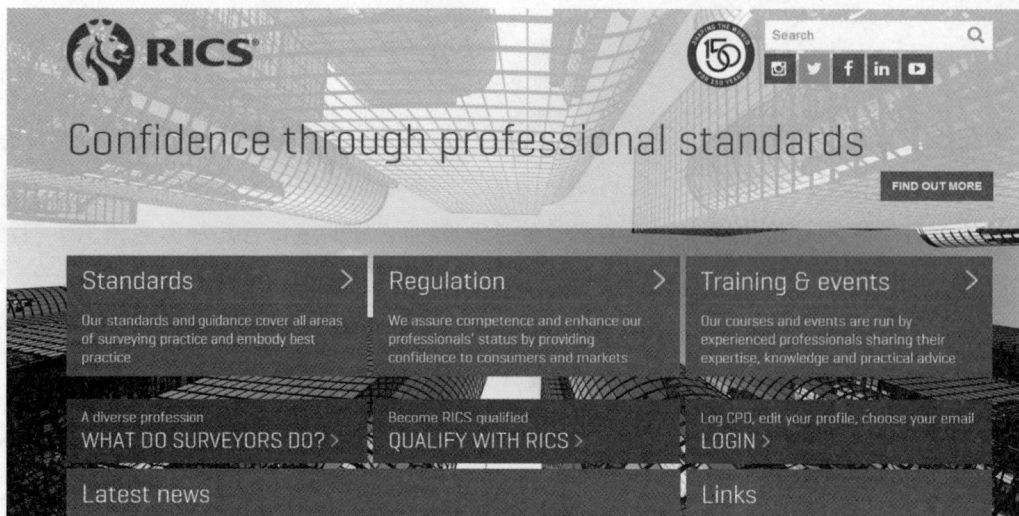

RICS 官网

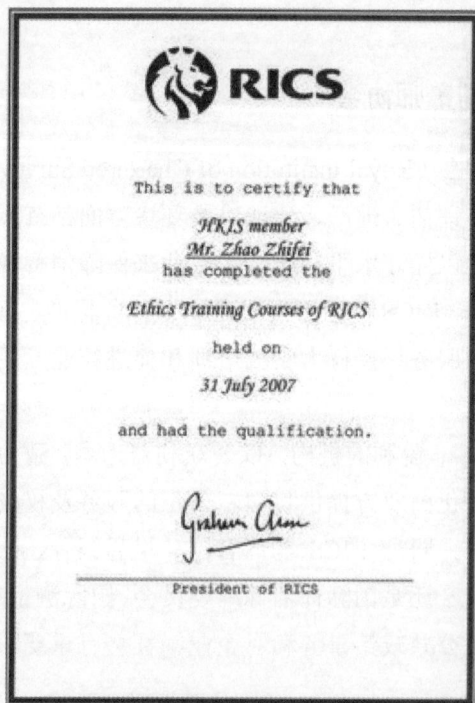

英国皇家测量师图册

（一）RICS 的服务领域

RICS 的服务包含 17 个专业领域，如图 2-1 所示：

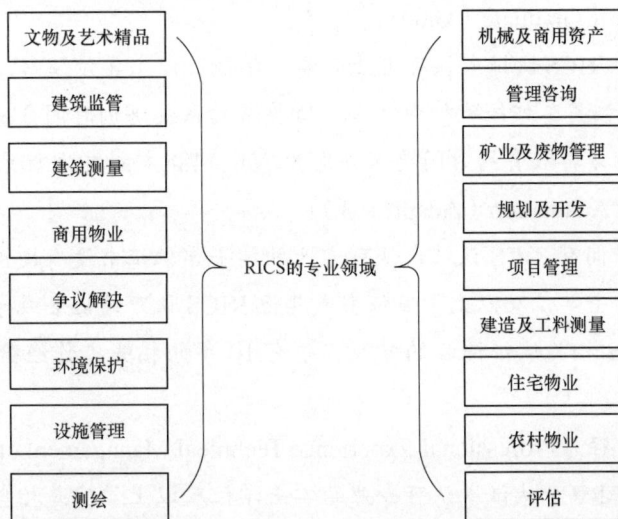

文物及艺术精品		机械及商用资产
建筑监管		管理咨询
建筑测量		矿业及废物管理
商用物业		规划及开发
争议解决	RICS的专业领域	项目管理
环境保护		建造及工料测量
设施管理		住宅物业
		农村物业
测绘		评估

图 2-1 RICS 的 17 个专业领域

（二）机构设置

RICS 的管理架构分为四个层面，第一层为管理委员会（Governing Council），第二层为核心管理团队（Presidential Team）、执行团队（Executive Team）及纪律管理团队（Regulatory Board）。

RICS 的最高决策层是管理委员会（Governing Council）。管理委员会由一位委员长和由活跃会员组成的各个董事会、执行委员会、RICS 工作人员及部分非会员组成。董事会、执行委员会又区域性董事会、国家级别的董事会、17 个专业委员会，以及政策委员会和监管、知识、会员和沟通董事会。核心管理团队由管理委员会选举产生，该团队将对学会面临的最重要问题发挥战略性领导作用，并对实施进行监督管理。团队在支持学会实现管理委员会所提出的愿景，也就是"被全球主要市场认可为制订并执行高水平专业标准、提供获得炙手可热的专业地位的领军型专业机构"的过程中发挥着至关重要的作用。

执行团队的主要职责是为学会设计专业产品、专业标准、建立声誉，并对个人会员及企业负责。

（三）RICS 会员

多年以来，RICS 会员一直积极为政府、企业及公共机构提供多元化的服务。他们不仅通晓房地产和建筑建设的各个环节，还能就资产从经济、评估、金融、投资及管理的角度提供策略性建议。作为 RICS 会员，一贯秉承的社会责任和公众责任是：管理与提升从业人员的专业水平，维护行业的最高教育水平和专业水准，通过高标准的职业道德规范来保障消费者的权益，以公正的态度，提供的行业相关建议、分析和指导。

专栏 2-1：成为 RICS 成员的入会路径

申请加入 RICS 的专业资格认证，有四种入会路径可供选择：

（1）毕业生路径［Graduate（Grad1，2，3）］

要求申请人具备 RICS 认证或认可专业的学士学位及以上学位证书，对于没有工作经验、已有 5 年或 10 年的相关工作经验的申请人，所要求的系统培训时间分别为 24 个月、12 个月、无要求；对于继续再教育的时间要求分别为 96h、48h 持续学习记录。

（2）衔接路径［Adaptation（Adapt1，3）］

对于申请人是否拥有 RICS 认证或认可专业的学士学位证书没有硬性要求，但要求申请人拥有相关专业的学士学位及以上学位证书或其他 RICS 认可的协会或学会的会员资格，且需完成 450h 的 RICS 相关认证课程的学习，并有 10 年的相关工作经验，拥有持续再教育记录。

（3）专业人士路径［Professional Experience Technical/Management option（PER）］

要求申请人拥有 RICS 认证或认可专业的学士学位及以上学位或相当的学历证书，或其他 RICS 认可的协会或学会的会员资格，且已有至少 5 年的相关工作经验。

（4）资深专业人士路径［Senior Professional（SP）］

要求申请人拥有 RICS 认证或认可专业的学士学位及以上学位或相当的学历证书，或其他 RICS 认可的协会或学会的会员资格。在其工作的机构有较高的行政职务，已有 10 年以上的相关工作经验，且其中至少两年的相关工作经验是在申请人在毕业以后或取得其他协会或学会会员资格以后才获得的。如果申请人拥有高于学士学位的证书，则相关工作经验的要求可降低至 5 年。

上述四个路径的最后一个步骤，就是申请人需通过的专业胜任能力评核（APC：Assessment of Professional Competence）最终面试，只有通过面试的专业人员才能成为正式会员。APC 可以确保申请人能够胜任特许测量师的职责，达到 RICS 要求的专业人士的高标准。所谓胜任能力指的是技术能力、专业实践能力，以及人际、商业和管理技能的综合能力。

（四）RICS 对工料测量行业的贡献

在工程建设领域中，RICS 是政府和承包商之间的桥梁和纽带。无论是政府工程还是私人工程，RICS 及其下属的事务所都是独立于发包人和承包商的中介组织，保证政府摆脱对工程造价的直接参与和控制。RICS 在工程建设领域里集中了大量的专业技术人才，长期从事工程建设的控制、管理，包含项目各阶段费用的估算编制、提供成本规划、承包方式的选择、招标代理、工程结算、实施项目管理和合同咨询、纠纷仲裁等全过程、全方位的咨询服务。由于 RICS 具有公正性、科学性和权威性以及长期以来良好的声誉，促使工程建设领域中预算师的地位从服务于建筑师、专业工程师发展到与建筑师、专业工程师并列且相互制约、相互影响的主动地位。

工料测量师是皇家特许测量师学会的重要成员，在会员中占比很大，拥有很大的话语权。图 2-2 显示了特许工料测量师在皇家特许测量师学会特许测量师中的数额。

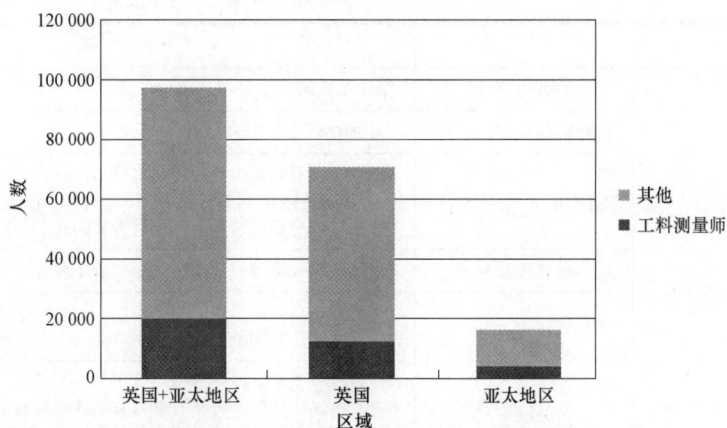

图 2-2　工料测量师中特许会员数额

二、英国皇家建筑师学会

（一）RIBA 的发展历程和现状

英国皇家建筑师学会（Royal Institute of British Architects，RIBA）成立于 1834 年，1837 年获得英国皇家学会称号，以开展学术讨论、提高建筑设计水平、保障建筑师职业标准为宗旨。表 2-1 为 RIBA 的基本情况。

表 2-1　　　　　　　　　　　　　　RIBA 的 基 本 情 况

简称	RIBA
成立时间	1834 年
类型	专业机构
法律地位	特许法人团体和注册慈善机构
目的	开展学术讨论，提高建筑设计水平，保障建筑师的职业标准
总部	伦敦
服务地区	联合王国
会员数	44 000 名建筑师
首席执行官	Alan Jones
主席	Ben Derbyshire（2017—2019 年）
主要管理机构	RIBA 理事会
员工总数	200 人

（二）机构设置

RIBA 在英格兰及威尔士有 12 个地区学会，全国各地区学会下设有 70 个分会。RIBA 的最高决策机构是全国理事会。表 2－2 是 RIBA 的机构设置。

表 2－2   **RIBA 的机构设置**

机 构			职 能
RIBA 机构设置	7 个委员会	协调委员会	RIBA 主席总协调
		资源规划及财务委员会	由 RIBA 司库主持
		教育及职业实践委员会	负责对相关建筑院校进行教育评估；向会员提供职业实践方面的信息、建议及协助；拟订标准合同、委托书、监督管理以及设计收费等文件；与政府部门谈判，以促进必要的立法及标准工作
		纪律委员会	对违反职业道德诚信准则的会员给予惩处
		宣传委员会	负责向公众介绍专业的社会作用；向业主提供顾问服务；颁发建筑奖，组织设计竞赛等
		组织委员会	负责吸收会员。此外： （1）市场研究组：收集及分发有关建筑市场信息； （2）研究指导组：向有关基金会提出需要研究的课题，并通过现代建筑及城镇规划信托基金会及历史研究信托基金会提供研究经费
		海外事务委员会	负责与国际组织及各国学会之间的交往
	3 个子公司	RIBA 服务有限公司	发行 RIBA 产品目录，RIBA 产品包括全国建筑规范，提供会议及展览服务等
		RIBA 出版有限公司	发行书刊，出版 RIBA 学报等
		业主顾问服务局	向业主提供全国建筑师及建筑师事务所的情况，包括建筑师的过去作品、照片、资料等

（三）RIBA 对工料测量行业的贡献

英国皇家建筑师学会（Royal Institute of British Architects）建立了一个项目管理方面的工作计划（RIBA Plan of Work，以下简称"RIBA 工作计划"）。该计划源于 1963 年，是英国迄今为止最可靠、最完备的建筑项目采购（设计与施工）流程模型，作为流程指导和管理工具被广泛用于建筑项目中，是合同文件、任职文件等重要的工作阶段参考和最佳的操作指引。英国普遍采用 RIBA 作为工程项目管理流程。

三、英国土木工程师协会

（一）ICE 的发展历程和现状

英国土木工程师协会（Institution of Civil Engineers，ICE）成立于 1818 年，是非营利性行业学术组织，是国际社会最大的能代表土木工程师个体的独立团体。会员遍及一百多个国家，总人数超过 8 万人。会员类型如表 2－3 所示。ICE 同时也是国际土木工程领域唯一一个具有学术交流和专业资质认证功能的专业机构。ICE 授予的土木工程方面的执业资格证书在国际社会得到广泛认可。

ICE 的标志性出版物是 Proceedings of the Institution of Civil Engineers 系列丛书，始于 1836 年，是土木工程领域连续出版物中历史最悠久的读物，内容涵盖土木工程研究和实践的 18

个关键领域；ICE 还出版 7 部高水准的土木工程期刊；ICE 有包括指南、手册和图书在内的 340 种电子出版物。ICE 虚拟图书馆收录期刊文献 20 000 多篇。

表 2-3 ICE 会 员 数 量[1]

会员人数	会员类型	会员人数	会员类型
407	Fellows 资深会员	3504	Members in the UK and Ireland 英国和爱尔兰的会员
1564	Members 普通会员	861	Members in HongKong and China 中国及中国香港地区的会员
168	Technical Members 技术会员	53	Members in the UAE 阿联酋的会员
357	Associate Members 准会员	558	Members in 50+further countries 其他 50 多个国家的成员
1237	Student Members 学生会员	1318	Members aged 18.30 18 岁、30 岁的会员
532	Affiliates 隶属	1398	Members aged 31.45 31 岁、45 岁的会员
260	Retired Members 已退休会员	1360	Members aged 46.60 46 岁、60 岁的会员
4431	Male members 男性会员	794	Members aged 61+ 61 岁以上的会员
537	Female members 女性会员	9	ICES Chartered Engineers ICES 特许工程师
451	Graduate Members 毕业会员		

（二）ICE 对工料测量行业的贡献

为满足业主多样化的要求和适应不同工程项目的管理需求，使得工程参与各方能够在统一的实施标准下有效协作，消除工程管理过程中频繁的争议和造成的不利影响，1985 年 9 月，英国土木工程师学会委员会（NEC）批准并开始编制新工程合同（NEC 合同），工作小组由土木工程师学会成员、承包商、咨询工程师和雇主代表组成。新工程合同于 1991 年出版试行版。

后经多次讨论和广泛征求意见，于 1993 年 3 月正式出版第一版。1995 年出版第二版。目前最新版是于 2005 年 7 月出版的第三版，简称 NEC3。NEC 合同得到英国商务部（Office of Government Commerce，OGC）的支持，推荐在英国所有的公共项目上使用。NEC 合同针对不同的项目类型分为以下四个系列：

（1）工程施工合同。用于业主和总包商之间的主合同，也被用于总包管理的一揽子合同。

（2）工程施工分包合同。用于总包方和分包商之间的合同。

---

[1] 注：摘自 ICES2016 年度发展报告。

（3）专业服务合同。用于业主与项目经理、监理工程师、设计师、测量师、律师、社区关系咨询师等之间的服务合同。

（4）裁判者合同。用来作为雇主和承包商联合在一起与裁决人订立的合同，也可用在工程施工分包合同中和新工程合同中的专业服务合同中。

第二节　工　料　测　量　师

一、工料测量师的专业技能要求

不同专业英国皇家特许测量师学会（RICS）要求的执业能力有所不同，每个专业都规定了需具备的强制能力和技术能力。为了满足 RICS 会员的执业要求，申请人必须具备执行某项任务或承担某种责任的技能或能力，此外态度和行为也要达标。

RICS 对技术能力的描述具有普遍性，因此适用于不同的执业领域和地理位置。在解释这些技术能力时，申请人应当参考自己的执业领域、专业方向和地理位置。每项胜任能力划分为三个层次，申请人必须循序渐进地达到所需的能力水平。

（1）层次 1，了解和领悟。

（2）层次 2，实际应用。

（3）层次 3，提供合理化建议、掌握较深的技术知识。

RICS 对于工料测量专业的能力要求如下：

（1）强制能力。申请人必须达到所列强制能力的最低要求。

（2）核心能力。以下工作均需达到层次 3 水平：

1）建造商业管理/设计经济学与成本估算；

2）合同惯例；

3）建造技术与环境服务；

4）采购与招投标；

5）项目财务控制与报告；

6）建造工程计量与计价。

（3）可选能力。从下列目录中选择 2 项能力达到层次 2。

1）资本减免；

2）建造商业管理或者设计经济学与成本规划（这两项中未选为核心能力的任意一项）；

3）合同管理；

4）企业复苏与破产；

5）审查评鉴；

6）保险；

7）计划与规划；

8）项目评估；

9）风险管理；

10）冲突避免与管理以及争议解决程序或可持续性。

（4）从以下工作领域中选择 1 项证明申请人的胜任能力。

1）建造；

2）土木工程；

3）铁路；

4）石化；

5）石油/天然气安装；

6）机械与电气安装。

如果申请人来自施工单位，则可选择在"建造商业管理"能力上达到层次 3。如果申请人来自其他机构，则可选择在"设计经济学与成本规划"能力上达到层次 3。

二、工料测量师参与工程造价管理的内容

工料测量师在建设的不同阶段参与工程测量的工作内容如表 2-4 所示。

表 2-4 工料测量师参与的工程造价阶段和管理内容

参与的工程建设阶段		工　作	参　与　内　容
设计任务书	1. 筹建和可行性研究阶段	向业主提供工程项目评价书及可行性报告	关于编制可行性报告的一般性工作。定出附有质量要求的造价范围或就业主的造价限额提出建议
草图	2. 概括方案	确定平面布置、设计和施工的总的做法，并取得业主对其批准	按照业主要求，对方案设计做出初步估算。方法是通过分析过去建筑物的各项费用并比较其要求，或按规范求得的近似工程量
	3. 草图设计	完成设计任务书并确定各项具体方案，包括规划布置、外观、施工方法、规划说明刚要和造价，并取得全部上述事项的批准	根据由建筑师和工程师处得到的草图、质量标准说明和功能要求编制造价规划草案（概算），编制最终造价规划，提交业主批准
施工图	4. 详图设计	对设计、规范说明，施工和造价有关的全部事项做出最后决定，编制施工图纸文件	进行造价研究和造价校核，并从专业分包人处取得报价单，将结果通知建筑师和工程师，并提出有关造价的建议
	5. 工程量清单	编制和完成招标用的全部资料和安排	编制工程量清单，进行造价校核
	6. 招标活动	通过招标选择承包商	对照标价的工程量清单校核造价规划
现场施工	7. 编制工程项目计划	编制计划	对中标标书编制造价分析
	8. 现场施工	保证有效的贯彻合同，并使合同细节在建筑施工中得到实践	对合同中所有财务事项进行严格审核，向设计组提交月报及工程造价的变更和报告
	9. 竣工及反馈	完成合同，结算最终账目，从工程得到信息反馈以利于以后的设计	编制最后结算账目、最终造价分析，并处理有关合同索赔的结账事项

三、工料测量师的角色[1]

（一）传统角色

工料测量师的主要工作在于建筑项目的业务和成本管理。在各项可选设计方案和建议中，传统的工料测量师负责提供关于设计形式和采购的成本影响方面的建议。另外，工料测量师还需要在所有项目中涉及的成本影响方面协助设计团队，成本规划是工料测量师的另一个重要角色。工料测量师要根据过往的成本记录将项目成本分为分部和分项，制定连续的项目成本规划。合同文件的编制也会有助于成本分析的编制（Ashworth and Hogg，2007）。总结的传统工料测量活动如下所示：

（1）单一费率估算；

（2）成本规划；

（3）采购建议；

（4）测量和计量；

（5）文件编制，尤其是工程量清单；

（6）施工过程中成本控制；

（7）结算和支付；

（8）财务报告；

（9）决算编制和协议；

（10）解决合同索赔。

在项目初始阶段，工料测量师根据单一费率估算法编制项目概算。如果估算成本没有超出客户预算，则进行项目成果和细节设计的编制。其后，工料测量师将编制用于招投标目的的工程量清单，再以工程量清单为衡量标准，对工作量进行计算并逐步进行支付，在完工时进行决算编制。1960年代，工料测量师的成本规划职责保证了招标审查不会超出价格。承包商工料测量师与客户工料测量师共同完成中期支付及决算的编制，双方共同保护承包商的经济利益。承包商有时还可以就合同外进行的工作提出额外索赔。

（二）发展中的角色

随着行业进步，工料测量师提供了更多高附加值的服务。全生命周期成本管理、价值管理和风险分析管理已成为工料测量师的新角色，并为客户创造着附加值。现在的工料测量师被当作是建设团队的财务经理，在达成预算的同时，通过监控时间和质量为项目增添价值。因此，工料测量师的传统角色发生了巨大变化，现在的工料测量师负责发现建设项目的长期愿景，评估各种可能选项，为客户的投资决策提供有价值的建议（Kirkham，2007）。英国皇家特许测量师学会明确了工料测量员可以作如下领域的咨询师或工程公司的雇员：

---

[1] Srinath Perera, Zhoulei, Chika Udeaja, Michele Victoria.A comparative study of construction cost and commercial management services in the UK and China：中英工程造价管理产业比较研究。

（1）为不同场地编制开发评估，评估资金使用效果和回报率，分析全生命周期成本，提供拨款或税款分析；

（2）在项目概况、优先采购途径、成本和现金流方面为客户提供建议；

（3）分析项目全生命周期成本；

（4）规划施工流程；

（5）监控合同前阶段的成本；

（6）编制招标和合同文件，进行投标比选；

（7）跟踪项目合同的批准，为承包商的支付方式、合同后成本控制和决算敲定提供建议；

（8）代表雇主监控项目；

（9）与客户或分包商进行谈判；

（10）报告计划和金融事项；

（11）风险和价值管理（RM 和 VM）；

（12）对纠纷各方提供合同建议。

第三节　英国工料测量体系

一、工料测量体系及起源

英国的工程造价管理主要采用工料测量体系（Quantity Surveying，QS），工料测量制度是以工料测量师为主体的工程项目成本控制与商务管理制度。英国自十九世纪开始出现工料测量师（Quantity Surveyor），以工料测量师专业团队为核心的工料测量制度传播到一些地区和英联邦国家，成为当地的标杆并影响了其做法，至今仍为英联邦国家广泛采用。工料测量（Quantity Surveying）是为了适应复杂工程的项目中工程要素的计量需求而逐步发展起来的，目的是加强费用估算和设计、施工阶段有效的费用控制，逐渐扩展到法律、合同方面业务，逐步发展为与工程建设项目经济分析及管理相关的专业。

英国的工料计量方法最初来自于工程人员的实践经验，400 多年前已有专业人员负责工料测量工作。1834 年，因火灾烧毁了英国著名的西敏寺皇宫，在审批新上下议院大楼工程合同过程中首次采用工料测量制度，按照工程量清单公开招标，催生了工料测量专业。1922 年英格兰、威尔士也开始形成规范化的测量规则。1946 年启用皇家特许工程测量师名称。1965 年，随着《建筑工程工程量标准计算规则》（SMM）颁布和工程造价管理体系建立，英国工料测量逐渐形成科学化、规范化的独立专业。

二、工料测量的服务内容

170 多年来，工料测量专业在英国工程领域中一直占据着举足轻重的位置。

英国的工料测量活动的内容非常广泛，包括成本计划和控制、预算咨询、可行性研究、价格变化趋势预测；投标书分析与评价，标后谈判，合同文件准备；施工合同的选择咨询，承包商选择；工程采购、招标文件编制；施工成本控制，财务报表，变更成本估计；已竣工工程的估价，决算，合同索赔的保护；与基金组织的协作；成本重新估计；对承包商破产或被并购后的应对措施；应急合同的财务管理。

随着测量师行业的发展，多元化的增值服务进一步拓宽了工料测量的服务范围。工料测量开始提供设计决策的经济建议、价值工程、风险管理、合同管理及项目管理其他与经济交叉领域的服务，以软件为中心的服务新模式不可逆转地改变了成本咨询业务的工作方式。随着新测量标准（NRM）的推广使用，工料测量可以提供从早期成本规划到后期运营维护与设备管理的全过程成本管理服务。

从对业主服务的角度，工料测量主要包括以下内容：项目开发的造价分析与评估；设计阶段的造价规划及控制；税收和财务规划；合同策划；招标文件编制；回标及询标；施工阶段的造价控制及合同管理；工程结算。随着行业发展，开始提供建设前期的目标确定、多方案比选、价值管理以及合同、风险管理、可持续发展等方面的增值服务。

从对承包商服务的角度，工料测量主要包括以下内容：报价；谈判、签订合约；现场测量；财务管理；中期付款；对分包商的管理；结算；合同纠纷解决、施工现场健康安全等。

三、工料测量的规范和标准

RICS 的技术标准和指南涵盖了执业实践的所有领域，其内容包括：专业声明、实践准则、指南手册和信息文件。RICS 是国际公认的制定和推行国际标准的领军力量。这些高水平的标准涵盖了专业领域的各个方面，为所有的会员提供了共同的实践框架。RICS 形成严谨有序的工料测量规范系统 SMM7，还有针对工料测量师的核心专业指导文件（即黑皮书系列），以及针对价值管理的标准文件（即红皮书）。

新测量标准（NRM）是 RICS 开发的另一项重要规范。近期，RICS 出版的标准包括：

Value Management and Value Engineering（价值管理和价值工程）

RICS Valuation – Professional Standards UK January 2014（revised April 2015）[RICS 价值—VK 职业标准 2014 年 1 月（2015 年 4 月修正）]

RICS Valuation – Global Standards 2017（RICS 价值—全球标准 2017）

Strategic Facilities Management（战略设施管理）

Measured Surveys of Land，Buildings and Utilities（土地、建筑物和公用事业测量）

NRM 1 – Order of Cost Estimating and Cost Planning for Capital Building Works（NRM1—建筑工程成本估算和成本规划规则）

NRM 2 – Detailed Measurement for Building Works（NRM2—建筑工程工料测量）

NRM 3 – Order of cost estimating and cost planning for building maintenance works（NRM3—

维护修缮工程成本估算和成本规划规则）

The Informed Infrastructure Client（基础设施业主知情）

International BIM implementation guide（国际 BIM 应用指南）

（一）工料测量和建设标准（黑皮书）（QS & Construction Standards）（the Black Book）

从 2013 年起，RICS 与全球 100 多家专业和标准制订机构合作，共同制订新的高水平国际标准，黑皮书就是其中最重要的组成部分之一，是为工料测量和建造业专业人士量身定做的优秀技术标准。黑皮书源自 RICS 于 1998 年发布的工料测量师实践手册，自其发布以来，历经数次修改、更新。RICS 工料测量与建造专业委员会于 2007 年重新审视该手册后，为配合 RICS 的"彩虹标准"战略（针对 RICS 的 20 个专业量身定做各自的标准化专业指南），决定将该手册分别以相互独立的"专业指南"予以发布，而这些专业指南统称为"黑皮书"。

黑皮书分为 51 个专业指南，归为如下六个部分：

（1）建设工作程序。

（2）工程设计及设计经济学。

（3）采购与招投标。

（4）合同管理（含合同类型选择、合同文件编制等）。

（5）施工阶段成本管理。

（6）其他指南及信息。

按地域适用性，黑皮书的专业指南又分为两种类型，一种是适用于英国及英联邦国家特定司法环境的标准文件，例如：工期延误的损失（Damages for delay to completion）、工程一切险（Construction insurance）等；另一种是全球通用的理念，例如：成本分析与指标优化（Cost analysis and benchmarking）、现金流预测（Cash flow forecasting）、变更评估（Valuing Change）等。

在英国及英联邦国家，虽然黑皮书为非强制性标准但当一名 RICS 会员因专业疏忽面临司法起诉时，法庭将依据 RICS 颁布的专业指南对该会员是否具备足够的专业能力提出质疑。在 RICS 看来，如果该会员在执业过程中遵循了所颁布的专业指南，那么他在面临专业疏忽的指控时，至少具备了部分抗辩能力。当然，遵循适当的专业指南是会员自身的责任，是否依照专业指南来为业主提供服务的决定权在每位会员，然而如果会员偏离了专业指南或未采用之，他必须有足够的理由说明他的行为是出于更好的考虑。

此外，专业指南与 RICS 的专业胜任能力考评（APC）的要求息息相关，即每个专业指南均按照基本原理（General Principles）对应 APC 层次 1 了解和领悟（Knowing）、实际运用（Practical Application）对应 APC 层次 2 实际应用（Doing），以及思考及建议（Practical Considerations）对应 APC 层次 3 提供合理化建议、掌握较深的技术知识（Advising）进行编撰。

（二）工料测量标准（SMM）和新工料测量标准（NRM）

工料测量标准（SMM）是英国工程量清单计价的主要实施标准。在传统工程测量模式下，工料测量师根据建筑工程SMM7编制工程量清单,测量师参照工程量清单进行成本要素分析,根据其以往的经验收集市场信息,发放询价单,回收相应厂商及分包商的报价,将每一分项工程都填入单价,并将单价与工程量相乘后的合计填入清单。所有的分项工程合价之和,加上开办费、基本费用项目(包括投标费用、保证金、保险、税金等)和指定分包工程费,形成承包商的投标报价。SMM 的最新版本是 SMM7,它将工程项目划分成开办费及总则、完整的建筑、场地工程、现浇混凝土及预制混凝土工程等,根据施工材料、工艺、工种、位置等属性进行分类和组织按照专业工程进行工程列项。

近年,RICS 出台了新的测量标准 NRM。新测量标准包括 3 部分:NRM1 为项目各阶段成本估算和成本规划指导;NRM2 为工料测量算法及编制工程量清单;NRM3 为工程项目维护期费用构成的标准。从费用构成角度,NRM1 是工程项目概略性费用构成的标准;NRM2 设定了通用的建设项目测量规则并标准化了进行测量的步骤;NRM3 是工程项目维护期费用构成的标准。

(三)BIM 技术标准

英国工料测量的信息化初级阶段以办公自动化和格式标准化为主要特征;后来开始注重企业整体信息优化,以电脑辅助运算及网络沟通为主;进入数字化和虚拟化时代,多维度的信息交流与互动成为工料测量行业主要发展方向。

2011 年,英国内阁办公室发布了"政府建设战略"(Government Construction Strategy),要求到 2016 年,政府工程建设全面实现 3DBIM 系统,文件管理实现全面信息化。RICS 于 2015 年 8 月发布了一份有关 BIM 技术的专业指南手册,旨在向工料测量师和成本管理者(成本经理)展示,在对建设工程进行成本管理时,如何运用 BIM 技术,以向客户提供最佳的咨询服务。BIM 技术指南手册包括概述、BIM 技术环境下工料测量师的工作、信息基础、工作流程、附件等,成为工料测量师在信息时代的重要工作指南。

第四节　电力工程项目的监管组织和监管方式

一、电力工程监管组织

英国有专门的能源政策制定与行业监管机构,主要包括:英国商务、能源与工业战略部、英国天然气及电力市场办公室(Ofgem)和英国竞争和市场管理局等。

(一)商务、能源与工业战略部[1]

1. 机构简介

"商务、能源与工业战略部(Department for Business,Energy& Industrial Strategy,BEIS)"

---

[1] 英国政府网站/商务部、能源和工业战略网址,网址:https://www.gov.uk/government/organisations/department-for-business-energy-and-industrial-strategy。

的前身是"能源气候部（DECC）"。2016 年 7 月，英国政府整合了商业、工业战略、科学、创新、能源和气候变化等规则，将商业、创新和技能部（BIS）和能源和气候变化部（DECC）合并成为 BEIS。目前，BEIS 共包括有 39 个部门，有 3000 多名员工，办公地点在伦敦、阿伯丁和英国各地。

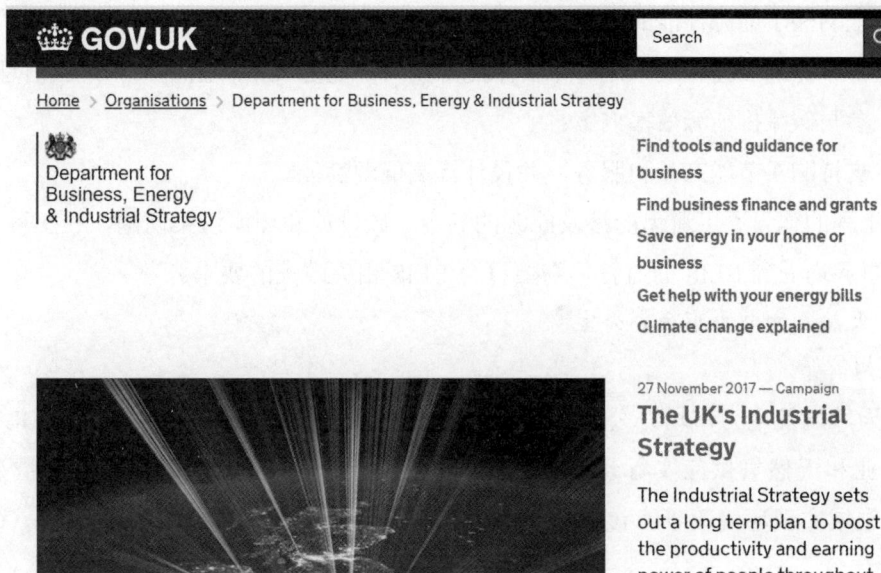

BEIS 官网截图

2. 机构职能

英国商务能源与产业战略部（BEIS）是英国现政府 25 个国家部委之一，主要负责：商业；产业战略；科学、研究和创新；能源与清洁增长；气候变化等方面的事务。职能包括：制定和提供全面的工业战略并领导政府与企业的关系；确保英国拥有可靠、可负担和清洁的安全能源供应；确保英国保持在科学、研究和创新的前沿位置；应对气候变化；促进市场竞争和保护消费者利益。BEIS 在 2017—2018 年优先的事项有：制定竞争性工业战略；最大限度地把握投资机会，提升英国利益；促进竞争市场和负责任的商业实践；确保英国拥有可靠、低成本和清洁能源系统；建立灵活、创新和协作的部门。

BEIS 致力于采取措施减少能源消耗、能源成本以及碳排放。在此方面 BEIS 主要的政策和工作覆盖以下方面：

（1）提高能源效率；

（2）通过能源和碳节约措施的正式方案减少能源消耗；

（3）定期审查能源业绩并寻求持续改进；

（4）每年审查能源目标和目标；

（5）提供充足的资源和信息以实现能源目标；

（6）将这项政策传达给工作人员和为 BEIS 工作或代表工作人员的人，确保他们了解其工作的影响以及如何尽量减少这些工作；

（7）从供应链视角鼓励能源效率提升、使用优质能源和减少碳排放；

（8）公布可衡量业绩的指标；

（9）实施能源管理系统内确定的能源改善项目；

（10）证明关于能源性能的定期管理报告；

（11）公布能源性能和成本，每年公布能源使用、能源成本和温室气体排放信息；

（12）参与碳减排能源效率方案；

（13）支持购买节能产品和服务，并设计提高能源性能。

电力工程的建设不可避免的涉及能源的利用、碳排放和环境污染问题，在工程建设中与之相关的事务均受到 BEIS 的监管，需要符合 BEIS 相关政策的要求。

（二）天然气和电力市场办公室❶

1. 机构简介

英国天然气及电力市场办公室（Office of Gas and Electricity Markets，OFGEM）依法对电力工业和天然气供应实行管制。通过价格管制和执法决策，以消费者利益为目标，帮助工业领域实现环境改善。该部门受 BEIS 的英国天然气及电力市场管理局（GEMA）管辖❷。

OFGEM 是一个非部级部门。

专栏 2-2：英国天然气及电力市场管理局（GEMA）❸

英国天然气及电力市场管理局的核心目标是确保所有消费者都能从能源市场获得良好的价值和服务。为了支持这一点，我们倾向于市场解决方案。在这些解决方案中，对垄断实行实施激励监管，并寻求在保护消费者的同时实现创新和有益变革的方法。

GEMA 将确保 OFGEM 作为一个高效的组织运作，由熟练和有能力的员工驱动，基于对消费者体验和能源系统和市场运作的独立和透明洞察，将迅速、可预测和有效地消费者的利益行动。

管理局确定战略，确定政策优先事项，并就广泛的监管事宜做出决策，包括价格控制和执法。管理局根据以下法规做出决策：

（1）1986 年的气体法案；

（2）1989 年电力法案；

（3）2000 年公用事业法；

---

❶ OFGEM 官网，网址：https://www.ofgem.gov.uk。

❷ OFGEM 官网/天然气市场，网址：https://www.ofgem.gov.uk/about-us/who-we-are/gas-and-electricity-markets-authority。

❸ OFGEM 官网/天然气市场，网址：https://www.ofgem.gov.uk/about-us/who-we-are/gas-and-electricity-markets-authority。

（4）1998 年竞争法；

（5）2002 年企业法。

OFGEM 是一个非部长级政府部门，也是一个受到欧盟认可的独立的国家监管机构，其履行职能时的主要目标是保护现有和未来电力和燃气消费者的利益。该机构通过以下方式实现该目标：

（1）促进物有所值；

（2）促进当前和未来的消费者、家庭和工业用户的电力、燃气供应和可持续性的安全；

（3）市场竞争的监督和发展；

（4）监管和政府计划的实施。

该机构工作重点是保护能源消费者利益，主要体现在：鼓励能源市场中的有效竞争；监管电力垄断企业的经营行为；保证能源网络能够得到足够的投资。

2. 机构职能

OFGEM 依据法律站在中立的第三者（电力企业与消费者之外）立场对天然气和电力市场进行监管，同时避免了政府更替产生的不确定性影响，为电力产业的发展提供了一个稳定可预期的环境。OFGEM 的职能是保护和提高燃气、电力消费者的利益；对燃气电力企业发放生产（经营）许可证，对其市场行为实施监管。其任务主要有：创造市场环境使企业之间公平竞争及消费者享有充分信息来选择供给商；在非有效竞争的燃气和电力产业领域实施管制，通过制定价格控制及服务标准保证消费者获得有价值服务。

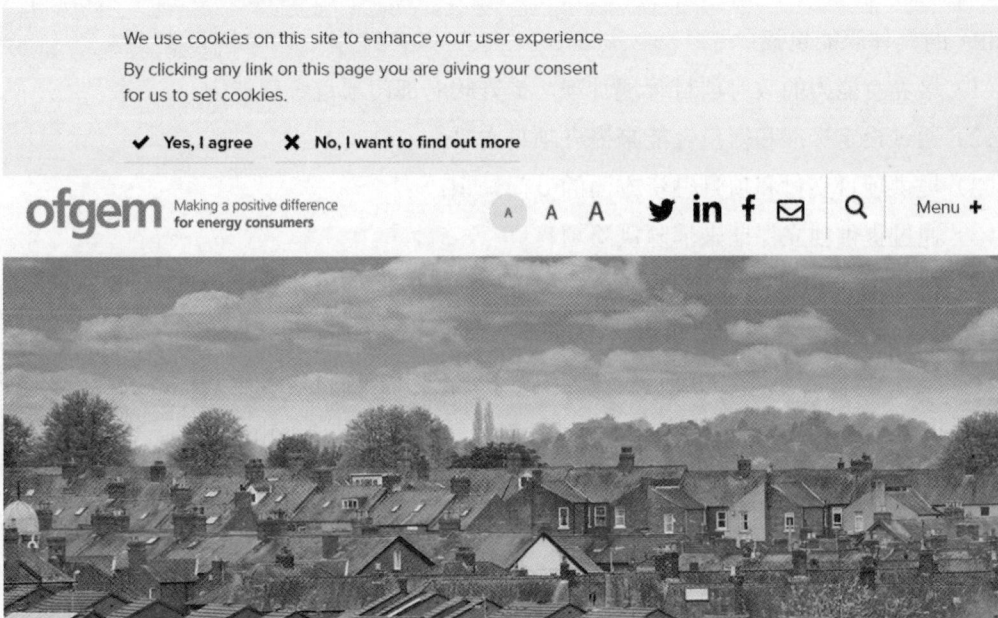

OFGEM 官网截图

（三）基础设施和项目管理局（Infrastructure and Projects Authority，IPA）❶

1. 机构简介

基础设施和项目管理局（IPA）是英国政府为政府投资的基础设施和主要项目提供专门知识的中心，为支持诸如铁路、发电厂、学校和医院、国防工程、信息技术等项目成功交付而设立。IPA 隶属于内阁办公室和财政部，设立目的是不断改善基础设施和重要项目的交付，以支持政府的优先事项，改善人民的生活。其核心团队包括基础设施、项目交付和项目融资方面的专家，从项目、人员和流程等方面致力于整个项目交付系统建立。通过建立基础设施和重大项目所需的流程、标准和工具，对整个项目从政策开发、项目启动、项目融资、项目执行和交付实行全生命期管理。

IPA 的职能部分来自于原隶属于英国财政部（HM Treasury）的英国商务部（Office of Government Commerce，OGC），是政府采购的管理机构，确保政府各部门有效、合理使用公共采购资金，按照政府制定的规则和程序行驶职责，并符合欧盟相关规定。对于政府有效地掌控采购流程、监督各部门严格遵守程序和流程具有重要意义。

IPA 是基础设施规划和交付的更广泛体制框架的一部分，政府投资项目的管理涉及多个部门，比如：国家基础设施委员会（The National Infrastructure Commission，NIC）负责阐明基础设施的长远构想，政府将决定哪些项目交付；IPA 使这一长期规划能够转化为成功的项目交付；同属于财政部的英国政府投资（UK Government Investments，UKGI）是政府在公司融资和公司治理方面的专门知识中心。

2. 机构职能

IPA 的具体职能包括：

（1）培养有能力的政府项目管理骨干，提升政府部门项目管理能力；

（2）通过设定标准和衡量性能来提升项目水平；

（3）提供项目交付和项目融资方面的专门知识；

（4）通过提供独立保证来消除风险项目；

（5）在重大项目中的担任领导角色，改善政府资产的使用和管理水平。

IPA 继承了原 OGC 的关口审查（Gateway Process，GP）工作，在项目发起、管理方式选择、合同签订和项目竣工等关键阶段，通过组织调查审查项目是否达到标准及能否产生经济效益。根据审查结果，GP 有权随时终止进展中的项目，直到满足相应条件，地方政府的监察部门也有义务根据 GP 的审查结果，向议会汇报和说明。

（四）环境、食品和农村事务部（Department for Environment，Food & Rural Affairs，Defra）❷

环境、食品和农村事务部（Department for Environment，Food & Rural Affairs，Defra 负

❶ IPA 官网，网址：https://www.gov.uk/government/organisations/infrastructure-and-projects-authority。

❷ 英国环境、食品和农村事务部，网址：https://www.gov.uk/government/organisations/department-for-environment-food-rural-affairs。

责维护自然环境，支持粮食和农业生产，保持繁荣的农村经济的部门，其下属的环境署主要负责自然环境的保护。在电力工程建设过程中，环境署涉及的职能包括：

（1）提供有关潜在站点周围环境的信息；

（2）就开发人员环境影响评估范围提供咨询意见，并提供评估信息；

（3）调整场地调查工作，检查保证场地适合开发；

（4）提供申请前咨询；

（5）回应政府、开发商和地方当局开展的磋商事务；

（6）提出开发地点洪水和沿海风险事项的咨询意见；

（7）就规划和监管事项向规划检查局提供咨询意见和信息；

（8）在施工、运营和退役阶段调整场地的环境事项；

（9）核管制办公室负责颁发许可证和批准为核电站提供新的场址。

（五）竞争和市场管理局[1]

1. 机构简介

竞争委员会[2]（CC）是英国负责监督垄断、合并和反竞争活动的机构，主要满足前两者的要求对纠纷处理进行详细的调查、仲裁。在电力工程监管方面，主要由英国国家电力供应公司运行。公平交易办公室[3]（OFT）主要依据反垄断法、竞争法及公平交易法对操纵市场、企业并购等行为进行监管。

自 2014 年起，竞争和市场管理局（competition – and – markets – authority，CMA）接管了竞争委员会（CC）和公平交易办公室（OFT）的许多职能。

CMA 是一个独立的部级部门，目前雇用约 650 名员工，主要办公地点是伦敦维多利亚大厦。

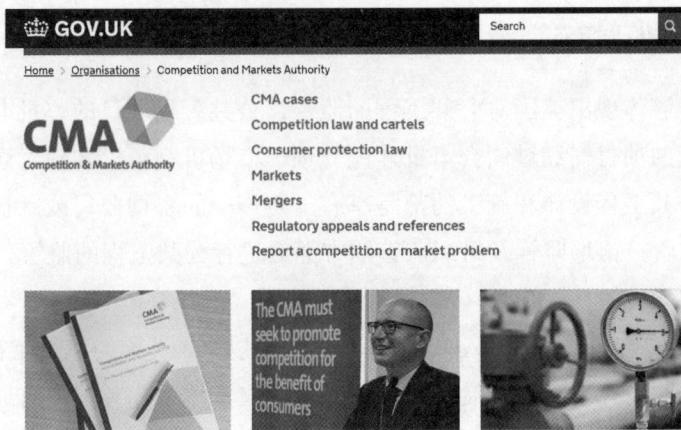

CMA 官网截图

---

[1] 竞争和市场管理局，网址：https://www.gov.uk/government/organisations/competition-and-markets-authority。

[2] 英国竞争委员会，网址：https://www.gov.uk/government/organisations/competition-commission。

[3] 公平交易办公室，网址：https://www.gov.uk/government/organisations/office-of-fair-trading。

2. 机构职能

CMA 机构负责以下方面职责：

（1）调查可能限制竞争的合并行为；

（2）对可能存在竞争和消费者问题的市场进行研究和调查；

（3）对可能违反英国或欧盟反竞争协议和滥用支配地位的方面展开调查；

（4）对犯下卡特尔罪行的个人提起刑事诉讼；

（5）执行消费者保护立法；

（6）与部门监管机构合作；

（7）监管、建议和上诉。

该机构的职责目标是：

（1）提供有效的执法。阻止不法行为，保护消费者和督促企业。

（2）改善竞争方式。特别是在受监管部门内，利用市场制度改善竞争方式。

（3）关注消费者保护。与合作伙伴合作，促进遵纪守法和获得理解支持，促进消费者做出明智选择。

（4）实现专业卓越。通过有效、透明和公平地管理每个项目，确保按照国际最高标准进行策略、经济和财务方面的分析。

（5）提高综合绩效。确保通过将不同的专业背景的员工聚集，形成有效的多学科团队，在政府部门内提供值得信赖的竞争咨询。

在电力工程建设方面，涉及电力企业在建设环节市场竞争、垄断方面的行为，均受到 CMA 的监管。

二、电力工程监管方式

在立项阶段能够体现出英国对公共工程的监管，公共工程项目的审批非常严格，具有影响较大或一定规模的项目需经过国会审批才能立项。市场机制可以实现对建设过程中的质量控制，能够承担公共工程设计和施工的都是享有一定声望的咨询公司或承包商。英国主要从法律监督、政府监管、市场监管及组织监管四方面对进行公共工程的监管。

（一）法律监督

自英国国会 1667 年通过第一部建筑工程相关法律以来，英国的建筑工程法律、法规、建筑技术准则和工程建设标准不断发展，形成了完整的立法体系。英国政府通过审批规划、审查设计技术、检查施工质量等，确保工程建筑质量，提高资源利用效率。在实施"工程项目创优"活动后，英国通过发布和实施包括《通用最小化标准》的 5 个成果性文件和"工程项目创优"活动的 11 个成果性文件在内的公共工程强制性标准，加强对公共工程的严格管理，如政府投资项目的立项，可行性研究分析必须通过公共工程的关口审查。投资额一经批准或确认即为项目投资最高限额，工料测量师以此作为造价的控制目标。政府有关部门制定了关于设计的基本质量标准来保证工程设计质量和解决设计质量纠纷。

（二）政府监管

1. 颁发许可证

根据"电力法"，进入电力行业开展发、输电等业务都需要申请许可证（除非受到豁免）。许可证包括：发电许可证、输电许可证、配电许可证、分销许可证、联网许可证。只有获取相应的许可证，才能允许持证人参与发电、输电、供电及分销电力的传输，以及参与电力系统的运作，协调和指导电力流量进入或通过电力系统，比如，任何想要建造和运营新核电站的公司都必须获得来自核监管机构的一些关键站点的具体权限，包括核场地许可证以及来自环境署或威尔士自然资源的许可证和环境许可证。环境署负责与核电站的建造和运营有关的一系列环境许可，以及有关工人住宿等问题的审查。这些措施包括放射性排放许可证、冷却水排放许可证和备用发电机的操作。环境署决定是否签发许可证及许可证的适用条件。

2. 项目全寿命期监管

政府对工程项目的监管包括规划管理、建设管理、职业健康安全管理、设备材料管理、项目可持续性等方面。政府对公共工程规划管理、建设管理主要根据《政府项目承包法规》《公用事业工程承包法规》《通用最小化标准》等进行。另外，原英国商务部（Office of Government Commerce，OGC，现已合并进 BEIS，相关职能也由 BEIS 承担）针对政府公共工程制定了一系列的采购标准和准则，如关口审查（Gateway review）、《通用最小化标准》、工程项目创优活动成果性文件等，这些标准及相关文件根据项目建设流程中可能出现的问题提出了相应的解决办法，如在公共工程关口审查制度中规定了项目各个阶段应完成的工作及应采用的项目管理技术，这就使得标准的可操作性较强。在具体管理过程中，政府办公室有以往类似项目实施经验及教训的信息供有关人员决策时使用。政府对职业健康与安全的管理主要根据《工作场所等处健康安全法》的要求。对于项目建成后运行阶段，也要对项目是否达到环境保护、可持续发展等方面的承诺进行监管。

（三）市场监管

公共工程实施阶段主要依靠市场机制进行公共工程招投标、供应方资质管理、公共工程采购的合同管理、英国工料测量师制度四个方面的监管。

1. 公共工程招投标

英国公共工程招标分为公开招标、一阶段选择性招标、两阶段选择性招标、议标等。公开招标通常由业主的咨询工程师通过地方和全国性的媒体、出版物刊登广告，邀请感兴趣的供应方投标。公开招标适用于规模较小的公共项目、维修工程及专业性较强的特殊项目。两阶段选择性招标一般适用于进度要求严格、不待设计完成就需选择承包商的项目，首先通过公开招标优选承包商，然后通过谈判协商选定承包商。议标方法有利于业主通过了解承包商的信誉、专业技术水平、财务状况及彼此之间已有的业务关系，与中意的承包商主动进行联系，选择合适的承包商。

2. 供应方资质管理

英国政府采用供应方注册体系,《通用化最小标准》明确规定业主选择供应方时应从此体系中进行选择。该注册体系是有关供应方信誉、早期项目实施情况信息、供应方综合实力的大型数据库。在资质上达到了一定的标准的供应方才能在此体系登记注册,业主在与这些供应方合作时可简化资格预审程序,并有助于与供应方保持长期的、良好的合作关系,从而降低交易成本。另外供应方为了维护自身在注册体系中的信誉评价必须全心全意投入项目建设,并着力提高项目投资效益,实现预期目标,以通过考评,提升自己的信誉等级。

3. 公共工程采购的合同管理

英国公共工程在项目规模上分为普通工程与重大工程。普通工程按照关口审查制度规定的工程采购策略选择适当的工程承发包模式和合同模式。重大工程根据项目实际情况具体分析。《通用最小化标准》要求公共工程采购应采用 DB 总承包、PPP/PFI 方式或 Prime–type Contracting 方式确定最终合同。选择的合同应符合《政府项目承包法规》《公用事业工程承包法规》《通用最小化标准》、"工程创优"活动成果性文件以及工程启动审查制度的要求。

4. 英国工料测量师制度

在英国无论采用传统的项目管理模式还是非传统的模式,无论公共工程还是私人工程,均有工料测量师的参与。工料测量师通过对建设成本、工期和质量的管理,创造和增加项目的价值。在各种规模的建设项目和工程项目中,工料测量师均能提供专业的咨询服务。《通用最小化标准》亦明确规定,项目实施过程中业主须有独立的工程顾问。由此可见独立的专业人士对项目成功实施所起到的不可替代的作用。

(四)组织监管

英国除苏格兰电力公司和苏格兰水电公司运营区外,电力体制上也实行了发、输、配、售分离的市场化改革,建立了独立于电网调度的期货、现货交易市场,专门从事期货、现货交易业务,而且包括英国国家电网公司在内的所有电力企业已全部私有化、民营化。

具体来说,就是将电力企业分成了资产、经营完全独立的英国国家电网公司、若干区域配电网公司以及几十甚至上百个发电商、售电商。国家电网公司作为输电网运营商,主要从事 132kV 以上输电网的实时电力、电量平衡等业务。132kV 及以下直至用户接户线的配电网由若干区域配电网公司负责运营,主要从事运营区内配电网的安全监控、停复役操作(包括事故处理)、检修维护(包括抢修)安排,基建、业扩安装等业务。输电网运营商和配电网运营商不参与电力市场经营,只收取经监管机构核定的相对固定的网络使用费。期货、现货交易市场完全独立于发、输、配、售电商,仅作为中介机构,向所有发电商、售电商开放。

英国电网调度机构分为两级,即英国国家电网公司输电网(400kV、220kV、运行控制中心)和各区域配电网公司配电网运行控制中心。两者之间只有纯业务联系,分别负责各自调度管辖范围内设备的安全监控、停复役操作、检修维护安排。所不同的是，输电网运行控制中心还要负责全网负荷的实时平衡，与发电商、售电商同样也是一种业务关系。调度机构的调度行为体现维护遵法守约方利益，追究违法违约方经济责任的原则。因此，日常调度过程中出现的问题，一般通过事先约定、相互协商、协调机构协调加以解决。

英国天然气及电力市场办公室（OFGEM）根据国会颁布的《电力法案》和《公用事业法》负责对电网及调度的监管，主要通过发放《电网经营许可证》，在许可证中规定有关电网调度条款、平衡和结算条款、系统连接条款、安全条款，对其执行情况进行监督检查，确定输配电价。OFGEM 对电网调度的监管是通过对负责电网调度运行的电网经营企业的监管实现的。监管主要包括对输配电价格的控制、对电网安全可靠性的监督两个方面。

1. 对输配电价格的控制

实行价格控制可采用激励机制，促使企业以最经济最有效方式投资电网建设，满足发用电需要，保证电网安全稳定运行。

2. 对电网安全可靠性的监督

OFGEM 密切监督电网的可靠性。建立激励机制，对国家电网造成的用户停电进行罚款。对于机组非计划停运，通过实行平衡机制调用备用容量解决，造成的经济上的损失。无论发电公司还是电网公司，原则上谁的原因造成的损失由谁承担。

第五节 工程项目管理流程

一、英国皇家建筑师学会（RIBA）管理流程[1]

从投资者的角度，对工程项目的建设管理包括了从策划到实施再到投入使用的整个过程。在英国，对于工程项目的全过程管理，有相对公认的管理步骤。例如，英国皇家建筑师学会发布的"RIBA 工作计划"是英国迄今为止最可靠、最完备的建筑项目采购（设计与施工）流程管理模型，该模型作为流程指导和管理工具被广泛应用于英国工程项目中，包括电力工程在内的基础设施项目管理也借鉴这一流程进行管理。

为了适应 21 世纪建筑行业发展，提高资金使用效率和运营效率，减少碳排放和实现更好的估算，英国皇家建筑师学会发布的"RIBA 工作计划"将工程项目成本估算、预算、设计、施工、运营维护整合到一个连续循环中。该循环分为 8 个关键阶段（表 2-5）。该流程确定了建设项目的所有业务流程和核心任务，并提高了已完工项目信息获取和再利用的重要性。

---

[1] Srinath Perera，Zhoulei，Chika Udeaja，Michele Victoria. A comparative study of construction cost and commercial management services in the UK and China：中英工程造价管理产业比较研究。

表 2-5	RIBA 计划的 8 个阶段和核心任务
RIBA 阶段	核 心 任 务
0—策略制定	确定业主的商业案例、策略概述及项目其他核心要求
	组建项目团队
	评估施工计划
	预申请讨论
	考虑以前项目经验和反馈
	持续开展对业主需求分析和预计施工现场的勘查
1—筹备与概况	设定项目目标
	进行可行性研究、核查施工现场信息
	组建项目团队编制项目角色表和三方合同
	审查施工计划
	预申请讨论
	制定移交策略、风险评估和项目执行计划
	协商服务进度、设计职能矩阵和信息交换
	设定项目概况的可持续目标和保证咨询师及测量师进行持续性的检查
2—概念设计	编制概念设计和初步成本信息
	协商项目说明、修改和发布最终的项目说明
	审查施工计划
	编制可持续性策略、运营维护策略
	审查移交策略和风险评估
	在需要时寻求第三方咨询
	审查和更新项目执行计划
	考虑施工策略、制定安全防护策略
	进行可持续性验证、协商计划变更并上报
	根据建筑规范 L 部分检查设计
3—开发设计	开发设计
	审查并更新可持续性、维护、运营和移交策略、风险评估、项目执行计划、施工和安全防护措施
	进行可持续性评估和经常性可持续性检查
	根据建筑规范 L 部分进行细节设计检查
	根据设计审查寻求可以减少资源使用和浪费的机会，并将结果录入现场废料管理计划
4—技术设计	根据设计职责矩阵和项目策略编制技术设计
	审查并更新可持续性、维护、运营和移交策略、风险评估、项目执行计划、施工和安全防护措施
	根据之前的文件进一步审查项目策略
	制订计划确认书
	完成可持续性评估
	提交建筑规范 L 部分有关材料，更新设计阶段碳排放宣言
	向专业分包商展示经认可的持续性标准

续表

RIBA 阶段	核 心 任 务
5—施工	场外制造和现场施工
	建筑合同管理
	检查和更新持续性施工措施，以及健康和安全措施
	项目竣工交付准备
	可持续性检查
6—移交和竣工	项目竣工交付和施工合同完成
	项目交付与验收所有相关活动
	可持续性检查
7—投入使用	根据每个服务进度执行投入使用服务
	项目总结可持续性检查

二、电力工程项目管理流程

（一）申请许可证

电力行业许可证包括发电许可证、输电许可证、配电许可证、分销许可证、联网许可证。只有获取相应的许可证，才能允许持证人参与发电、输电、供电及分销电力的传输等。

英国天然气及电力市场办公室（OFGEM）通过核发电力专营许可证，同时监督许可证中规定条款的执行情况来对电力工程项目进行监管。"许可"主要涉及环境问题，并不涉及技术、经济或系统利弊方面的论证。厂商在项目发起之前需要进行细致的市场研究，之后申请政府许可，并与英国国家电网公司（NGC）签署《联网用网合同》，才能启动项目。向OFGEM 申请许可证的程序如图 2-3 所示。

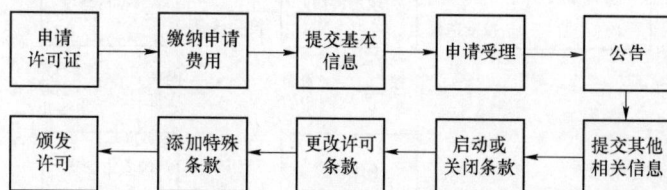

图 2-3　许可证申请程序

（二）政府投资电力工程项目管理流程

英国公共工程采购实行的是一套政府指导、预算控制、部门决策、个人负责、议会监督的采购体制。政府采购必须实现物有所值，要求所有政府采购职权范围内的部门和机构都要执行。在政府投资项目实施与管理层面，英国政府依靠《通用最小化标准》等标准及相关文件进行约束。这些标准及相关文件根据项目建设流程中可能出现的问题提出了相应的解决办法，如在公共工程关口审查制度中规定了项目各个阶段应完成的工作及应采用的项目管理技术。

1. 投资计划与资金使用

英国国家基础设施委员会（The National Infrastructure Commission，NIC）负责基础设施的战略规划，由政府决定建设投资哪些基础。在地方政府职权范围内，建设项目由有关单位提交到专门委员会，委员会同意后提交到相关议员参加的听证和辩论会，通过后再提交地方议会，投票通过后财政部门才能编入预算。如果项目是中央政府直属或各部直属，则直接由主管机构负责人向上级申请，获准后才能按照预算投资。而对投资规模或社会影响大的项目，立项审批非常严格，必须经过国会批准。

每年的投资计划由财政部和公共服务提供专署联合制定，政府各个部门会对外公布年度预算，同时，英国预算责任办公室（Office for Budget Responsibility，OBR）也会向全社会公开政府预算。立项文件一经批准或确认即为项目执行的依据，各政府部门的投资活动必须控制在财政预算授权支出范围内，不得超出投资概算。

通常有牵头人在财政部负责制定部门采购政策，向高级官员和各部长提出建议，以使采购项目做到"物有所值"。各部门安排有会计官员，保证财政的合理支出。国家审计署对公共账目委员会进行监督，部门之间相互制约。国家审计署完全独立于政府部门，直接对议会负责。具体实施流程如图2-4所示。

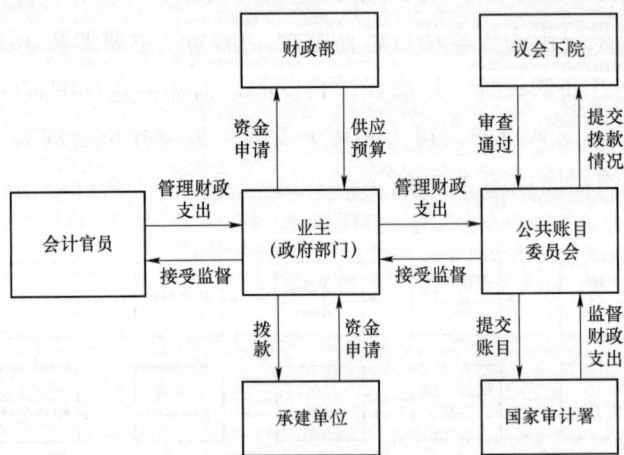

图2-4 英国政府工程采购流程

2. 关口审查流程（Gateway Process，GP）

为统一不同政府部门进行采购的管理流程，财政部内阁办公室的基础设施和项目管理局（IPA）组织了公共工程关口审查，旨在为政府各工程项目提供相应服务，确保最佳效果。关口审查流程（简称GP）可以增加发现早期风险的可能性，保证项目顺利完成。根据审批文件，修改程序需要同行的审查，即项目外的独立从业者运用自身经验和专业技能检验项目成功交付的可能性。关口审查流程目前在中央民政、卫生部门、地方政府和国防部门强制使用，其他机构自愿实施。

RIBA 工作计划和 GP 关口审查过程都是公认的管理和实施项目的框架。当两个或更多的 RIBA 工作阶段相结合时，RIBA 工作计划是一个提供概念化建筑项目过程管理的理想工具。作为"RIBA 工作计划"的替代方案，采用 GP 关口审查过程作为管理项目的最佳实践。该流程在其生命周期的关键决策点上检查计划和项目。一般而言包括方案审查（Programme Reviews）和项目审查（Project Reviews）。关口审查包括审查 0：战略评估；审查 1：项目论证；审查 2：交付战略；审查 3：投资决策；审查 4：准备服务就绪；审查 5：业务审查。

方案审查是在关口审查 0：战略评估下进行的。一个项目通常会经历三个或更多的英国商务部（OGC）关口评审 0，包括一个早期的评审，一个或多个在项目实施过程中关键决策点的评审，以及在方案结束时进行的最后审查。

项目审查是在关口审查 1～5 之下进行的。一个项目在其生命周期内一般将经历五个审查：三个在承诺投资之前，两个在服务实施和确认运行效益方面。根据项目的规模、范围和复杂程度，可能会在必要时重复项目审查。对项目的审查必须考虑项目所在的方案背景以及与方案中其他项目之间可能的相互依存关系。审查还将表明采购在多大程度上符合战略和政策目标。通常，一个项目将在投资承诺前进行三次审查，其中两次审查服务实施和确认运营利益。关口审查流程用于在项目全生命周期的关键阶段进行检查，以保证项目可以顺利进入到下一阶段。关口审查在各类项目上应用范围广泛，由从 0～5 的六个审批程序组成。对于建筑项目，增加了两个序号为 1 和 2 的决策点，用于解决概要设计和细节设计中的问题。关口审查 5 通常会在项目生命周期中发生几次。第一次 OGC 关口审查 5 集中于业务案例以及如何为提供服务和相关的合同管理建立良好的安排。由于运行服务寿命不同，可能需要多次重复的中期关口审查 5 来检查操作管理。对于长期服务合同，可以在 20 年内进行四次审查。对于信息技术支持的项目，期限可能要短得多，五年期间可能只有两到三次审查。关口审查流程和决策点见表 2-6。

表 2-6   英国政府投资项目关口审查流程

采购阶段	关口审批程序	每道程序的关键采购任务
建立业务需求	0—战略评估	审查报告调查方案的投资方向和计划成果以及其组成项目的进展情况。适用于任何类型的方案，包括政策和组织变革。这一审查在整个方案的生命周期中不断重复；早期的关口审查 0 特别有价值，因为它有助于在计划最终确定之前确认预期的目标是可以实现的
规划方案	1—业务合理性	调查了战略性商业案例并指出发展的方向，以确认项目是可以实现的，并且有可能达到预期的交付目标。审查报告检查： 利益相关者批准项目的预期收益； 与方案和组织目标的联系是明确的； 成本、收益和风险的最佳平衡已经确定

续表

采购阶段	关口审批程序	每道程序的关键采购任务
邀请建议书或投标书之前	2—交付战略	商业策划和交付项目的建议方法。如果项目涉及采购，交付战略将包括采购备选方案的细节、拟议的采购路线和辅助资料。审查还将检查实施计划是否到位。 重点是确定项目的明确定义及其执行计划。核实该项目的业务合理性分析中尚未确定的假设。评估项目的可行性、成功的可能性、要实现的资金价值以及实现项目目标的拟议方法。如有需要，会评估该项目是否已准备就绪，可向市场招标或招标。向项目委员会保证，选定的交付方式适用于拟议的业务改变，不论是涉及购买货物或服务、影响组织变革、政策执行、向公民提供服务或其他发展
授予合同前	3—投资决策	明确与供应商或合作伙伴签订合同、建议的投资决定是适当的。为选择供应商的过程提供了保证。审查还评估了流程是否得到很好的管理；业务需求是否得到满足；客户和供应商都可以实施和管理拟议的解决方案；在授予合同（或同等合同）后取得成功结果的必要流程是否到位
设备交付决算/开始支付范围费用（私人融资计划）	4—准备服务就绪	实施前的解决方案是否健全；组织如何应对在交付之前和之后实施方案变化；已经到位或正在安排的合同管理安排；是否有评估持续绩效的基础。对于 PFI 或战略伙伴关系合同，确保项目为合同管理阶段做好充分准备尤为重要。为项目的业务阶段制定治理结构，同时有充足的预算、来自客户和供应商的适当熟练工作人员，以及服务管理小组的适当住所
运行阶段	5—运行审查和效益评价	以基线为基准，详细研究合约管理的安排、物有所值的改善及表现奖励等问题。最后审查将集中于与结束现有服务合同和确保为今后作出适当安排有关的项目活动

针对政府采购项目英国商务部（OGC）给出了更详细的标准采购过程：项目启动——风险评价——商业分析——采购策略——市场初步评价——市场供应分析——产品需求分析——供应商选择——建议评价——合同准备——投标评价——中标——项目结果——投入运行——合同管理。该过程实际包含了工程、货物和服务三项内容的标准过程，所以针对具体项目该过程中某些环节可以省略。英国对政府投资项目的审批非常严格，具有一定规模或影响较大的项目需经过国会审批才能立项。为使政府投资项目价值最大化，各主管部门均建立了一套严格的工程评估标准。总的评估标准则由中央财政部通过发布"绿皮书"制定。"绿皮书"主要发布中央政府对评估投资工程和投资政策的指导性意见，有很强的技术性和指导性。另外，对工程完成的时间及预算、成本等方面，"绿皮书"也都有科学的指导意见。各部门以此为蓝本，结合工程的实际情况，制订自己的"绿皮书"❶。

3. 执行管理❷

项目立项评估阶段结束之后即开始初步设计。根据初步设计图纸的技术说明书，工料测量师编制出工程量清单（工程量表）。建筑师审查初步设计文件和预算，所有初步设计文件呈送业主审批审核。业主和建筑师还将对这些文件进行若干修改。

---

❶❷ 中国土木工程学会赴英国、瑞士执行建筑市场及招投标管理的实务任务考察报告。

初步设计确定后即开始技术设计，技术设计文件的编制更加详细和费时。由于建筑和工程结构图确定了工程范围，工料测量师将编制更加详细和准确的工程量清单并据此框定概算。随后，工料测量师（或计划工程师）将编制施工进度计划，进度计划反映出项目实施所需合理时间。

随后财政部政府商务办公室与项目主管部门一起进行招标工作。政府明确规定：投资在10万欧元以上的项目，必须通过网络在欧盟范围内公开招标。通过公开招标或邀请招标等各种招标方式将编制的招标文件或合同文件分发给所选定的承包商，承包商的估价师根据工程量清单编制报价后，对该工程进行投标。

在英国，允许承包商实行工程专业分包。有些是由业主指定的分包商，这些分包商一般从承包商投标报价时就开始介入。承包商在取得招标文件后，如果要分包工程，会将相关的投标图纸和工程量清单交到有关分包商（一般至少请3家其认为合格的分包商），分包商会就此进行报价；承包商根据分包商的报价，认定哪一家分包商的报价最低，以此作为承包商报价的依据。承包商的估价师对其自己实施的工程和分包商对各部分报价进行汇总，并加上相应的利润和管理费及相关税收，作为其向业主投标报价的依据。

中标的承包商按照业主提供的设计图纸和技术规范进行施工。在施工过程中，承包商的项目经理及项目组成员要与业主及其建筑师、工程师、工料测量师密切合作；在施工过程中还要协调好与分包商、供应商的关系。英国政府部门将房屋建筑工程施工管理称为建筑控制。建筑控制的具体管理部门是各个地区的市政厅，目的是为贯彻执行建筑规范以及相关法规，保护建筑内及周围人员的健康与安全。在英国绝大多数建设项目至少要获得市政厅两项批准，否则不能开工。第一项是建筑规划申请，取得规划许可；第二项是建筑控制申请，取得建筑规范批准。如果是文物保护性建筑，还需要通过文物保护建筑许可。如果在保护区内进行拆除工程，需要获得保护区许可。如果要设立广告牌或者标记牌，需要获得广告许可。规划申请由建筑设计师递交。市政厅向民众发出公告，任何个人或组织都可以在公告规定的期限内向市政厅提出反对意见。规划许可是设计阶段必须遵守的法规性文件。获得批准后，市政厅下发一份正式的批准函，批准函中规定了项目在施工过程中必须遵守的条款，它是建筑施工阶段必须遵守的法规性文件。

工程完工后，将移交业主进行验收，由建筑师代理业主核实该建筑物及其服务设施的性能是否已达到业主的预期目标。同时，建筑师负责就今后如何对建筑进行维护提供必要的指导，并向业主交付各建筑物及电气、给排水等服务设施项目以及全部竣工图纸。

第六节　工程建设各阶段造价管理内容

按照工程项目各个阶段不同的特点，英国工程造价管理的工作分为前期（决策和初步设计）、设计（施工图设计）、施工、竣工等不同阶段的工程造价管理。由于工程计价资料的不同，各个阶段所用的手段和方法也有所不同。英国工程计价一般在 RIBA 工作计划和关口审查过程（GP）的背景下的实施，电力工程项目和一般建筑工程项目和其他类型的土木工程建设项目具有相似的管理流程和计价方式，只是在工程属性上有所不同。因而，在工程造价管理的内容上，也包括 RIBA 中的造价管理流程、各阶段成本管理的主要工作。

一、英国皇家建筑师学会（RIBA）中的造价管理流程❶

英国使用的是基于风险性的以市场为导向的评估与计价体系。在 RIBA 工作计划框架之下，对于造价管理，也依照核心工作定义了一系列具体的造价管理工作及内容，并分别需要各不同行业的人员参与。参与造价管理的相关人员包括金融机构人员、政府部门人员、工程师、建筑师、律师、保险公司、承包商、供应商和交易商等。工料测量师往往在项目初始阶段就开始提供前期造价咨询服务，施工、竣工移交及投入运营阶段的主要业务包括中期估价、现金流预测、索赔管理和工程结算等。在建设过程中，各项活动间的关系和顺序呈现网状交叉状态。结合 RIBA 工作计划 8 个项目管理阶段，各阶段具体造价管理流程如图 2-5 所示，详细过程请见附录 A。

1. 第 0 阶段：战略定义

这一阶段评估投资项目的核心目标和特定需求。在本阶段，多数会指定项目工料测量师，用于评估投资项目和开发的战略概要。

2. 第 1 阶段：编制概要

本阶段将由业主指定设计团队，开发详细的战略概要。工料测量师编制成本估算的大致顺序（根据《新测量规则》第一册（New Rules of Measurement，NRM1），以历史数据来预测项目的可能造价，为业主的融资模式和招标选购提供建议。建筑师明确项目的规模、质量和时间要求并与工料测量师和工程师一起进行可行性研究。成本估算的顺序由工料测量师编制，以此来确定边际成本并作出项目是否继续推进的重要决定。一旦确定项目是可行的，就发起规划许可。此外还要从本阶段开始启动风险评估，一直到项目结束。

3. 第 2 阶段：概念设计

概念设计由建筑师完成，其中结构、机电和市政配套体系由相关的设计师提出。各部分要根据成本、技术、规划和适用要求由设计团队成员进行评估，优化设计要经过业主批准和同意。规划申请在本阶段末提交。正式成本规划（NRM1）由工料测量师编制（使用构件分析法）并确定边际成本。另外，工料测量师还要给业主提供招标流程上的建议。风险评估也要进行审查。

---

❶ Srinath Perera 教授，周蕾，Chika Udeaja，Michele Victoria，A comparative study of construction cost and commercial management services in the UK and China：中英工程造价管理产业比较研究。

RIBA阶段		成本与商务管理流程

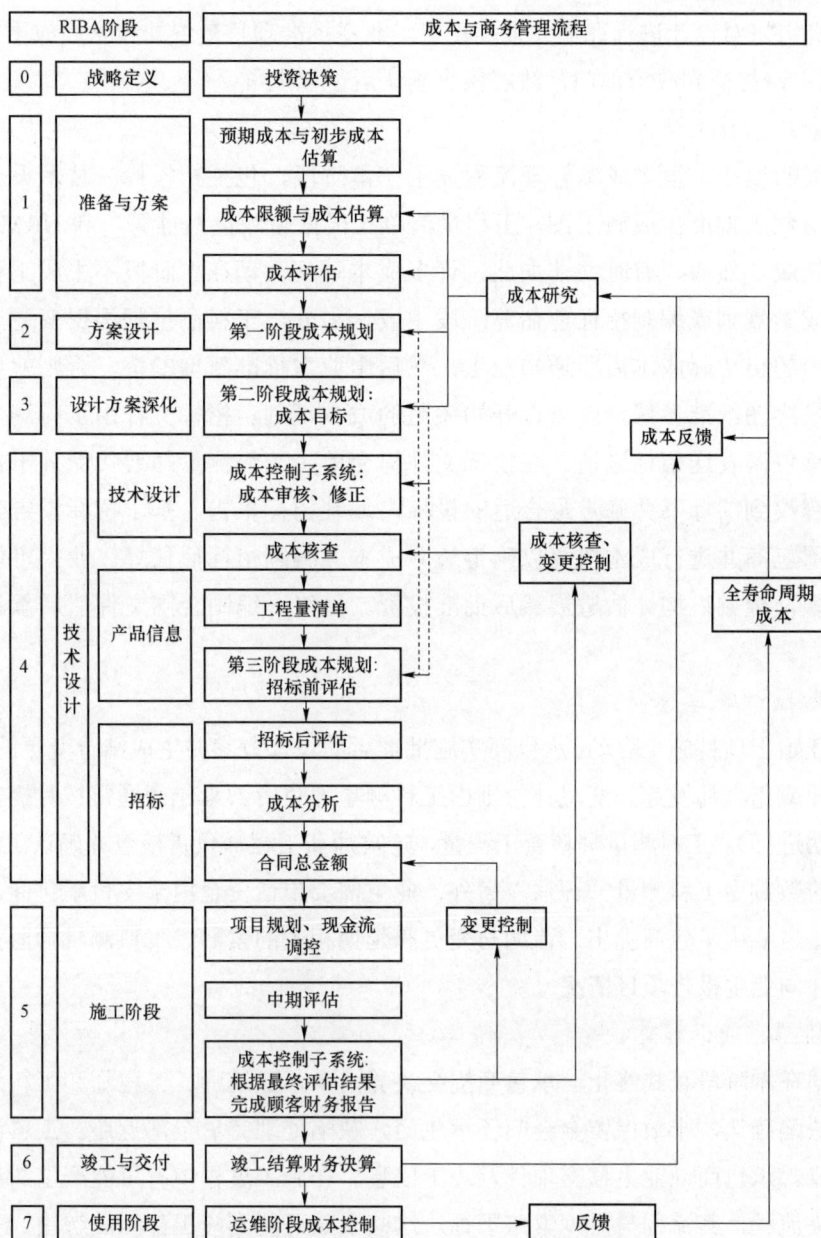

图 2-5　英国工程造价管理流程框架图[1]

4. 第 3 阶段：改进设计

基本设计已经完成后，工程师就结构和服务编制初步设计。工料测量师根据新测量标准第一卷（NRM1）编制正式成本规划。此外，还要进行成本核算以确保每一构件的边际成本

---

[1] Srinath Perera 教授，周蕾，Chika Udeaja，Michele Victoria，A comparative study of construction cost and commercial management services in the UK and China：中英工程造价管理产业比较研究。

或成本目标未被超出，如果超出则采取补救措施。业主开始申请合同前分期付款以便为项目融资。金融机构将对设计进行评估并批准投资。业主批准项目最终的技术和成本方案（经修订后）。规划申请提交到政府部门，政府核查确认后予以批准。

5. 第 4 阶段：技术设计

在传统采购途径中很多成本管理流程发生在本阶段，包括招投标。技术设计最终在本阶段确定并由业主批准生成施工图。工程量清单（根据新测量标准第二卷 NRM2 编制）多数在本阶段完成，然而，有时并非如此，许多成本管理活动在本阶段不生成工程量清单，而是在正式成本规划或编制招标前估算阶段生成。另外，工料测量师根据变更进行最终的成本核算。当超出边际成本后要通知业主，然后由业主批准新增融资，否则就要考虑重新设计。一旦最终图纸准备好，就可以开始完整的成本规划。招标文件由工料测量师编制，并向合格的承包商发送招标邀请。在投标文件提交前，工料测量师要接受关于投标人的询问，评估所有收到的标书并确定最合适的投标，编制招标报告。基于招标报告建议，由业主选择项目承包商并进行成本核算以确定边际成本并编制招标后估算。业主可能会申请第二轮分期付款，金融机构评估进展然后批准投资。最终，编制合同文件然后承包商与业主正式签订合同。

6. 第 5 阶段：施工

本阶段开始于项目施工启动，承包商实施批准后的设计方案并生成结合变更的竣工图纸。变更由建筑师或工程师发起，变更计价则由工料测量师负责。承包商通常按月提交结算（按合同协议定期进行）。工料测量师核查工程量，建筑师和工程师负责核查并确认工程质量，业主所需支付的数额由工料测量师评估。另外，业主需要申请资金用于支付承包商。除了结算外，其他索赔也要由承包商提出，诸如与变更和延期相关的索赔。工料测量师监控工程，评估项目进度并向业主报告项目情况。

7. 第 6 阶段：竣工移交

建筑合同在本阶段正式终止。承包商提交决算清单，建筑师、工程师和工料测量师进行决算审查和缺陷确认。半数保留金会归还承包商，缺陷处理完后全部返还。工料测量师开始编制项目决算。承包商向业主移交项目及竣工信息。在施工过程中有可能产生纠纷，此时要启动纠纷解决流程，其流程与月度索赔平行。这些索赔可能到竣工都无法解决。另外，承包商也倾向于从已完工项目的决算中生成成本分析以备将来使用。项目成本分析也可根据成功中标的金额进行编制（这种情况下，成本分析可以在招投标阶段进行编制）。

8. 第 7 阶段：投入使用

建筑在质量保证期内一直受到监控，并由工料测量师编制缺陷清单。缺陷处理完成后将给承包商发放保留金并颁布最终品质证明书。获取建筑能耗特性也是相当重要的，主要用于建筑可持续性评估和进行全生命成本分析。最终，项目的每一个商务方面都要记录在案并进行审计。

二、各阶段成本管理的主要工作[1]

（一）前期阶段成本管理

1. 成本估算

可行性评估通常以单位成本法计算（例如医院每个床位的成本，学校每名学生的成本），之后使用构件法进一步完善评估：建筑被分割成主要构成部位和细分部位，工料测量师也需要与业主和职业团队进行互动来建立业主的初始需求和开发业主的业务。

2. 成本规划

在整个设计流程中考虑价值管理和风险管理。代表业主的工料测量师负责估算方案阶段的成本规划，在设计—建造阶段代表承包商的工料测量师负责与承包商的设计团队一起开发成本规划，以此来编制投标方案。此外，需要意识到可持续性的驱动力及其在资金和生命周期成本上的影响，还有可持续建筑的技术要求，保证成本在实际范围内，不会有额外增加。

3. 成本核算

为确定成本规划的精确性，也为了保证开发设计在预算范围内，需进行成本核算。成本核算是在设计流程中对成本控制构件的执行。

4. 工程计量与工程量清单编制

英国建设工程测量方法规范是测量方法和编制工程量清单的基础。第七版（SMM7）由英国皇家特许测量师协会（RICS）和英国建筑业主联盟（BEC）联合出版。目前，由 RICS 单独出版的新测量标准第二卷（NRM2）正在逐步替代 SMM7。

（二）承包商估算与投标

1. 投标决策

收到投标文件后，承包商的工料测量师需要立即通读文件以便审查并完成投标前的数据表，同时根据公司利益评定投标等级并就是否投标提供建议，然后，由工料测量师、规划工程师、材料评价师、造价员组成的造价团队进行工作净成本的估算，最后由造价团队完成承包商的成本预估。

2. 决定投标基础

工料测量人员的任务包括以下方面：

（1）检查关键文件：包括图纸/规范/工程量清单（工程信息、现场资料和合同数据）；

（2）向主要分包商和材料供应商发送询价；

（3）检查工程量清单中的重要工程量；

（4）规划施工方法，制定施工进度；

（5）检验更经济的设计方案，设计临时工程和其他必要的永久工程；确定核心约束条件；

---

[1] Srinath Perera, Zhoulei, Chika Udeaja, Michele Victoria, A comparative study of construction cost and commercial management services in the UK and China：中英工程造价管理产业比较研究。

（6）访问工程师办公室，检验核心样品；

（7）视察现场，编制现场调查报告。

3. 编制估算

工料测量人员要计算目前的人力、材料和施工设备价格，单价或浮动价，初始项目和常规项目的价格，最后加以汇总。

4. 商业评估

由总测量师和被举荐的合同经理组成的管理小组对估算进行独立评估，以保证该投标可行且具有竞争力。

5. 估算转入投标

在以下方面予以考虑并达成一致：

（1）商务审查后要作出的财务调整；

（2）分包商和供应商的折扣；

（3）最新报价，这些调整项目都需要包含在标书中；

（4）总公司日常开支通常占比；

（5）利润通常根据市场水平制定；

（6）投标资质。

6. 提交标书

根据邀请函中的规范格式提交标书。

（三）施工阶段成本管理

1. 工程计价

建筑行业生存的关键在于现金流，工料测量师在其中扮演着核心角色。建筑管理部门可以在任何有必要时要求工料测量师进行中期估价，在中期证明书中列明所需的量。

2. 计价变更

价值变更方法通常会导致业主和承包商间的意见不一致，业主的工料测量师希望严格执行清单价，而承包商希望价格可以真实或大致接近实际发生的成本。

3. 索赔管理

业主的工料测量师对索赔量化的内容如下：

（1）现场发生的成本；

（2）公司开销；

（3）利率和资金费率；

（4）额外成本；

（5）利润；

（6）生产力损失/冬期施工；

（7）索赔成本的编制。

4. 决算

所有临时付款的累计结果即为决算。业主雇用的工料测量师需要与主要承包商协商后确定要提交的决算书,最终确定项目的所有相关成本。

5. 审计

决算账户或任何其他账户的审计都涉及账户的审查和支持性文件,更重要的是涉及指定流程,这保证了审计人员可以确定账户已经编制好,并就账户提供真实而公正的观点。审计人员的主要工作内容:比较决算账户和合同清单;检查可用记录;与相关人员讨论;检查已采用的流程;编制调查报告。

除上述造价管理的主要工作外,承包商的工料测量师担任商务经理的角色。英国皇家特许测量师协会(RICS)定义的商务管理,包括项目金融管理活动,如常规的对项目现金流和收益性的监督和报告,对项目的金融的使用和管理行为等。商务经理的作用有:为公司扩张进行市场营销和业务开发;资产管理;项目评估;合同谈判;变更管理;会计核算;项目的经费监控;分包商管理;供应链管理;成本管理;成本价值比选等。

第三章　英国电力工程费用构成

在英国，作为基建工程费用估算和费用计划规则，新测量标准第一卷（NRM1）为建筑工程准备费用估算和费用计划提供了指导，同样，也可以指导不反映在可测量数量的工程实体项目上的其他费用的量化，如前期费用、管理费用和利润，项目团队和设计团队费用，风险津贴、通货膨胀和其他开发和项目成本。

本章首先介绍了英国电力工程费用的整体构成框架，之后对费用的详细构成进行了分解。国际工料测量联盟的测量标准主要基于英国的费用构成建立，是目前国际社会推广的通用的费用构成模式，本章第三节对此做了阐述。最后，以欧洲建筑经济学家理事会（CEEC）标准为例，介绍了英国工程成本分析的格式。本章的主要目的是使读者对工程费用构成有一个初步了解。

第一节　费用构成框架

一、NRM1 对费用的分类

在英国，作为基建工程费用估算和费用计划规则，NRM1 为建筑工程准备费用估算和费用计划提供了指导，同样，也可以指导不反映在可测量数量的工程实体项目上的其他费用的量化，如前期费用，管理费用和利润，项目团队和设计团队费用，风险津贴、通货膨胀和其他开发和项目成本。NRM1 将基本建设工程的成本估算和成本计划的顺序分为四个部分：

（1）第 1 部分将成本估算和元素成本计划放在 RIBA 工作计划和关口审查过程 GP 中，并解释规则中使用的符号，缩写和定义。

（2）第 2 部分描述了成本估算的目的和内容，定义其关键组成部分，解释如何准备成本估算，并且使用建筑面积法、功能单元法和元素法来制定成本估算顺序的准备规则。

（3）第 3 部分描述了基本成本计划的目的，解释其主要成分，并解释如何准备基本成本计划。

（4）第 4 部分制定正式成本计划的表格计量规则。

二、电力工程费用构成分解

从费用构成的角度，电力工程同样适用 NRM1 的分类和构成。因此，电力工程项目总投资主要由工程成本费用、项目和设计团队费用、其他开发和项目成本费用、风险准备金、通货膨胀费、增值税六项费用构成，具体如表3－1所示。

表3－1 英国电力工程成本估算费用分解表

一	工程成本费用
1	建设前准备费用估价（1）
2	建筑工程估价（2）
3	主承包商的开办费估价（3）
4	小计（4）＝（1）＋（2）＋（3）
5	主承包商的间接费用和利润估算（5）
6	工程费用估计（6）＝（4）＋（5）
二	项目与设计团队费用
7	项目/设计团队费用估计（7）＝（7a）＋（7b）＋（7c）
7a	（a）顾问费用（7a）
7b	（b）主承包商的前期建设费用估算（7b）
7c	（c）主承包商的设计费用估算（7c）
8	小计（8）＝（6）＋（7）
三	其他开发和项目成本费用
9	其他开发/项目成本估算（9）
10	基础成本估算（10）＝（8）＋（9）
四	风险准备金
11	风险准备金估算（11）＝（11a）＋（11b）＋（11c）＋（11d）
11a	（a）设计开发风险估计（11a）
11b	（b）建设风险估计（11b）
11c	（c）雇主变动风险估计（11c）
11d	（d）雇主其他风险估计（11d）
12	成本限额（不包括通货膨胀）（12）＝（10）＋（11）
五	通货膨胀费
13	招标阶段通货膨胀估计（13）
14	成本限额（不包括施工通胀）（14）＝（12）＋（13）
15	施工阶段通货膨胀估计（15）
16	成本限额（包括通货膨胀）（16）＝（14）＋（15）
六	增值税
17	增值税估算

这其中包括了进场准备工程、临时工程和新的永久工程费用、工程内部建筑估算费用、装修费、设施设备费等。

上述费用中，工程成本费用（works cost estimate）、项目和设计团队费用、其他开发和项目成本构成了建设项目的基础成本估算（base cost estimate）；风险准备金和通货膨胀费构成了建设项目的风险费用；建设项目的基础成本费用与风险费用之和即为建设项目成本限额。具体计算公式如下：

基础成本估算=工程成本费+项目和设计团队费+其他开发和项目成本

风险费用=风险准备金+通货膨胀

工程成本限额（cost limit）=基础成本费用+风险费用

建筑项目总投资估算（cost plan）=工程成本限额+增值税

第二节 详细费用构成

一、建设前准备费

建设前准备费通常指需要在建筑工程开始前完成的工程所需费用（例如拆卸工程，设计清除危害及有害物料的工程，以及土壤稳定）。启动工程通常包括进场准备工程，临时工程和新的永久工程（例如主要拆卸工程，进入工地调查，新的通道，以及通过法定承诺提供市政配套等）。上述工程发生的费用即为建设前准备费，主要由业主支付。

二、建筑工程成本

建筑工程成本指承包商实施工程施工的成本。建筑工程的数量应通过测量一个或多个建筑物的总内部建筑面积（GIFA）（使用建筑面积法）或通过预测功能单元的数量（使用功能单元法）来确定。在某些情况下，可能需要采用占地面积方法和功能单元方法的组合。在详细计算时，则需要通过将工程分解至各类构件，分别进行成本核算，例如，对于建筑工程，首先按基础工程、上部构造、室内装修、配件家具和设备、服务项目、外部工程、辅助工程等合计成本，每类工程又向下分解为更具体的构建来进行成本汇集，例如，上部结构又分解为：框架、地面、屋顶、楼梯、外墙、内墙、门窗等。

三、主承包商开办费用

主承包商开办费用主要指承包商的场地设施、临时工程、安全环保费用、临时工作、现场签证、竣工和提前竣工费用、清理费、现场服务等费用。主承包商的开办费用测算以建筑工程总成本（即建筑工程估计）乘以百分率来计算。百分比可以从对以前建筑项目的成本分析中得出，即通过计算总承包商的开办费占总建筑工程成本的百分比确定。

四、主承包商的间接费用和利润

主承包商的间接费用和利润应以百分比的形式估算。任何主承包商的间接费用和利润的估计应通过将所选择的费用和利润的百分比增加到建筑工程估计和主要承包商预备费的总成本中来计算。因此，计算主承包商的间接成本和利润的总估计成本公式为：（建筑工程费估算+主承包商预备费估算）×百分比。百分比可参考对以前项目中相应费用的估算。

五、项目/设计团队费用

项目/设计团队费用主要包括相关专家顾问咨询费、总承包商施工前的投入及设计费用，其计算公式为：工程成本估算×项目/设计团队费用的百分比。

六、其他开发/项目成本

其他开发和项目成本主要有初始成本、年度成本、间歇成本、剩余成本和价值构成。其中初始成本是指土地购置费、施工费用、规费等；年度成本是指燃料成本、运营成本、维护成本等；间歇成本是指维修成本、重置成本、与未来变化相关的成本等；剩余成本和价值是指转售、残值或清理成本。

在项目建设过程中主要包括征地费用、业主财务费用、专业服务费、手续费、计划捐款、保险费、文物保护费、其他专家调查费、拆迁费、配件、家具和设备费、租赁费用、其他业主成本等。

在计算其他开发/项目成本估算时，除非根据雇主的要求特别排除，否则其他开发/项目成本将按成本估算的顺序列入。其他开发/项目成本将作为一次性总额补贴加入。

七、风险准备金

在项目建设过程中，风险主要涉及设计开发的风险、建设风险、业主变更风险、业主其他风险。为应对风险，在项目成本估算中通常计取合理的风险预备金。风险预备金主要为了应对风险所花费的费用，主要有风险规避的费用、风险转移费用、风险留存费用及其他费用。

八、招标通货膨胀和施工通货膨胀

费用估算还需要考虑通货膨胀对一段时期内（即从估计基准日到建设完成期）利率和价格造成的影响。NRM 将通货膨胀在一段时间内分为两类，分别为：招标日期（即招标通货膨胀）和在施工期间（即施工通货膨胀）。

为了计算费用概算，两种通货膨胀效应的期间分别为：招标通货膨胀——从估计基准日到投标日期的时期；施工通货膨胀——自投标日期起至施工期中点的期间。

九、增值税

与建筑物相关的增值税（VAT）是一个复杂的区域。因此，建议从成本估算清单中排除增值税。同时，建议就增值税事宜征求专家意见，以确保正确的税率适用于建筑项目的各个方面。

第三节　国际通用电力工程费用构成

一、国际工料测量标准中的工程费用构成框架

2015年7月，国际工料测量标准联盟在美国华盛顿国际货币基金组织（IMF）大厦成立。国际工料测量标准（ICM）联盟由全球140多个国家代表专业人士的非营利组织发起成立，其目的主要是通过建立通行的国际标准，对工程分类、项目成本和测量专用术语的理解，促使投资项目之间具有一定的可比性和一致性，从而有利于进行统计和整体的标杆管理。

标准提供了13种类型工程的费用构成框架，为便于工程造价分类、记录、分析和报告，ICMS提供了一个费用构成的格式，包括四个层次：

（1）Level 1：Project Category：项目（工程）类别。

（2）Level 2：Cost Category：费用类别。

（3）Level 3：Cost Group：费用项目。

（4）Level 4：Cost Sub-group：费用分项。

对所有项目来说，Level 2和Level 3是相同的，Level 4的费用可以自由编制。ICMS给出了范例。ICMS费用构成框架如图3-1所示。

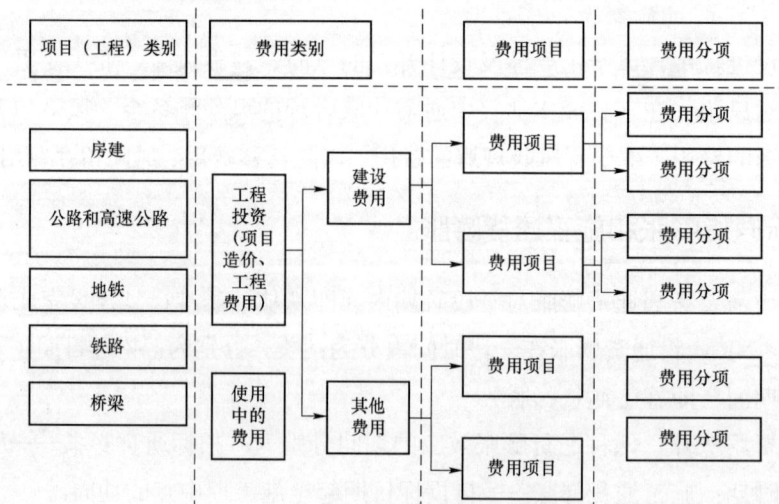

图3-1　ICMS费用构成框架示意图

整个框架将费用构成分为 4 个层级，层层递进。首先对工程类别进行分析，然后分析费用类别（费用类别指的是工程投资，包括了建设费用和其他费用两部分），再往下针对单个项目细分第三层级和第四层级的费用构成。

二、国际工料测量标准中的工程费用构成

依据 ICMS 框架分类，费用类别及费用组所包含的内容如表 3-2 所示。

表 3-2   ICMS 费 用 详 解 表

序号	描　　述
费用类别	
费用项目	
0	工程投资合计（1+2）
1	建设费用
1.1	拆除和场地准备 • 范围：包括在永久工程施工前，所有必要的预先对场地进行准备和确保的工作，不包括工程施工中的场地平整（包含在室外工程费用中）
1.2	基础 • 范围：所有承重工作，有时指基础，要求将荷载从结构传递到地基上。包括： 柱子 柱帽 地基处理 最底层楼板 基础底板 基础外墙 道路和轨道基础以及垫层 相关的定位挖掘 横向支撑 地下室防水层 排水层 保温隔热层等
1.3	结构 • 范围：所有特定的承重构件，用来使房屋或者设施满足其功能。包括： 框架 上层楼板和屋面板 楼梯 桥面和支撑 承重隧道护砌 路面和路基 处理和中间罐 水池、集装箱或者类似物，包括其基础之上的支撑结构
1.4	建筑工程/非结构工程 • 房建范围：所有建筑和非承重构件。包括： 非承重内外墙 窗和外门 内部装修和设备、家具 固定的家具和设备 建筑构配件 为存在的建筑的工作 内部景观 • 土木工程范围：所有非承重构件，无论是否地下

序号	描　述
1.5	服务和设施 • 范围：所有固定的电力设备和服务项目，确保项目完整投入使用，包括机械、液压、管路、排水系统、消防、运输、通信、安保、电气或电子
1.6	地下排水 • 范围：所有服务于房建或资产项目的地表或地下排水
1.7	外部工程 • 范围：所有与房建项目相关的外部工程 • 范围（土木工程）：房建以外及其他实现项目主要功能的工程
1.8	前期/承包商的现场管理费 • 范围：承包商的现场管理，临时现场设施，现场服务，费用，不与特定的费用组直接相关，但通常需要被所有费用组分摊
1.9	风险补偿 • 范围：对非确定性因素和未在其他费用组中包括的补贴费
1.10	税金
2	其他费用
2.1	土地和资产获得费 • 范围：所有支付给获得土地、财产（所有权）的费用，不包括机械结构
2.2	与建设相关的咨询和监管费用 • 范围：支付给非承包商、供应商和分包商雇佣的人的费用及收费项目
2.3	现场外公用事业和工程 • 范围：支付给政府当局或公共事业机构，或者服务娱乐设施，使工程可用
2.4	低值易耗品、工器具、家具及设备 • 范围：对房建和设施中提供的，用来在即将完工时或建完后使其实现其功能的
2.5	管理、融资、法律及市场拓展 • 范围：用于完成项目的其他所有费用
2.6	风险补偿 • 范围：对非确定性因素和未在其他费用组中包括的补贴费

　　ICMS 没有对"费用分组"这个层级的费用做具体规定，但提供了下列示例：房建四级费用示例、土木工程四级费用示例和其他费用示例。其中，在土木工程四级费用示例中包括了一个发电厂项目的四级费用构成，具体如表 3-3 所示。

表 3-3　　　　　　　　　　　ICMS 对发电厂项目费用分解示例

Cost Categories（Level 2）费用类别	
Cost Groups（Level 3）费用项目	
0	Total Project Capital Cost（1+2）工程投资合计（1+2）
1	Capital Construction Costs 建设费用
1.1	Demolition and site preparation 拆除和场地准备 范围：包括在永久工程施工前，所有必要的预先对场地进行准备和确保的工作，不包括工程施工中的场地平整（包含在室外工程费用中）

1.2	Substructure 基础 范围：所有承重工作，有时指基础，要求将荷载从结构传递到地基上。包括：柱子、柱帽、地基处理、最底层楼板、基础底板、基础外墙、道路和轨道基础以及垫层、相关的定位挖掘、横向支撑、地下室防水层、排水层、保温隔热层等
1.3	Structure 结构 范围：所有特定的承重构件，用来使房屋或者设施满足其功能。框架、上层楼板和屋面板、楼梯、桥面和支撑、承重隧道护砌、路面和路基、处理和中间罐、水池、集装箱或者类似，包括它们的基础之上的支撑结构
1.4	Architectural works/non-structural works 建筑工程/非结构工程 房建范围：所有建筑和非承重构件，包括：非承重内外墙、窗和外门、内部装修和设备、家具、固定的家具和设备、建筑构配件、既有建筑的内部景观等。 土木工程范围：所有非承重构件，无论是否地下
1.5	Services and equipment 服务和设施 范围：所有固定的电力设备和服务项目，确保项目完整投入使用，无论是机械、液压、管路、排水系统、消防、运输、通信、安保、电气或电子
1.6	Underground drainage 地下排水 范围：所有服务于房建或资产项目的地表或地下排水
1.7	External works 外部工程 范围：所有面向房建的外部工程。 范围（土木工程）：所有超出建设的工程，实现资产的主要功能
1.8	Preliminaries/contractor's site overheads 前期/承包商的现场管理费 范围：承包商的现场管理，临时现场设施，现场服务，费用，不与特定的费用组直接相关，但通常需要被所有费用组分摊
1.9	Risk Allowances 风险补偿 范围：对非确定性因素和未在其他费用组中包括的补贴费
1.10	Taxes and Levies 税金
2	Associated Capital Costs 其他费用
2.1	Land or Property acquisition 土地和资产获得费 范围：所有支付给获得土地、财产（所有权）的费用，不包括机械结构
2.2	Construction-related consultants and supervision 与建设相关的咨询和监管费用 范围：支付给非承包商、供应商和分包商雇佣的人的费用及收费项目
2.3	Work and utilities outside site 现场外公用事业和工程 范围：支付给政府当局或公共事业机构，或者服务娱乐设施，使工程可用
2.4	Loose furniture, fittings and equipment 低值易耗品、工器具、家具及设备 范围：对房建和设施中提供的，用来在即将完工时或建完后使其实现其功能的
2.5	Administrative, finance, legal and marketing expenses 管理、融资、法律及市场拓展 范围：支持项目完成功能的其他所有费用
2.6	Risk Allowances 风险补偿 范围：对非确定性因素和未在其他费用组中包括的补贴费

第四节　电力工程成本分析

根据 BCIS 发布的标准成本分析表格，成本分析主要包括三部分：项目详情、项目细节和放大（子构件）成本分析，具体表格内容见附录 C—CEEC 标准成本分析表格。

英国工程项目投标报价基本上采用工程量清单计价法，由业主和承包商依据 SMM7、CESMM4 或者 NRM2 等进行清单编制，并参照政府部门和各类咨询机构所发布的造价指数、价格信息指标等来确定造价。英国工程量清单计价项目一般分为按单价计价项目和按总价包干的项目。

本章对英国建设工程常用的工程分类和编码体系进行了介绍，具体介绍了 SMM7、NRM2 和 CESMM4 的分类和编码，作为英国电力工程量清单形式的参考。最后，列举了一个英国电力工程工程量清单的案例，目的是使读者了解英国电力工程的清单类型、结构和内容，为对英国电力工程感兴趣的投资者、建设者进行工程估价提供参考。

第一节　英国建设工程分类和编码体系的类别

一、SMM7

工料测量规则为参与工程建设各方共同遵守的计算基本工程量的规则。

RICS 发布了《建筑工程测量标准方法》（Standard Method of Measurement of Building Works，SMM），目前已出了最新版本 SMM7。SMM 中规定了统一的工程量计算规则，为工程计量计价、其他造价管理工作提供了规范化的依据，在此基础上，发展了新的测量标准。

二、NRM2

NRM2 为工料测量算法及编制工程量清单的规则。NRM2 的第 1 部分综述表明了目的、用途和结构；解释 RICS 工作计划和英国商务署关口审批流程中涉及的测量工作；解释规则中用到的符号、缩略语和定义。第 2 部分是建筑工程细部测量规则，提供工程量清单的广泛信息；解决无法测量的工作、风险、支出和利润、成本数据和成本管理与控制领域。第 3 部分列明了建筑工程测量规则，概述列明的测量规则和招标项目的描述（41 项招标内容）。NRM2 于 2012 年首次出版，于 2013 年 1 月起生效并于 2013 年开始逐渐取代 SMM7，成为建筑工程计量和工程量清单编制的主流规则。从费用构成角度，NRM2 是工程项目详细性费用构成的标准。

三、CESMM4

在土木工程领域，英国土木工程师协会 1976 年开始编写土木工程测量标准，目前已发布了《土木工程测量标准方法》第四版（Civil Engineering Standard Method of Measurement，CESMM4）。内容主要包括定义、一般原则、分部工程表的使用、分项的代号与编号、编制工程量清单、工程量清单的填写计价与使用、与方法有关的费用、分部工程表等内容。CESMM4为土木工程和其他工程的计量，进而编制工程量清单，进行工程合同管理及进行工程结算提供基础标准。电力工程量清单的编制可以参考此标准。

第二节 SMM7 的工程量清单结构

一、SMM7 工程量清单总体结构[1]

英国工程量计算规则将工程量的计算划分成 23 个部分：

1. 开办费及总则

主要包括开办费中的费用项目和一些基本规则。费用项目中划分成业主的要求和承包商的要求。

业主的要求包括：投标/分包/供应的费用；文件管理；项目管理费用；质量标准、控制的费用；现场保安费用；特殊限制、施工方法的限制、施工程序的限制、时间要求的限制费用；设备、临时设施、配件的费用；已完工程的操作、维护费用。

承包商的要求包括：现场管理及雇员的费用；现场住宿费用；现场设备、设施；机械设备费用；临时工程费用。承包商的要求中还对业主指定的分包商、供货商，国家机关如煤气、自来水公司等工作规定，计日工工作规则等做了说明。

2. 完整的建筑工程

该部分没有包括特定的规则，但在总则第 11 条中指出，若工程中采用的测量规则不在已给出的规则范围内，应当在工程量清单中载明，并且采用的规则应尽可能与已给出规则的类似工程所使用的规则一致。

3. 拆除、改建和翻建工程

内容包括：拆除结构物，区域改建，支撑，修复，改造混凝土、砖、砌块、石头，对已存在墙的化学处理，对金属工程的修复、更改，对木制工程的修复、更改，真菌、甲虫根除器等。

4. 地面工程

主要包括基础工程的计算规则。内容包括：地质调查；地基处理；现场排水；土石方开

---

[1] 王振强. 英国工程造价管理 [M]. 南开大学出版社，2001.

挖和回填土；钻孔灌注桩；预制混凝土桩；钢板桩；地下连续墙；基础加固。

5. 现浇混凝土和大型预制混凝土构件

内容包括：集中搅拌泵送混凝土；混凝土工程；钢筋工程；混凝土模板；混凝土设计接缝；预应力钢筋；大型预制混凝土构件等。

6. 砖石工程

本部分为砖石工程的计算规则。内容包括：砖石墙身；砖石墙身附件；预制混凝土窗台、过梁、压顶等。

7. 结构、主体金属工程及木制工程

内容包括：金属结构框架，铝合金框架，独立金属结构；预制木制构件等。

8. 幕墙、屋面工程

内容包括：结构连接件；幕墙玻璃；金属板幕墙；水泥板幕墙；预制混凝土板幕墙；泥瓦、混凝土屋面等。

9. 防水工程

内容包括：沥青防水层；沥青屋面、隔热层、防水涂料面层；沥青卷材屋面等。

10. 衬板、护墙板和干筑隔墙板工程

内容包括：石膏板干衬板，硬板地面、护墙板、衬砌、挡面板工程，檩下、栏杆板内部衬砌，木地板地面、护墙板、衬砌、挡面板工程，木窄条地面、衬砌，可拆隔墙，石膏板固定型隔墙板、内墙及衬砌，骨架板材小室隔墙板，混凝土、水磨石隔墙，悬挂式天棚，架高活动地板。

11. 门窗及楼梯工程

内容包括：木制门、钢制门、卷帘门；木制窗扇、天窗；钢制楼梯、扶手；木制楼梯、扶手；一般玻璃、铅条玻璃等。

12. 饰面工程

内容包括：水泥、混凝土、花岗石面层；大理石面块、地毯、墙纸、油漆、抹灰等。

13. 家具、设备工程

内容包括：一般器具、家具和设备；卫生洁具；厨房设备等。

14. 建筑杂项

内容包括：各种绝缘隔声材料；设备的沟槽、地坑；门窗贴脸，踢脚线、五金零件；设备的预留孔、支撑和盖子等。

15. 人行道、绿化、围墙及现场装置工程

内容包括：石块、砖砌人行道，三合土、混凝土、水泥道路基础；各种道路；围墙；机械设备等。

16. 处理系统

内容包括：雨水管，天沟，地下排水管道，污水处理系统，泵，中央真空处理，夯具、

浸渍机，焚化设备等。

17. 管道工程

内容包括：冷热水的供应，喷泉，浇灌水，游泳池压缩空气，真空，消防管道，医疗、实验用气，喷淋系统等。

18. 机械供热、冷却及制冷工程

内容包括：油锅炉，煤锅炉，蒸汽，热泵，加热制冷机械等。

19. 通风与空调工程

内容包括：厕所、厨房、停车场通风系统，烟气控制系统，低速空调，通风管道，盘管风机，终端热泵空调，独立式空调机，窗、墙悬挂式空调机气屏等。

20. 电气动力、照明系统

内容包括：发电设备，高压供电、配电、公共设施供应，低压电供应、公共设施供应，低压配电，一般照明、低压电，附加低压电供应，直流电供应，应急灯，路灯，电气地下供热，一般照明、动力（小规模）等。

21. 通信、保安及控制系统

内容包括：电信，公共地址、扩音系统，无线电、电视、中央通信电视，幻灯，广告展示，钟表，数据传输，接口控制，安全探测与报警，火灾探测和报警，接地保护避雷系统，电磁屏蔽，中央控制等。

22. 运输系统

内容包括：电梯、自动扶梯、井架和塔吊，机械传输，风动传输等。

23. 机电服务安装

内容包括：管线，泵，水箱，热交换器，存储油罐、加热器，清洁及化学处理，空气管线及附属设施，空气控制机，风扇，空气过滤，消声器，终端绝缘，机械安装调试，减振装置，机械控制，电线管和电缆槽，高低压电缆和电线，母线槽，电缆支撑，高压电开关设备，低压电开关设备和配电箱，接触器与点火装置，灯具，电气附属设施，接地系统，电气调试，杂项等。

SMM7 的工程量清单构成如表 4-1 所示。

表 4-1   SMM7 的 工 程 量 清 单

费用组成			具 体 项 目
开办费	工程各方	业主	招标
			工程管理
			质量控制
			安全
			临时工程（临时用水、用电、临时道路交通费，现场住所、围墙、工程的保护与清理）

费用组成	具 体 项 目		
开办费	工程各方	承包商	管理和职员
			工地膳宿
			机械装置
			临时工程（临时用水、用电、临时道路交通费，现场住所、围墙、工程的保护与清理）
		指定供应商费用	
	工程地点		
	工程范围		
	合同形式		
分部工程概要	包括对人工、材料的要求和质量检查的具体内容		
工程量部分（按照工程项目划分为23类，按照这23类分别计量）	开办费及总则		
	完整的建筑		
	拆除、改建、翻建		
	场地工程		
	现浇混凝土及预制混凝土工程		
	砌筑工程		
	结构/金属结构/木作工程		
	幕墙、屋面工程		
	防水工程		
	衬板、隔墙面板工程		
	门、窗及楼梯工程		
	饰面工程		
	家具、设备工程		
	建筑杂项		
	室外工程		
	下水道系统		
	管道工程		
	机械供热、冷却、制冷工程		
	通风与空调工程		
	电力、照明工程		
	通信、保安、控制系统		
	运输系统		
	机电服务设施		
暂定金额、不可预见费和主要成本	暂定金额	确定项目暂定金额	
		不确定项目暂定金额	
汇总	在清单的最后把前面各个分部的名称和金额集中在一起得到项目总价		

二、SMM7 工程量清单内容❶

在 SMM7 的工程量清单一般由开办费，分部工程概要，工程量部分，暂定金额、不可预见费和总包商费用，汇总五部分构成。

（一）开办费（Preliminary）

除包括工程明细、招标和合同文件列表、工程说明等基本内容外，还包括业主要求部分（如招标、工程管理、质量控制、安全、临时工程等费用）、承包商总体成本项目（如管理和职员、工地膳宿、机械装置、临时工程等费用）及指定供应商费用等内容。一般来说开办费中还应包括临时设施费用，如临时用水、用电、临时道路交通费，现场住所、围墙、工程的保护与清理等。SMM7 中列出了开办费包括的项目，工料测量师根据工程特点选择费用项目，组成开办费。

（二）分部工程概要（Preambles）

在每一个分部工程或每一个工种项目开始前，有一个分部工程概要，包括对人工、材料的要求和质量检查的具体内容。

（三）工程量部分（Measured Work）

这是在工程量清单中比重最大的部分，包含了整个工程的分部工程的工作量。分部工程则可按以下方式分类：

1. 按功能分类

无论何种形式的建筑，将功能相同分项工程组成不同的分部工程。这样分类可以使工程量清单和图纸相互对照起来，缺点是可能使某些项目重复计算，不便于单价计算。

2. 按施工顺序分类

英国建筑技术专家组织（British Institute of Architectural Technologists，BIAT）开发了按实际施工的方式来编制的方法。缺点是编制时间太长，费用太高。

3. 按工种分类

采用按工种分类方法。一个工程可以由不同的人同时计算，每人都有一套图纸和施工计划。优点是可以大大地减少核对人员、工程量计算人员在一个工种上，对该工种较为熟悉，不会被其他工种内容打扰，一旦某个分部工程计算完毕，可以立即打印，这样可以节省文件编辑时间。

（四）暂定金额、不可预见费和总包商费用（Provisional Sum，Contingency and Prime Cost）

根据 NRM 的规定，工程量清单应精确、完整地描述工程项目的质量和数量，但如果因设计尚未全部完成而不能精确地描述某些分部工程，则应给出项目名称，以暂定金额编入工程量清单。

---

❶ 王振强. 英国工程造价管理［M］. 天津：南开大学出版社，2001.

在 NRM 中有两种形式的暂定金额：确定项目暂定金额和不确定项目暂定金额。项目暂定金额是指项目工作的性质和数量都是可以确定的，但现实还不能精确地计算工程量，承包商报价时必须考虑项目管理费。不确定项目暂定金额是指工作的内容范围不明确，承包商报价时不仅包括成本，还有合理的管理费、利润和不可预见费。在复杂工程中，如遇地质或气候问题，不可预见费可以作为暂定金额编入工程量清单中，也可以单独列入工程量清单中。

工程量清单的描述应能使投标人正确理解工作内容、正确估算工期。当投标人进行基本设施费用和合同内与工期相关项目的报价时，费用可为固定包干费用，但是由于工程量为近似工程量，该固定包干费用中必须考虑由于工程量调整导致的风险。对于不确定项目暂定金额，通常不会要求投标人考虑进度或基本设施费用。

在工程中如业主指定分包商或指定供货商提供材料时，他们的投标中标价应以主要成本的形式编入工程量清单中，如分包商为政府机构，该工程款应以暂定金额表示。

（五）汇总（Collections and Summary）

为了便于投标者整理报价的内容，比较简单的方法是在工程量清单的每一页的最后做一个累加，然后在每一分部的最后做一个汇总。在工程量清单的最后把前面各个分部的名称和金额都集中在一起，得到项目投标价。

第三节　NRM2 的工程量清单结构

一、NRM2 的工程量清单总体结构

在 NRM2 中，对工程量清单内容的类型界定为两种：确定数量清单（为完全设计的建筑项目获得一次性价格，类似于总价合同）、近似数量清单（根据施工情况重新测量，类似于单价合同）。确定数量清单，投标价格的可靠性会随着工程数量的准确性而增加。如果没有设计变更，那么确定的 BQ 在投标阶段提供的价格等于最终价格。在实践中发生变化，变化的直接成本可以参考 BQ 价格。当没有足够详细的资料来准备确定的 BQ，或者雇主的决定不能保证 BQ 实现的时间或成本时，使用近似数量 BQ。这种合同不提供一次总付价格，而是提供投标价格总额（即定量的费率表），因为数量在数量测量员/成本经理完成后需要重新测量。这些合同通常比确定数量清单合同有更大的变化，因此只应在时间是限制因素的情况下使用，或者适用于某些计价单元，例如有很大的不确定性的主要的开挖和土方工程。工程量清单的总体构成如表 4-2 所示。

表 4-2　　　　　　　　　　NRM2 的工程量清单内容

1. 投标表格
2. 摘要
3. 开办费：信息和要求，费用计划表

4. 计量部分的工作（包括承包商的设计工程）
5. 风险
6. 暂定金额
7. 预付款担保（用于工程中所用材料）
8. 计日工（临时用工）
9. 附件

（一）投标表格

用于记录主承包商完成建筑项目的价格（即其投标价格）的文件。如果被雇主接受，投标价格等于"合同总额"。投标表格是一个独立文件。有时在招标文件之后会附加单独的"投标保证书"。

（二）投标总额

在工程量清单的前面或末尾，是包括形成整个清单费用的清单，用于汇总清单中各个部分的总价格，包括：开办费用、被计量的工作（包括承包商自己设计的部分）、风险、暂定金额、由法定机构进行的工程、开销和利润、预付款担保、固定价格调整、管理者的调整、记日工（临时），最后汇总为总价格。当计量的工作被分成不同工作部分时，将列出各工作部分而不是工作单元。

（三）开办费用

用于满足承包商的不与任何部件、构件或工作部分（即测量工程）直接相关部分的费用支出。所提供的信息便于承包商确定价格，具体包括管理项目、现场建设、安全、环境保护和一般机械设备的使用以及满足雇主的完成和完成后的要求。开办费用分为两个部分：

1. 信息和要求

信息和要求部分包括工程量清单所依据的图纸以及对于下列内容的说明：建筑项目的详情；一般工作；工地/现存建筑；合同的形式和对合同形式的任何修改和/或补充条件；雇主的具体要求；可能影响工作的顺序和/或方法的任何具体限制。另外，信息要求部分还包含关于如何解释数量清单的信息，包括所有特殊的计量方法。

2. 开办费计划表

承包商填写与雇主要求相关的开办费用项目，以及承包商的成本项目计划（包括管理和工作人员，现场住宿，服务和设施，机械设备和临时工作项目）。

（四）计量部分的工作

这是工料清单的主要部分，其中列出了所有要进行的工作项目，包括工料的数量和描述应依据的格式、测量规则和方法。

（五）风险

包括雇主希望承包商承担的风险清单（即由工程实施产生的意外支出，例如处置受污染的地面材料）。承包商需要提供一笔固定数量的金额来应对风险。

（六）暂定金额

暂定金额是指发包时未有明确的设计，但需要承包商承担的预期工作或项目的金额。列出了在招标时无法完全预见或准确详细说明的工作项目（即不可测量的项目）。暂定金额是根据数量测量员/成本经理确定的，为每个项目设定的，以支付其价格。

（七）预付款担保

包括工程所用材料的清单，雇主要求承包商提供一个材料预付款信用担保。

（八）计日工（临时工作）

包括承包商按计日工方式实施部分的报价。如果需要，计日工表将被纳入工程量清单（BQ）。计日工表包括各种用工清单，估算各类用工的工日数，估计材料和设备的计日工费用，承包商在报价时，应包括间接费用和利润。

（九）附件

附件包括工程量清单中没有包括或作为单独文件发布的，但与清单相关的信息，例如：性能规格（如果没有包括在项目说明中），价目表复印件以及与法定承办人的通信副本。

二、NRM2 的工程量清单分解结构

在为一个建筑项目准备一份工程量清单（BQ）之前，需要确定建筑项目的组成和工程量清单（BQ）的结构。工程量清单（BQ）的组成可以被看作是一个工作分解结构（WBS）。它是通过从最终目标（即 WBS 的 0 级——整个建筑项目）开始，连续细分为构成整个建筑项目的主要组件和子组件——提供分层细分。此外，工作分解结构（WBS）启动了成本分解结构（CBS），可用于在工作分解结构（WBS）的各个级别为建筑项目的构件分配成本。工作分解结构（WBS）和成本分解结构（CBS）一起为建筑项目在施工阶段（即合同实施）的成本管理提供参考框架。按照工作分解结构的不同，工程量清单（BQ）也有三种不同的结构。

（一）按构件分解的工程量清单（BQ）

计量和描述基于组构件（类似于国内的单位工程）完成；工作分解结构（WBS）遵循NRM1 中定义的基本成本计划的逻辑单元进行分解。每个组构件都是工程量清单（BQ）的独立组成部分，组构件的划分与 NRM2 中的工作组合划分无关，组构件再被细分为构件（类似国内的分部工程），构件再进一步细分为子构件（类似国内的分项工程）。

（二）按工作组合分解的工程量清单（BQ）

计量和描述基于 NRM2 中对建筑工程详细定义的工作组合进行。

（三）按工作包分解的工程量清单（BQ）

计量和描述基于雇主或承包商定义的工作包。工作包可以基于特定的工程发包内容来组成，或将多个不同发包内容组合为一个工作包。

工作分解结构经常由承包商编制，用于工程量清单报价。类似的工程构件或内容被组合

在一个组构件中，根据工程实际特点对组构件包含的内容进行划分或扩充。可以利用计算机软件来编辑整理工作分解结构。

三、NRM2 的工程量清单编码

（一）按构件分解的工程量清单（BQ）清单编码

这种清单主要依赖 NRM1 编制，NRM1 的编码系统使用数字，因而，清单编码也使用相同的方法。清单编码采用五至六级，级别划分如下：

级别 0：项目编号——大多数建筑项目将被赋予一个项目编号，以及项目标题或名称，以将其与可能正在开展的所有其他项目区分开来。

级别 1：成本计划编号——如果建筑项目包括多个建筑或部分，则需要为每个建筑和关键部分建立独立的成本计划；最终形成"汇总成本计划"。因此，需要使用识别号来区分不同成本计划。如果只有单一成本计划则不需要此级编码。

2 级，3 级和 4 级的标识号来自 NRM1：

级别 2：构件组——NRM1 给定的编码；

级别 3：构件——NRM1 给定的编码；

级别 4：子构件——NRM1 给定的编码；

级别 5：组件——由用户定义（构件的组件/分项）。

因为建筑组件在工程量清单（BQ）中比在成本计划中更详细地加以描述和量化，所以需要为要根据 NRM2 测量的构件的每个子构件引入用户定义的 6 级标识号。

（二）按工作组合分解的工程量清单（BQ）清单编码

这种清单主要依赖 NRM2 编制，出于成本管理和成本控制的目的，其应与最初的成本计划分解结构保持一致。因而，清单的编码是在按构件分解的工程量清单（BQ）编码基础上增加二级编码（作为后缀）。

（三）按工作包分解的工程量清单（BQ）清单编码

为避免工作内容的漏项或重复计算，这种清单的工作包分解结构要非常细致认真地编制，一旦建立，清单的编码与上述编码方式类似，也是在按构件分解的工程量清单（BQ）编码基础上增加二级编码（作为后缀）。

四、NRM2 的工程量清单内容

工程量清单中包括了开办费和建筑构成两大部分，按工作组合分解的工程量清单（BQ）清单编码具体内容如表 4-3 所示，按构件分解的工程量清单结构如表 4-4 所示，按工作包列出清单的结构如表 4-5 所示。

表 4-3 按构件分解的简单建筑的工程量清单结构

清单编码	Elemental breakdown structure 构件分解结构
Bill No.1:	Preliminaries（main contract）主合同开办费
Bill No.2:	Facilitating Works 市政配套工作
Bill No.3:	Substructure 基础结构
Bill No.4:	Superstructure 上部结构
Bill No.5:	Internal Finishes 内部装修
Bill No.6:	Fittings，Furnishings and Equipment 装饰和设备
Bill No.7:	Services 配套服务
Bill No.8:	External Works 外部工作
Bill No.9:	Risks 风险
Bill No.10:	Provisional Sums 暂定金额

表 4-4 按工作组合分解的简单建筑的工程量清单结构

清单编号	工作组合分解结构
0	Preliminaries 开办费
1	Main contractor's preliminaries 主承包商开办费
2	Off-site manufactured materials，components and buildings 场外制造的材料、部件和厂房
3	Demolitions 拆除
4	Alterations，repairs and conservation 修改、修复和保护
5	Excavating and filling 挖掘和填充
6	Ground remediation and soil stabilisation 地面填充和夯实
7	Piling 打桩
8	Underpinning 基础
9	Diaphragm walls and embedded retaining walls 地下连续墙和挡土墙
10	Crib walls，gabions and reinforced earth 框架挡土墙、填石铁笼和加筋土
11	In-situ concrete works 现场混凝土工程
12	Precast/composite concrete 预制/复合混凝土
13	Precast concrete 预制混凝土
14	Masonry 砌筑
15	Structural metalwork 金属结构工程
16	Carpentry 木工
17	Sheet roof coverings 板屋顶覆盖物
18	Tile and slate roof and wall coverings 瓷砖和石板屋顶和墙饰
19	Waterproofing 防水
20	Proprietary linings and partitions 专有的衬里和分区

续表

清单编号	工作组合分解结构
21	Cladding and covering 包层和覆盖
22	General joinery 一般细木工
23	Windows, screens and lights 窗户、屏幕和灯光
24	Doors, shutters and hatches 门、百叶窗和准备
25	Stairs, walkways and balustrades 楼梯、走道和栏杆
26	Metalwork 金属制品
27	Glazing 玻璃
28	Floor, wall, ceiling and roof finishings 地板、墙壁、天花板、屋顶装饰
29	Decoration 装饰
30	Suspended ceilings 吊顶
31	Insulation, fire stopping and fire protection 绝缘、灭火和防火
32	Furniture, fittings and equipment 家具、配件和设备
33	Drainage above ground 地面排水
34	Drainage below ground 地下排水
35	Site works 现场工作
36	Fencing 围墙
37	Soft landscaping 软景观
38	Mechanical services 机械配套设施
39	Electrical services 电力配套设施
40	Transportation 运输
41	Builder's work in connection with mechanical, electrical and transportation Installations 承包商在连通机械、电力和交通系统安装方面工作
42	Risks 风险
43	Provisional sums 暂定金额
44	Credits 预付款担保
45	Daywork (Provisional) 计日工（暂定）

表 4-5   典型独立工作包的工程量清单分解结构

清单编码	独立工作包的工作部分分解结构
Bill No.1:	Main contractor's preliminaries 主合同开办费
Bill No.2:	Intrusive investigations 深入调查
Bill No.3:	Demolition works 拆迁工程
Bill No.4:	Ground works 地面工程
Bill No.5:	Piling 打桩
Bill No.6:	Concrete works 混凝土工程
Bill No.7:	Roof coverings and roof drainage 屋面防水及排水

续表

清单编码	独立工作包的工作部分分解结构
Bill No.8：	External and internal structural walls 外部和内部结构墙
Bill No.9：	Cladding 覆盖层
Bill No.10：	Windows and external doors 窗和外门
Bill No.11：	Mastic 胶和辅料
Bill No.12：	Non-structural walls and partitions 非结构墙和分隔墙
Bill No.13：	Joinery 细木工
Bill No.14：	Suspended ceilings 吊顶
Bill No.15：	Architectural metal work 建筑金属工程
Bill No.16：	Tiling 瓷砖
Bill No.17：	Painting and decorating 油漆和装饰
Bill No.18：	Floor coverings 地面
Bill No.19：	Fittings，furnishings and equipment 配件、家具和设备
Bill No.20：	Combined mechanical and electrical engineering services 机电设施
Bill No.21：	Lifts and escalators 电梯和自动扶梯
Bill No.22：	Facade access equipment 门面接入设备
Bill No.23：	External works and drainage 外部工程和排水
Bill No.24：	Risks 风险
Bill No.25：	Provisional sums 暂定金额
Bill No.26：	Credits 预付款担保
Bill No.27：	Daywork（Provisional）计日工（暂定）

第四节　CESMM4 的工程量清单结构

一、CESMM4 的工程类别划分

英国土木工程师学会编制的《土木工程工程量标准计算规则》（Civil Engineering Standard Method of Measurement：Fourth Edition-CESMM4）应用于英国的土木工程工业。统一的工程量计算规则为工程量的计算、计价工作及造价管理提供了科学化、规范化的依据。CESMM4 的清单适用于 NEC、FIDIC 以及 ICC 合同，是全世界土木工程及施工项目通用的非常有用的清单。英国的电力工程项目，也需要参考 CESMM4 中的内容设定清单。CESMM4 按照工程类别，将土木工程中常见的工程类别划分为 26 种，具体如表 4-6 所示。

表 4-6　　　　　　　　　　　　CESMM4 中包括的工程类别

序号	工 程 类 别
1	Class A：General items 类别 A：一般分项
2	Class B：Ground investigation 类别 B：地质地形勘察
3	Class C：Geotechnical and other specialist processes 类别 C：岩土及其他专业工程
4	Class D：Demolition and site clearance 类别 D：拆除及场地清理
5	Class E：Earthworks 类别 E：土方工程
6	Class F：In situ concrete 类别 F：现浇混凝土
7	Class G：Concrete ancillaries 类别 G：混凝土杂项
8	Class H：Precast concrete 类别 H：预制混凝土
9	Class I：Pipework—pipes 类别 I：管道工程——管件
10	Class J：Pipework—fittings and valves 类别 J：管道工程——连接件和阀门
11	Class K：Pipework—manholes and pipework ancillaries 类别 K：管道工程——检查井和管道附属工程
12	Class L：Pipework—supports and protection，ancillaries to laying and excavation 类别 L：管道工程——支撑和保护，管道铺设和挖掘的附属工作
13	Class M：Structural metalwork 类别 M：金属结构
14	Class N：Miscellaneous metalwork 类别 N：其他金属结构
15	Class O：Timber 类别 O：木制件
16	Class P：Piles 类别 P：桩
17	Class Q：Piling ancillaries 类别 Q：桩附属工程
18	Class R：Roads and pavings 类别 R：道路和路面
19	Class S：Rail track 类别 S：铁路轨道
20	Class T：Tunnels 类别 T：隧道
21	Class U：Brickwork，blockwork and masonry 类别 U：砖、砌块和石料砌筑
22	Class V：Painting 类别 V：油漆
23	Class W：Waterproofing 类别 W：防水
24	Class X：Miscellaneous work 类别 X：综合性工作
25	Class Y：Sewer and water main renovation and ancillary works 类别 Y：排水和供水干管翻新和附属工程
26	Class Z：Simple building works incidental to civil engineering works 类别 Z：土木工程附带的简单的建筑工程

二、CESMM4 的工程量清单构成和层级划分

CESMM4 的工程量清单分为主要工程量表、清单前言、计日工表、分项表、总汇总表五部分。

（一）主要工程量表

列出工程的主要组成部分及估算的近似工程量表，目的是为帮助投标人在详细阅读工程量清单和编制投标书时在依据的其他合同文件之前，迅速地估计工程的大体规模和性质。

（二）清单前言

在编制清单时可能已采用 CESMM4 之外的计量方法，并在计量人工部分时将继续采用，这些计量方法应当包括计量 CESMM4 中没有的任何工作已采用和将采用的计量方法，以及已采用和将采用的对 CESMM4 所做的任何修改。对于承包商设计的工程和打算在多种方案中由承包商斟酌后选定的工作，常常需要修订 CESMM4，清单前言应说明修订影响的工作范围。在工作中含有开挖、钻或冲击时，应说明岩石的含义，并将这一含义用于计算。

（三）计日工表

计日工表由投标人填写计日工作单价或价格的各种级别或种类的人工、材料和施工机具，以及说明按计日工向承包商支付已完工作款项的条件，并说明按计日工作向承包商支付已完工作价款时，应在计日工表中列出的单价和价格上再添加土木工程承包商联合会发布的"合同工程附带计日工作表"中开列的百分比增项做一定调整。

（四）分项表

在编制工程量清单时，对每部分清单项目需要编码。一般分项（分部 A）可在清单中单编一组，每部分中的分项都按分部工程表中的顺序编列。各个分项都按照分部工程表加以说明，当该工作因性质、部位、重要性或其他特点不同而认为可能需要特殊施工方法或改变费用时，可将其进一步分解并给予补充说明。一般应根据图样标出的尺寸计算净工程量，不应将松胀、收缩或余料计入其中，除非 CESMM4 种的计量规则或合同另行指出。工程量四舍五入，计量单位使用规范中给出的计量单位名称及符号。

（五）总汇总表

在总汇总表中汇总各个部分转出的各项数据。

如有需要，在总汇总表中的工程量清单各部分汇总表转来的各数额之后，填入一笔暂定金额作为不可预见费。

在总汇总表中的工程量清单各部分汇总表转来的各数额之和与必要时填入的一般不可预见费之后，填入调整分项不可预见费。

填入在总汇总表中的工程量清单各部分汇总表转来的各数额之和、一般不可预见费、调整分项不可预见费之和。

清单中每种类型的工程再向下逐级细分，例如，分部 H（预制混凝土）的分部包括三个层次，第一级根据类别划分预制混凝土构件，第二级根据尺寸划分，第三级根据重量划分，因此，预制混凝土构件的每一分项说明都应按照构件类型、尺寸和重量来识别。相应的，编码也是按照分级设置，例如"H136"中"H"为预制混凝土，"1"为梁，"3"为长度 7~10m，"6"为重量 5~10t。

以类别 A：一般项目为例。一级包括：一般义务，公共设施和便利设施，临时工程，材料和测试工作、暂定金额及指定费用，用于分项工作费用中不应视为永久工程工程量成比例的各个组成部分的分项，具体如表 4-7 所示，工程测量规则如表 4-8 所示。

表 4-7 　　　　　　　　**CESMM4 的一般分项（分类 A）的工程量清单级别**

FIRST DIVISION 第一级	SECOND DIVISION 第二级	THIRD DIVISION 第三级
1. Contractual requirements 合同要求	1. Performance bond 履约担保 2. Insurance of the Works 工程保险 3. Third party insurance 第三方责任险	
2. Specified requirements 详细要求	1. Accommodation for the Engineer's staff 工程师人员住处	1. Offices 办公室 2. Laboratories 试验室 3. Cabins 简易住处
	2. Services for the Engineer's staff 为工程师人员提供的设施	1. Transport vehicles 交通车辆 2. Telephones 电话
	3. Equipment for use by the Engineer's staff 供工程师人员使用的设备	1. Office equipment 办公设备 2. Laboratory equipment 试验室设备 3. Surveying equipment 测量设备
	4. Attendance upon the Engineer's staff 照料工程师人员	1. Drivers 司机 2. Chainmen 测链员 3. Laboratory assistants 试验室助手
	5. Testing of materials 材料试验 6. Testing of the Works 工程试验	
	7. Temporary Works 临时工作	1. Traffic diversions 施工道路 2. Traffic regulation 交通疏导 3. Access roads 进出道路 4. Bridges 桥梁 5. Cofferdams 围堰 6. Pumping 抽水 7. Drainge 排水 8. Compressed air for tunneling 隧道开凿压缩空气
3. Method-Related Charges 措施费	1. Accommodation and buildings 住处与建筑物	1. Offices 办公室 2. Laboratories 试验室 3. Cabins 简易住房 4. Stores 库房 5. Canteens and messrooms 小卖部与食堂
	2. Services 公用设施	1. Electricity 电 2. Water 水 3. Security 保安 4. Hoardings 围栏 5. Site transport 现场交通 6. Personnel transport 人员交通 7. Welfare 娱乐福利
	3. Plant 施工机具	1. Cranes 起重机 2. Transport 运输 3. Earthmoving 除土 4. Compaction 夯实 5. Concrete mixing 混凝土拌制 6. Concrete transport 混凝土运输 7. Pile driving 打桩 8. Pile boring 钻桩孔
	4. Plant 施工机具	1. Pipe laying 管件敷设 2. Paving 面层铺敷 3. Tunnel ling 隧道开凿 4. Crushing and screening 破碎与筛分 5. Boring and drilling 钻孔与凿孔

FIRST DIVISION 第一级	SECOND DIVISION 第二级	THIRD DIVISION 第三级
3. Method-Related Charges (continued) 措施费	5. Temporary Works 临时工程	1. Traffic diversions 施工道路 2. Traffic regulation 交通疏导 3. Access roads 进出道路 4. Bridges 桥梁 5. Cofferdams 围堰 6. Pumping 抽水 7. Drainge 排水 8. Compressed air for tunneling 隧道开凿压缩空气
	6. Temporary Works 临时工作	1. Access scaffolding 攀援用脚手架 2. Support scaffolding and propping 支撑脚手架和支护 3. Piling 打桩 4. Formwork 模板 5. Shafts and pits 竖井和坑穴 6. Hardstandings 路面硬料
	7. Supervision and labour 监督与人工	1. Supervision 监督 2. Administration 管理 3. Labour teams 工人班组
4. Provisional Sums 暂定金额	1. Daywork 计日工作	1. Labour 人工 2. Percentage adjustment to Provisional Sum for Daywork labour 用于计日工作：人工的暂定金额调整百分率 3. Materials 材料 4. Percentage adjustment to Provisional Sum for Daywork materials 用于计日工作：材料的暂定金额调整百分率 5. Plant 施工机具 6. Percentage adjustment to Provisional Sum for Daywork plant 用于计日工作：施工机具的暂定金额调整百分率 7. Supplementary charges 补充收费 8. Percentage adjustment to Provisional Sun for Daywork supplementary charges 用于计日工作：补充收费的暂定金额调整百分率
	2. Other Provisional Sums 其他暂定金额	
5. Nominated Sub-contracts which include work on the Site 包括现场工作的指定分包合同 6. Nominated Sub-contracts which do not include work on the Site 不包括现场工作的指定分包合同	1. Prime Cost Item 指定费用分项 2. Labours 人工 3. Special labours 特殊人工 4. Other charges and profit 其他收费和利润	

表 4 - 8   CESMM4 的 测 量 规 则

MEASUREMENT RULES 测量规则	DEFINITION RULES 定义规则	COVERAGE RULES 覆盖规则	ADDITIONAL DESCRIPTION RULES 附加说明规则
M1：除非根据 M2 的规定使用其他测量单位，一般项目的测量单位应为总额			

续表

MEASUREMENT RULES 测量规则	DEFINITION RULES 定义规则	COVERAGE RULES 覆盖规则	ADDITIONAL DESCRIPTION RULES 附加说明规则
		C1：除非另有说明，根据第21条和第23条合同要求中划分的保险项目应被视为仅包括保险的提供	
M2：规定要求中需要根据第56（1）条通过测量来确定价值的所有项目应给出数量。每一项都应说明测量单位。 M3：在其他类别中没有单独列出项目的所有试验应在这一类别中给出项目	D1：除了合同中有明确说明由承包商进行的及性质、范围在合同中有明确说明的永久工程外的所有工程应按规定的要求分类		A1：规定要求中在实际完工证书签发后要进行的工程的项目说明。 A2：规定要求中的项目说明应将设施的架设和拆除及继续运行或维护区分开。 A3：工程和材料试验的项目说明应包括样本和试验方法的详细情况
M4：措施费			A4：与方法相关费用的项目说明应将固定费用和与时间相关费用区分开
M5：计日工暂列款百分比调整项目应只能用根据工程量清单第5.6段的计日工计划表备用格式。投标人如果对计日工计划表作出调整，那么在各分项中也应做相应的调整			
M6：每一最初成本项目后应根据第5.15段规定添加人工、其他费用项目及利润。如果需要除了5.15段（a）规定以外的人工，那么该项应设计专用人工			A5：最初成本项目说明应确定所包括的工程。 A6：专用人工应在项目描述中说明

注：表中提到的第56（1）条、第5.6段、第5.15段为CESMM4中的内容。

第五节 电力工程量清单案例——以英国某发电厂为例[1]

表4-9为英国某发电厂工程（SHP项目）项目的工程量清单。

表4-9　　　　　英国某发电厂工程（SHP项目）项目工程量清单

BILL OF QUANTITY FOR SHP PROJECT
SHP项目工程量清单

BILL No.1 – PRELIMINARIES 开办费

ITEM 项目	DESCRIPTION OF WORKS 工作描述	QTY 数量	UNIT 单位	RATE 费率	AMOUNT 金额
1.0.0	Plant 设备				
1.0.1	Mobilization to site 现场准备				5 000 000.00

[1] 案例来源：https://wenku.baidu.com/view/f804212102020740be1e9b42.html。

ITEM 项目	DESCRIPTION OF WORKS 工作描述	QTY 数量	UNIT 单位	RATE 费率	AMOUNT 金额
1.0.1	Maintaining on site all plant required 维护现场所有所需设备				3 000 000.00
1.1.0	Site Clearance 场地清理				
1.1.1	Clear site of all shrubs，debris and trees and cart away from site 清理所有灌木，碎片和树木并装车运出场地				500 000.00
1.2.0	Setting Out 放样				
1.2.1	Allow for the setting out of structures as specified and approved by the consultant 允许结构的放样按照顾问说明并核准的规则进行				500 000.00
	COLLECTION PRELIMINARIES TO SUMMARY 开办费总额				9 000 000.00
	BILL No.2：INTAKE CANAL 引水渠				
2.0.0	Excavation and Earthwork 土方开挖及相关工程				
2.0.1	Clear site of trees，shrubs and roots and cart away from site as directed 根据指示清理树木和根部并用车辆装运离开现场	1113	m²	70	77 903.00
2.0.2	Excavate，load，haul，place and compact approved lateritic material along canal route to design level as directed by engineer 按照工程师的指示，沿着运河路线挖掘，装载，运输，放置和压实经核准的红土材料至设计水平	23 801	m³	1 350	32 131 620.00
2.0.3	Excavate in laterite soil for canal depth not exceeding 3000mm 在红土中挖掘，管道深度不超过 3000mm	17 862	m³	800	14 289 680.00
2.0.4	Ram and prepare excavated surface to received concrete 夯实混凝土开挖面	1113	m³	300	333 870.00
2.1.0	Concrete Work 具体工作				
	Reinforced in-situ concrete（1:1.5:3 ～ 38mm aggregate）developing minimum 21n/mm² strength at 28days 采用配合比 1:1.5:3 的加筋现浇混凝土，浇筑高度 38mm，28d 强度至少达到 21N/mm²				

续表

ITEM 项目	DESCRIPTION OF WORKS 工作描述	QTY 数量	UNIT 单位	RATE 费率	AMOUNT 金额
2.1.1	Provide and place grade 30 concrete 提供并使用 C30 混凝土	823.2	m³	40 000	32 926 000.00
2.1.2	Blinding（grade 15）垫层采用 C15 混凝土	55.65	m³	32 000	1 780 640.00
2.2.0	Reinforcement 加固				
	High tensile reinforcement in foundation bed 基础中的高强度钢筋				
2.2.1	（16，12 & 8）mm diameter bars 直径为 8mm、12mm、16mm 的钢筋	37 194	kg	350	13 018 005.00
2.2.2	10mm diameter bars 直径 10mm 的钢筋				
2.3.0	Sawn Formwork 模板工程				
2.3.1	Provide，erect and install hard sawn formwork 准备，架设并安装坚固的模板	2226	m²	1500	3 338 700.00
2.4.0	Flood Control Gates 防洪闸门				
2.4.1	Provide and place flood control gates on canal as specified and directed by the engineer 按照工程师的指示，在运河上设置防洪闸门	4	个（套）	450 000	1 800 000.00
2.5.0	Iron Gate 铁门				
2.5.1	Provide and tall rectangular iron gates on Intake structure as specified and directed（1.66m×10m）按照规定和指示在进气结构上设立尺寸为（1.66m×10m）的矩形铁闸门	18	个（套）		
	COLLECTION INTAKE CANAL TO SUMMARY 进气道总额				99 696 418.00
BILL No.3：SETTLING BASIN 沉淀池					
3.0.0	Excavation and Earthwork 土方开挖及相关工程				
3.0.1	Clear site of trees，shrubs and roots and cart away from site as directed 根据指示清理树木，灌木，树根并装车运出场地	29 900	m²	70	2 093 000.00

ITEM 项目	DESCRIPTION OF WORKS 工作描述	QTY 数量	UNIT 单位	RATE 费率	AMOUNT 金额
3.0.2	Excavate, load, haul, place and compact approved lateritic material along canal route to design level as directed by engineer 按照工程师的指示，沿着运河路线挖掘、装载、运输、放置和压实经核准的红土材料至设计水平			1350	
3.0.3	Excavate in laterite soil for canal depth not exceeding 3000mm 在红土中挖掘，管道深度不超过 3000mm	7E+05	m³	800	550 160 000.00
3.0.4	Ram and prepare excavated surface to receive concrete 夯实混凝土开挖面	29 900	m²	300	8 970 000.00
3.1.0	Concrete Work 具体工作				
	Reinforced in-situ concrete（1:1.5:3–38mm aggregate）developing minimum 21n/mm² strength at 28days 采用配合比 1:1.5:3 的加筋现浇混凝土，浇筑高度38mm，28d 强度至少达到 21N/mm²				
3.1.1	Provide and place grade 30 concrete 提供并使用 C30 混凝土	9560	m³	40 000	382 381 600.00
3.1.2	Blinding（grade 15）垫层使用 C15 混凝土	1495	m³	32 000	47 840 000.00
3.2.0	Reinforcement 加固				
	High tensile reinforcement in foundation bed 基础中的高强度钢筋				
3.2.1	（16，12 & 8）mm diameter bars 直径为 8mm、12mm、16mm 的钢筋	7E+05	kg	350	248 469 550.00
3.2.2	10mm diameter bars 直径 10mm 的钢筋				
3.3.0	Sawn Formwork 模板工程				
3.3.1	Provide，erect and install hard sawn formwork 准备，架设并安装坚固的模板	17 601	m²	1500	26 400 900.00
3.4.0	Flood Control Gates 防洪闸门				
3.4.1	Provide and place flood control gates on canal as specified and directed by the engineer 按照工程师的指示，在运河上设置防洪闸门				
3.5.0	Iron Gate 铁门				
3.5.1	Provide and tall rectangular iron gates on Intake structure as specified and directed 1.66m×10m 按照规定和指示设立尺寸为 1.66m×10m 的矩形铁闸门	12	个（套）		
3.6.0	Trash Rack 垃圾架				

ITEM 项目	DESCRIPTION OF WORKS 工作描述	QTY 数量	UNIT 单位	RATE 费率	AMOUNT 金额
3.6.1	Supply and install trash rack as specified and directed by the engineer 按工程师的指示供应和安装垃圾架	4	个（套）		
3.7.0	Gate Valves 闸阀				
3.7.1	Provide and install crate valves 3800mm diameter at power house and outlet of forebay 在动力室和前池出口处设立并安装直径为 3800mm 的板条箱阀门	10	个（套）		
	COLLECTION SETTLING BASIN TO SUMMARY 沉淀池总额				1 266 315 050.00

BILL No.4 – POWER CANAL 电源渠

ITEM 项目	DESCRIPTION OF WORKS 工作描述	QTY 数量	UNIT 单位	RATE 费率	AMOUNT 金额
4.0.0	Excavation and Earthwork 土方开挖及相关工程				
4.0.1	Clear site of trees, shrubs and roots and cart away from site as directed 根据指示清理树木，灌木，树根并装车运出场地	23 140	m²	70	1 619 800.00
4.0.2	Excavate, load, haul, place and compact approved lateritic material along canal route to design level as directed by engineer 按照工程师的指示，沿着运河路线挖掘、装载、运输、放置和压实经核准的红土材料至设计水平	2E+05	m³	1 350	282 209 400.00
4.0.3	Excavate in laterite soil for canal depth not exceeding 3000mm 在红土中挖掘，管道深度不超过 3000mm	2E+05	m³	800	128 642 400.00
4.0.4	Ram and prepare excavated surface to receive concrete 夯实混凝土开挖面	23 140	m²	300	6 942 000.00
4.1.0	Concrete Work 具体工作				
	Reinforced in–situ concrete（1:1.5:3–38mm aggregate）developing minimum 21n/mm² strength at 28 days 采用配合比 1:1.5:3 的加筋现浇混凝土，浇筑高度38mm，28d 强度至少达到 21N/mm²				
4.1.1	Provide and place grade 30 concrete 提供并使用 C30 混凝土	24 457	m³	40 000	978 288 000.00
4.1.2	Blinding（grade 15）垫层使用 C15 混凝土	1157	m³	32 000	37 024 000.00

ITEM 项目	DESCRIPTION OF WORKS 工作描述	QTY 数量	UNIT 单位	RATE 费率	AMOUNT 金额
4.2.0	Reinforcement 加固				
	High tensile reinforcement in foundation bed 基础中的高强度钢筋				
4.2.1	（16，12 & 8）mm diameter bars 直径为 8mm、12mm、16mm 的钢筋	1E+06	kg	350	346 950 100.00
4.2.2	10mm diameter bars 直径 10mm 的钢筋				
4.3.0	Sawn Formwork 模板工程				
4.3.1	Provide，erect and install hard sawn formwork 准备，设立并安装坚固的模板	46 992	m²	1500	70 488 000.00
	COLLECTION FOREBAY POWER CANAL TO SUMMARY 前池电源渠总额				1 852 163 700.00

BILL No 5：FOREBAY 前池

ITEM 项目	DESCRIPTION OF WORKS 工作描述	QTY 数量	UNIT 单位	RATE 费率	AMOUNT 金额
5.0.0	Excavation and Earthwork 土方开挖及相关工程				
5.0.1	Clear site of trees，shrubs and roots and cart away from site as directed 根据指示清理树木，灌木，树根并装车运出场地	1008	m²	70	70 560.00
5.0.2	Excavate，load，haul，place and compact approved lateritic material along canal route to design level as directed by engineer 按照工程师的指示，沿着运河路线挖掘、装载、运输、放置和压实经核准的红土材料至设计水平			1350	
5.0.3	Excavate in laterite soil for canal depth not exceeding 3000mm 在红土中挖掘，管道深度不超过 3000mm	7006	m³	800	5 604 480.00
5.0.4	Ram and prepare excavated surface to receive concrete 夯实混凝土开挖面	23 140	m³	300	6 942 000.00
5.1.0	Concrete Work 具体工作				
	Reinforced in−situ concrete（1:1.5:3−38mm aggregate）developing minimum 21n/mm² strength at 28 days 采用配合比 1:1.5:3 的加筋现浇混凝土，浇筑高度38mm，28d 强度至少达到 21N/mm²				

ITEM 项目	DESCRIPTION OF WORKS 工作描述	QTY 数量	UNIT 单位	RATE 费率	AMOUNT 金额
5.1.1	Provide and place grade 30 concrete 提供并使用 C30 混凝土	502	m³	40 000	20 080 000.00
5.1.2	Blinding（grade 15）垫层使用 C15 混凝土	504	m³	32 000	16 128 000.00
5.2.0	Reinforcement 加固				
	High tensile reinforcement in foundation bed 基础中的高强度钢筋				
5.2.1	（16，12 & 8）mm diameter bars 直径为 8mm、12mm、16mm 的钢筋	33 631	kg	350	11 770 920.00
5.2.2	10mm diameter bars 直径 10mm 的钢筋				
5.3.0	Sawn Formwork 模板工程				
5.3.1	Provide，erect and install hard sawn formwork 准备，设立并安装坚固的模板	887	m²	1500	1 330 500.00
	COLLECTION FOREBAY TO SUMMARY 前池总额				135 625 656.00

BILL No.6：PENSTOCK 压力钢管

ITEM 项目	DESCRIPTION OF WORKS 工作描述	QTY 数量	UNIT 单位	RATE 费率	AMOUNT 金额
6.0.0	Pipework 管道				
6.0.1	Provide，erect and weld together mild steel pipes as penstock 准备，安装低碳钢管并将其焊接在一起作为压力钢管				
6.0.2	3800mm diameter penstock concrete pipe inclusive of reinforcement，formwork and blinding as specified in the drawing and directed by the consultant 直径 3800mm 的压力钢管混凝土管，包括图纸规定的并由顾问核准的相应加固工作，模板和垫层	3000	m³		
6.1.0	Excavation and Earthwork 土方开挖及相关工程				
6.1.1	Clear site of trees，shrubs and roots and cart away from site as directed 根据指示清理树木，灌木，树根并装车运出场地				

续表

ITEM 项目	DESCRIPTION OF WORKS 工作描述	QTY 数量	UNIT 单位	RATE 费率	AMOUNT 金额
6.1.2	Excavate, load, haul, place and compact approved lateritic material along canal route to design level as directed by engineer 按照工程师的指示，沿着运河路线对经核准的红土材料进行挖掘、装载、运输、放置和压实至设计水平				
6.1.3	Excavate in laterite soil for canal depth not exceeding 3000mm 在红土中挖掘，管道深度不超过 3000mm	1245	m³	800	996 000.00
6.1.4	Ram and prepare excavated surface to received concrete 夯实混凝土开挖面	3000	m²	300	900 000.00
6.2.0	Concrete Work 具体工作				
6.2.1	Reinforced in-situ concrete （1:1.5:3-30mm aggregate）developing minimum 21n/mm² strength at 28 days 采用配合比 1:1.5:3 的加筋现浇混凝土，浇筑高度38mm，28d 强度至少达到 21N/mm²				
6.2.2	Provide and place grade 30 concrete 提供并使用 C30 混凝土	687.2	m³	40 000	27 486 000.00
6.2.3	Blinding（grade 15）垫层使用 C15 混凝土	15	m³	32 000	480 000.00
6.3.0	Reinforcement 加固				
6.3.1	High tensile reinforcement in foundation bed 基础中的高强度钢筋				
6.3.2	（16，12 & 8）mm diameter bars 直径为 8mm、12mm、16mm 的钢筋	2013	kg	350	704 515.00
6.3.3	10mm diameter bars 10mm 直径钢筋				
6.4.0	Sawn Formwork 模板制作工程				
6.4.1	Provide，erect and install hard sawn formwork 准备，设立并安装坚固的模板	207.5	m²	1500	311 250.00
6.5.0	Appurtenance 配件				
6.5.1	Provide and place in position appurtenances （control valves bends etc）as specified 按规定提供和放置配件（控制阀弯曲等）				
6.5.2	Sluice Valves 3-3800mm diameter 闸阀 3~3800mm 直径	10	个（套）		
	Sluice Valves 3-1900mm diameter 闸阀直径 3~1900mm				

ITEM 项目	DESCRIPTION OF WORKS 工作描述	QTY 数量	UNIT 单位	RATE 费率	AMOUNT 金额
	COLLECTION PENSTOCK TO SUMMARY 压力钢管总额				30 877 765.00
BILL No.7: POWER HOUSE 电厂					
7.0.0	Excavation and Earthwork 土方开挖及相关工程				
7.0.1	Clear site of trees，shrubs and roots and cart away from site as directed 根据指示清理树木，灌木，树根并装车运出场地	391.5	m²	70	27 405.00
7.0.2	Excavate pit for foundation not exceeding 2.5m deep and starting from stripped level 挖掘基坑深度不超过 2.5m 并从剥离水平开始	210.7	m²	1000	210 700.00
7.0.3	Provide and place approved hardcore filling 300mm thick 准备并填充经核准的石填料至 300mm 厚	372	m²	2500	930 000.00
7.0.4	Provide and place laterite filling as embankment for power house 准备并填充红土填料作为电厂的堤防	1641	m³	1200	1 969 440.00
7.1.0	Concrete Work 具体工作				
	Reinforced in−situ concrete（1:1.5:3−38mm aggregate）deveoping minium 21n/mm² strength at 28days 采用配合比 1:1.5:3 的加筋现浇混凝土，浇筑高度 38mm，28d 强度至少达到 21N/mm²				
7.1.1	Foundation pad, strip, column, slab, lintel beams, roof beams 基础垫层，条带，柱，板，门楣梁，屋顶梁	149.5	m³	3800	568 100.00
7.1.2	Blinding（grade 15）垫层使用 C15 混凝土	19.6	m³	3200	62 720.00
7.2.0	Reinforcement 加固				
	High tensile reinforcement in foundation bed 基础中的高强度钢筋				
7.2.1	（16，12 & 8）mm diameter bars 直径为 8mm、12mm、16mm 的钢筋	5091	kg	350	1 781 920.00
7.2.2	10mm diameter bars 直径 10mm 的钢筋				

续表

ITEM 项目	DESCRIPTION OF WORKS 工作描述	QTY 数量	UNIT 单位	RATE 费率	AMOUNT 金额
7.3.0	Sawn Formwork 模板工程				
7.3.1	Column starter，edge of bed，sides and/or soffit of column，roof beams 柱子起动器，床边，柱子侧面和/或拱腹、门楣和顶梁	324	m²	1500	485 955.00
7.4.0	Block Work 砌块				
7.4.1	225mm hollow sancrete block filled with 1:4:8 concrete 225mm 空心混凝土砌块填充物，配合比为1:4:8 的混凝土	878	m²	1600	1 404 800.00
7.5.0	Roof Covering 屋顶覆盖物				
7.5.1	Corrugated Aluminium roofing sheets laid on treated hardwood timber carcass（including purlins，rafters，struts，tie beams，wall plates）and fixed with srew nails inclusive scaffolding 将铝薄板屋顶板铺设在经过处理的硬木木材胎体上的波纹处（包括桁条，椽子，支柱，系梁，墙板）并用钉子钉固定，包括脚手架	487.5	m²		
7.6.0	Ceiling 吊顶				
7.6.1	1.2m×1.2m×0.06m thick asbesto cement ceiling/celotex sheet inclusive of nogging and battern 1.2m×1.2m×0.06m 厚的石棉水泥天花板/板材，包括壁砖和板条	372	m²		
7.7.0	Windows and Doors 门窗				
7.7.1	1050mm×1200mm double panel wooden frame louver window，single control 8 blade carrier 双组1050mm×1200mm 用吊楔吊起窗口，单载波控制 8 叶片	12	个（套）		
7.7.2	2400mm×2100mm high metal roller shutter door inclusive installation 2400mm×2100mm 高金属卷帘门包容式安装	2	个（套）		
7.7.3	1200mm×2100mm high，purpose made metal swing door ironmongery inclusive1200mm×2100mm 高，特制金属平开铁门	2	个（套）		
7.8.0	Floor，Wall and Ceiling Finishes 地板，墙面和天花板饰面				
	Internal 内部				

续表

ITEM 项目	DESCRIPTION OF WORKS 工作描述	QTY 数量	UNIT 单位	RATE 费率	AMOUNT 金额
7.8.1	50mm thick screeding 找平厚度 50mm	487.5	m²		
7.8.2	12mm thick rendering to walls with cement sand mortar（1:6）墙面抹灰厚 12mm，采用配合比 1:6 的水泥砂浆	658.5	m²		
	External 外部				
7.8.3	12mm thick rendering to walls with cement sand mortar（1:6）墙面抹灰厚 12mm，采用配合比 1:6 的水泥砂浆	658.5	m²		
7.9.0	Painting and Decoration 粉刷和装饰				
	Internal 内部				
	Prepare and apply three coats of portland emulsion paints on scaffolding inclusive 在脚手架上准备并涂抹三层波特兰乳胶漆				
7.9.1	Walls 墙壁	685.5	m²		
7.9.2	Soffit of asbestos ceiling sheet 石棉天花板的拱腹	487.5	m²		
	External 外部				
7.9.3	Walls 墙壁	658.5	m²		
7.9.4	Soffit of asbesto ceiling sheet 石棉天花板的拱腹	53.82	m²		
7.9.5	Provide and apply gloss portland paint on facial board 在面板上准备并涂抹光泽波特兰涂料	92.6	m		
7.10.0	Burglary Proof 防盗设施				
7.10.1	Provide and place burglary bar on window openings as directed and specified 按照指示和规定在窗户开口处设置防盗栏	12	个（套）		
7.11.0	Electrical/Mechanical Works 电气/机械工程				
7.11.1	Allow provisional sum for all electrical and Mechanical works such as piping, conduiting, wiring and fitting at power house as specified and directed 认可所有电气和机械工程的暂定金额，例如规定和指示的发电厂的管道，导管，电线和配件				
7.12.0	Steel Structures 钢结构				
7.12.1	Allow provisional sum for all gantry steel structures as specified and directed by the consultant 认可顾问规定和指导的所有龙门钢结构的暂定金额				

续表

ITEM 项目	DESCRIPTION OF WORKS 工作描述	QTY 数量	UNIT 单位	RATE 费率	AMOUNT 金额
	COLLECTION POWER HOUSE TO SUMMARY 电厂总额				7 441 040.00
BILL No.8：TAIL RACE CANAL 尾水渠					
8.0.0	Excavation and Earthwork 土方开挖及相关工程				
8.01	Clear site of trees，shrubs and roots and cart away from site as directed 根据指示清理树木，灌木，树根并装车运出场地	313.6	m³	70	21 952.00
8.02	Excavate，load，haul，place and compact approved lateritic material along canal route to design level as directed by engineer 按照工程师的指示，沿着运河路线对经核准的红土材料进行挖掘，装载，运输，放置和压实至设计水平				
8.0.3	Excavate in laterite soil for canal depth not exceeding 3000mm 在红土中挖掘，管道深度不超过 3000mm	2619	m³	800	2 094 880.00
8.0.4	Ram and prepare excavated surface to received concrete 夯实混凝土开挖面	313.6	m²	300	94 080.00
8.1.0	Concrete Work 混凝土工程				
	Reinforced in-situ concrete （1:1.5:3－30mm aggregate）developing minimum 21n/mm² strength at 28days 采用配比 1:1.5:3 的加筋现浇混凝土，浇筑高度38mm，28d 强度至少达到 21N/mm²				
8.1.1	Provide and place grade 30 concrete 提供并使用 C30 混凝土	151.7	m³	40 000	6 068 000.00
8.1.2	Blinding（grade 15）垫层使用 C15 混凝土	15.6	m³	32 000	499 200.00
8.2.0	Reinforcement 加固				
	High tensile reinforcement in foundation bed 基础中的高强度钢筋				
8.2.1	（16，12 & 8）mm diameter bars 直径为 8，12，16mm 的钢筋	10 612	kg	350	3 714 095.00

续表

ITEM 项目	DESCRIPTION OF WORKS 工作描述	QTY 数量	UNIT 单位	RATE 费率	AMOUNT 金额
8.2.2	10mm diameter bars 直径 10mm 的钢筋				
8.3.0	Sawn Formwork 模板工程				
8.3.1	Provide，erect and install hard sawn formwork 准备，设立并安装坚固的模板	627.2	m²	1500	940 800.00
	COLLECTION TAIL RACE CANAL TO SUMMARY 尾水渠总额				13 433 007.00
BILL No.9：ELECTRO－MECHANICAL WORKS 机电工程					
9.1	Tubular Turbine GZTF08C－WP－342 型号为 GZTF08C－WP－342 的贯流式水轮机	5	套		
9.2	3－Phase Synchronous Generator 3.3kV，0.8PF，50Hz，SFWG1300－56/3970 规格型号为 3.3kV，0.8PF，50Hz，SFWG1300－56/3970 的三相同步发电机	5	套		
9.3	Butterfly valve diameter 1000mm 直径 1000mm 的蝶阀	5	套		
9.4	Speed Regulatory Governor model WDST－80/4.0 型号为 WDST－80/4.0 的速度调节器	5	套		
9.5	Excitation System 励磁系统	5	套		
9.6	automatic Component 自动构件	5	套		
9.7	synchronizationpanel with relevant meters 具有相关仪表的同步面板	3	个（套）		
9.8	Allow lump sum for earthing system on electrical devices and equipment in power house 认可电力设备上的接地系统和电力设备中的设备总价				
9.9	Metering panels with diametersm voltmeters，power factors，frequency meters，speed indicators，temperature indicators，gate valve opening position 带直径电压表、功率因数、频率表、速度模拟器、温度指示器、闸阀开启位置的仪表盘	1	个（套）		

ITEM 项目	DESCRIPTION OF WORKS 工作描述	QTY 数量	UNIT 单位	RATE 费率	AMOUNT 金额
9.10	Protection and control scheme 保护和控制方案	5	套		
9.11	4×500mm² PVC/SWA/PVC 规格为 4mm×500mm PVC/SWA/PVC 的电缆	300	m		
9.12	Provide and install 2×8.0MVA transformer including HT Breakers, Switch, Fuses, Isolators, Transformer Plinth and other civil works in the switch yard 在开关站提供安装 2×8.0MVA 变压器，包括 HT 断路器，开关，保险丝，隔离器，变压器底座等土建工程	6	个（套）		
9.13	1500mm² A1 cables for HT transmission from power house to Unical main power station1500mm²A1 电缆用于 HT 从电站到主电站的传输	1600	m		
	Internal Transmission Scheme incl.9.7~9.13 内部传输方案包括 9.7~9.13				
9.14	Spare parts & tools for Turbines & Generators 涡轮机和发电机的备件和工具				
9.15	Freight Cost 运费				
9.16	insurance and duty 保证和责任	7%			
	Installation & Commissioning 安装和调试	10%			
	COLLECTION ELECTRO – MECHANICAL TO SUMMARY 机电总额				
BIL No 10：O & M COST					
10.1	Personnel Cost include medicals etc 人员费用包括医疗等				

续表

ITEM 项目	DESCRIPTION OF WORKS 工作描述	QTY 数量	UNIT 单位	RATE 费率	AMOUNT 金额
10.2	Maintenance and Repair（E/M Equipment）维护和修理（E/M 设备）				
10.2.1	E/M Investment from cost estimate E/M 投资来自成本估算				
10.2.2	O/M cost（2%p.a of capital cost）O/M 成本（资本成本的 2%）				
10.3.0	Maintenance and Repair（Civil Cost）维护和修理（民事费用）				
10.3.1	Civil Works Investment Estimates 土木工程投资估算				
10.4.1	O/M cost（1.5%p.a of capital cost）O/M 成本（资本成本的 1.5%）				
	Administrative and Overheads 行政和开销				
	COLLECTION O & M COST TO SUMMARY O&M 成本总额				

	SUMMARY 总计				
	DESCRIPTION OF WORKS 工作说明				AMOUNT
	CIVIL WORKS 土建工程				
1	PRELIMINARIES 准备工作				9 000 000.00
2	INTAKE CANAL 进气道				99 696 418.00
3	SETTLING BASIN 沉淀池				1 266 315 050.00
4	POWER CANAL 电源渠				1 852 163 700.00
5	FOREBAY 前池				135 625 656.00
6	PENSTOCK 压力钢管				30 877 765.00
7	POWER HOUSE 发电厂				7 441 040.00
8	TAIL RACE CANAL 尾水道				13 433 007.00
	SUB – TOTAL CIVIL WORKS 小计土木工程				3 414 552 636.00

续表

9	ELECTRO – MECHANICAL 机电		
10	AUXILIARY PRELIMINARIES 辅助开办费		
11	SURVEY，INVESTIGATION，DESIGN & ENGINEERING 调查、勘察、设计与工程		60 000 000.00
12	O&M COST O&M 运行成本		
13	SUPERVISON COST 监督成本		
	SUB – TOTAL 总计		3 474 552 636.00
	5%VAT 5%增值税		173 727 631.80
	GRAND TOTAL 累计		3 648 280 267.80

第五章　英国电力工程计价方法和计价依据

　　按照工程项目各个阶段的不同特点，英国工程造价管理的工作分为前期（决策和初步设计）、设计（施工图设计）、施工、竣工等不同阶段的工程造价管理。由于工程计价资料的不同，各个阶段所用的手段和方法也有所不同。

　　本章介绍英国电力工程的计价方法、常用的计价依据，以及一些计价依据的来源和获取方法，目的是让读者能够了解工程计价方法的类型、使用阶段、特点等，为对英国电力工程感兴趣的投资者、建设者提供计价信息的获取渠道。

第一节　电力工程计价方法[1]

　　在英国，工程项目的不同阶段所使用的计价方法有所不同。表 5-1 概括了在不同的项目阶段所使用的计价方法和每个阶段使用方法的使用频率排名。

表 5-1　　　　　　　　　　英国工程项目各个建设阶段使用的计价方法

项目建设阶段	计价方法	方法使用频率排名
前期阶段	单位功能价格法	1
	主体面积价格法	2
	单位容积价位法	3
	楼层计算法	4
设计开发阶段	近似工程量法	1
	构件估算技术	2
施工图设计阶段	资源为基础的估算	1
	工程量清单计价法	2
	基于 BCIS 的成本规划与分析	3
施工阶段	实际计量法	1
	工程量清单计价法	2

---

　　[1] Srinath Perera, Zhoulei, Chika Udeaja, Michele Victoria, A comparative study of construction cost and commercial management services in the UK and China：中英工程造价管理产业比较研究。

105

续表

项目建设阶段	计价方法	方法使用频率排名
竣工阶段	现金流预测	1
	完工费计算	2
	资金使用计划编制	3

一、前期阶段（决策和概念设计阶段）

早期估算和成本规划是被用于早期成本估算和成本管理阶段的重要工具。早期估算在项目一开始就要制定，此时可用信息较少。根据信息数据的不同可以使用不同方法。如图 5-1 所示。

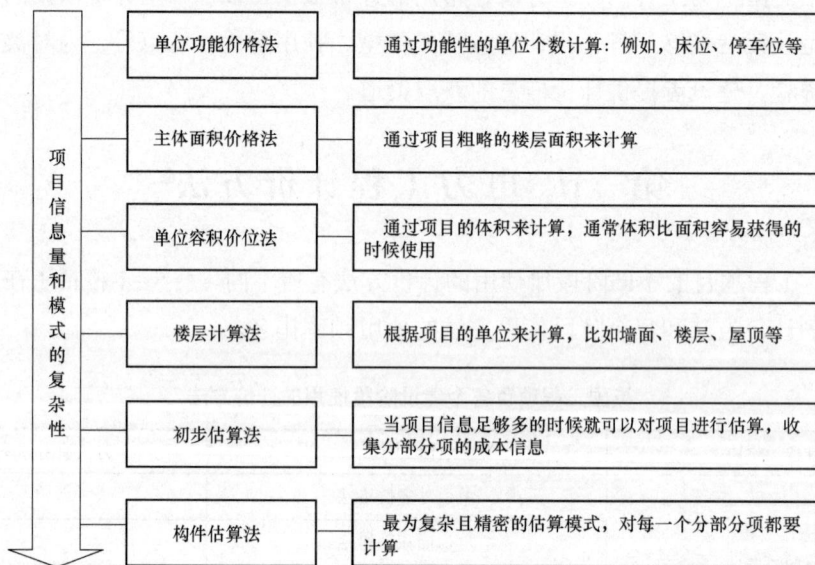

图 5-1　早期估算方法及技术

设计任务书和草图设计阶段属于项目开发的早期阶段，造价人员常常采用近似估价技术来确定预算并决定方案的可行性，形成决策分析等文件。由于有以前类似的工程造价的历史数据，可以采取以比较法或内插法为基础的近似估价技术，再根据地区差别、现场条件、市场情况和工程质量等因素做出相应调整，得到一个临时估算值。在实践中，分析和应用此类资料的方法，按照使用频率排序有以下四种：单位功能价格法，主体面积价格法，单位容积价位法和楼层计算法。

（一）单位功能价格法

这一方法要使用以前项目的单位成本，其中单位成本是将建筑物的总成本除以建筑物功能单元的数量得到的。例如，一家普通医院的功能单位是一张病床，一个停车场的功能单位是一个车位。当然，对于旅馆之类的建筑物，如果共摊的大厅、走廊的面积所占的比例很小，也可以将一间房子作为它的功能单元。利用这种方法得到的结果和建筑的最终成本之间还有很大的差异，因为每个现场的性质不尽相同，业主的项目纲要还将完善，外界的服务设施也并不总是在建筑物的附近，这些因素都将对价格产生影响。功能单元是用于表示建筑物或建筑物的一部分的主要用途的测量单位。每个功能单元包括所有必需的循环。

单位功能价格法的具体使用方法如下：选择用于建筑物的合适的功能单元；确定功能单元的总数并乘以每个功能单元的适当成本（或功能单元成本）。因此，计算建筑工程总估计成本的公式为

$$建筑工程造价 = 功能单元成本 \times 功能单元数$$

（二）主体面积价格法

这种方法会用到以平方米成本为依据的早期同等方案的经验数据，其中建筑面积被定义为每层内部测量面积，没有扣除内墙和楼梯。考虑到技术规范、负责程度、尺寸、外形、地基条件和层数等诸多因素，该方法仍需要做很多的调整。因此，为了确定这些因素，造价人员需要获得针对每一种建筑类别的若干建筑物的可靠的历史成本。

主体面积价格法需要先测量建筑物的总内部建筑面积，然后乘以每平方米的成本。因此，计算建筑工程总估计成本的公式为

$$建筑工程造价 = 单位面积成本 \times 建筑面积$$

如果要单独测量外部工程，则应测量场地面积（SA）。场地面积（SA）是场址名称边界内的场地总面积（或场所名称边界内的总面积，由雇主作为建筑物或建筑物的场地），不包括在水平面上测量的新建筑物的占地面积。

（三）单位容积价位法

通过项目的体积来计算，通常在体积比面积容易获得的时候使用。

（四）楼层计算法

根据项目的单位来计算，通常是墙面，楼层，屋顶等。

二、初步设计阶段

此阶段处于草图设计完成后，通过对大量的造价资料制定初始成本规划，工料测量师可以估算各个分部分项工程或重要部分的临时造价指标，同时还会对不同结构形式、材料和设备安装进行造价对比分析，包括可能发生的运营费用和维护费。在设计阶段，详细的成本估算技术、近似工程量法和构件估算技术比较常用。新测量标准第一卷（NRM1）、建筑成本信息服务（BCIS）和一些内部公式常常用于做成本规划。全生命周期成本和寿命周期成本的使用正越来越多。风险记录法是这一阶段风险管理最主要的技术，同时头脑风暴的方法也被大量应用。

（一）近似工程量法

当其他近似估算技术不能为预算提供足够可靠的信息时，一般会采用这种方法。最常见的是混合工作项目简明工程量和承包商依据图纸和规范自行编制的工程量清单。

（二）构件估算技术

构件成本计划可由初步设计得出。这种方法也是依赖于可靠的已知数据，这些数据来自同等项目中建筑物的已知实际成本。通过应用先前建筑物的各种基本成本，新的建筑物可以简单的按照比例得到它的分解成本，并且可以根据工程的不同方面做出调整。以建筑工程为例，表5-2列举了NRM1中规定的构件估价技术常用构件。

表5-2　　　　　　　　　　构件估算技术常用的主要构件

构件估算技术常用的主要构件			
0	进场准备工程	5.1	卫生设施
1	基础	5.2	服务设备
2	上层结构	5.3	处置设备
2.1	框架	5.4	水安装
2.2	上层结构	5.5	热源
2.3	屋顶	5.6	空间加热和空调
2.4	楼梯和坡道	5.7	通报
2.5	外墙	5.8	电气装置
2.6	窗户和外门	5.9	燃料装置
2.7	内墙和隔板	5.10	提升和输送机安装
2.8	内部门	5.11	防火和防雷
3	内部涂饰	5.12	通信、安全和控制系统
3.1	墙面漆	5.13	专业装置
3.2	地板表面	5.14	建筑师与服务有关的工作
3.3	天花板表面	6	预制建筑和建筑单位
4	配件、陈设和设备	7	现有建筑物工作
4.1	配件、家具和设备	8	外部工程
5	服务		

构件法基于建筑构件分解为项目提供了成本估算顺序。通常，构件法中使用的组构件和构件与构件成本计划过程中使用的组构件和构件相同。构件法根据规则测量构件的构件单位数量（EUQ），并用合适的构件单位价格（EUR）定价，以确定构件的成本目标。当特定构件的可用信息不足时，基于楼面面积来计算该构件的单位数量。因此，计算构件成本目标的方程为：

$$构件成本目标 = 单位构件成本 \times 构件单位数量$$

建筑工程造价是将每个构成部分的成本目标累加确定。因此，使用构件法计算建筑工程估计的方程为：

$$建筑工程造价 = \sum (a1 + a2 + a3 + a4 + a5 + a6 + a7 + \cdots\cdots)$$

式中　$a1$，$a2$，$a3$ 等为构件成本目标。

表 5-3 是建筑工程构件的详细分类。

表 5-3　　　　　　　　　　　建筑工程构件单位的详细分类

组构件	构件	单位
0 进场准备工作	1 有毒/危险/污染　材料处理	m²
	2 主要拆迁工程	
	3 临时建筑	
	4 专业地面工程	
	5 临时转移工程	
	6 特别现场调查工作	
1 子结构	1 子结构	m²
2 上层结构	1 框架	m²
	2 上层	
	3 屋顶	
	4 楼梯和坡道	个（套）
	5 外墙	m²
	6 窗户和外门	
	7 内墙和隔板	
	8 内门	个（套）
3 内部装修	1 墙体装修	m²
	2 地面装修	
	3 天花板装修	
4 配件、家具和设备		m²
5 服务设施	1 卫生设施	个（套）
	2 服务设备	
	3 处理设备	
	4 给排水	
	5 热力	
	6 空间加热和空调	
	7 通风	
	8 电力	
	9 燃料	

续表

组构件	构件	单位
5 服务设施	10 电梯和输送装置	个（套）
	11 防火和防雷保护	
	12 通信、安全和控制系统	
	13 特种设备	
	14 与服务有关的建筑师工作	
6 预制建筑和建筑单位	1 预制建筑和建筑单位	m²
7 现有建筑的工程	1 小拆改工程	m²
	2 现有服务维护	
	3 防潮和除虫	
	4 立面保留	
	5 清洁现有表面	
	6 装修工程	
8 外部工程	1 现场准备工作	
	2 道路工程	
	3 软景观、种植和灌溉系统	
	4 围栏、栏杆和墙壁	
	5 外部灯具	
	6 外部排水	
	7 外部服务	
	8 小型建筑工程及附属建筑物	
9 承包商初步成本估计		
10 主要承包商的费用和利润		

三、施工图设计阶段

工料测量师利用各种规则计算施工图工程量，再参照近期类似工程的分项工程或在市场上获取的材料价格，经分析计算详细预算。工料测量师还需认真进行造价校核。工程量清单计价法是这一阶段成本估算的主要方法。NRM1 和建筑成本信息服务（BCIS）是进行成本规划和成本分析的主导方法，紧随其后的是一些内部格式。NRM1 通过提供一部行业标准填补了英国成本管理体系间的鸿沟，为全行业所接受。

（一）工程量清单计价❶

工程测量师可采用三种方式来编制工程量清单，分别是传统式（traditional working up）、改进式（也称为直接清单编制法，billing directly）、剪辑和整理法（也称为纸条分类法，cut and

---

❶ 王振强. 英国工程造价管理［M］. 天津：南开大学出版社，2001.

shuffle or slip sortation）。

1. 传统式

（1）工程量计算。

英国工程量的计算原理和规则是按照 SMM7 进行的。工程划分为地下结构工程、钢结构工程、混凝土工程、楼梯工程、门窗工程、粉刷工程、屋面工程等分部分项工程，并对每部分分别列明计算方法和程序。工程量清单根据图纸编制，清单的每一项中都要注上相应的工程量，并写出简要文字说明。

（2）算术计算。

实际工程中，此过程有专门的工料测量人员完成，主要是计算延长米、平方米、立方米等工程量的结果。在算术计算前应先核对所有初步计算，若有任何错误应及时通知相应计算员；为确保计算结果的准确性，在算术计算后应再另行安排人员核对。

（3）抄录工作。

此工作指将纸上的工程量计算结果和项目描述抄录到专门的纸上，并且一个分部结束应换新的抄录纸重新开始。各个项目以工种操作顺序或其他方式合并整理。在同一分部中，下部的工程项目在先，上部的项目在后；水平方向在先，斜面和垂直的在后。先抄立方米项目，再抄平方米和延长米项目。抄录完毕后由其他的工作人员核对。

（4）项目工程量的增加或减少。

由于工程量计算的整体性，一个项目可能在不同的分部和时间中计算，例如墙身工程中计算墙身不扣除门窗的洞口，而在计算门窗工程时才扣去该部分的工程量。因此，需要把工程量中有变化的所有项目计算出来，得到项目的最终工程量。该工程量应该为该项工程项目精确的工程量。无论在计算时使用何种方法，最后的结果应该是近似的或相同的。

（5）编制工程量清单。

把计算结果、项目描述按清单的要求抄录在清单纸上以起草工程量清单。在编辑时应考虑每个标题、分部工程概要、句子、项目描述等的形式和用词，使清单更为清晰易懂。在检查了所有的编号、项目描述、工程量并确认无误后，交由资深工料测量师进行编辑，做出最后的清单。

（6）打印装订。

资深工料测量师修改编辑完毕后由打字员打印完成并装上封面成册。

2. 改进式

改进式也称为直接编制清单法，此方法摒弃了传统的部分编制方法。本方法一般用于那些可以自成一体的工程，或可以组成整个分部的工程，例如排水工程、细木工等。项目尽量的按实际情况计算净工程量。若工程量计算人员和编制人员可以紧密地合作，这种方法则可以用在小型和中型的工程。为简化类似项目的工程量，收集工程量计算时尽可能把相似分项工程集中在一个分部中。这样在每个分部结束时就可以计算出变化的工程量，而传统的编制方法要在所有的工程量都计算完毕后才可以得到准确的分项工程工程量。但是采用改进式的编制方法必须做一些如准备有关门窗、粉刷工程量的表格等准备工作，这样计算时可以很快地从表格中找到洞口的尺寸，不需要不断地查找图纸。本方法很适合于开工后要重新计算工程量的工作，其最大的特点是需要所有的工程量计算图纸都齐全后才可以开始，而其缺点是采用集体计算的方法可能会漏项。

3. 剪辑和整理法

剪辑和整理法也称纸条分类法，这是一个完全排除传统编制方法的体系。工程量的计算以整体的方式进行，故它和传统方法在原理上很相似，但它与清单的顺序不同，所有的项目在计算完毕后再整理分类。剪辑和整理的方法中是用手工分类，在工程量计算结束后，把计算纸剪下按清单的顺序分类，而传统方式中是通过把项目按正确的顺序摘录在特别规定的纸上。描述相同的项目放在一起归于一类装订在一起，加上一定的修改，就可以直接打印成清单。大家普遍认为剪辑和整理法要比传统方式经济。其主要的优点是不需要重复工作，计算一结束即可以打印成清单，但也增加了计算的工作量。

（二）基于建筑成本信息服务（BCIS）的成本规划与分析

BCIS 出台了《建筑物构件分类原则（国际版）》［Principles of Elemental Classific-ation for Buildings（International），PECB］，以及成本分析的构件标准格式（Elemental Standard Form of Cost Analysis，SFCA）、土木工程成本分析标准格式（Standard Form of Civil Engineering Cost Analysis，SFCECA），与 NRM 在成本规划和成本分析方面有统一的构件划分和数据结构。基于 SFCA 进行的成本规划和分析是施工图设计阶段的主要方法。上述文件定义了构件，并将构件分为了次构件，NRM1 则将次构件进一步分为设计构件与组件，而 NRM3 提供了更为细致的可维护资产分类。在施工图设计阶段，按照文件中提供的构件分类以及计算规则，进行工程量计算，然后结合当前材料价格与工资水平及项目单价，用比较法或系数法确定造价。在设计过程中，也可以将将预算分配到建筑项目的各种构件，以便为设计团队提供平衡的成本框架，提交成功的设计。这一方法也可以在设计过程中重新分配构件的预算。构件结构有助于制订成本计划反映建筑物规格和建造方式，能在设计过程中与原预算进行比较，有利于适当调整设计方案或融资计划。基于构件分析项目成本，提供相关数据，比较本项目多种功能的实现成本与其他项目同等功能的实现成本。

四、施工阶段

在施工阶段，双方对工程造价进行科学合理的控制，对工程变更进行重新报价或者参考类似工程结算。属于业主方的工料测量师，在施工过程中要根据工程变化情况调整工程预算，根据工程进度来确认工程结算款项和控制拨款。承包商的工料测量师，不仅要按照招标文件参与工程调整、现场踏勘、编制报价和投标文件，中标后还要按中标造价进行资金分配及履约合同，另外工料测量师还直接参与施工过程中的项目管理，按施工进度提供劳动力材料、施工机械等供应计划，按月或周统计已完工程量，并提出工程结算款项，在竣工验收后提出竣工决算等业务。要在各个环节上严格控制工程费用的支出，确保在中标造价内实现预期利润❶。

施工阶段，工程结算时最常使用实际计量法，也使用工程量清单或按百分比结算的方法。这一阶段，主要利用现金流预测和已完工部分计价来进行成本控制，其次对项目进行进度跟踪来控制成本。在变更计价方面，主要采用工程量清单费率和按比例计费，其次是采用双方商定的新的工程综合单价确定变更单价。索赔没有标准形式，但有编制索赔文件的指导方针。通常一项索赔由三部分组成：提供合同个别事项的简要说明，索赔描述和相关的函件和说明作为参考；申请索赔的理由，给出相关合同条款或与索赔有关的合同法作为参考；提供索赔证据，如：现场记录、函件、会议纪要、进度报告等。该文件将作为单独文件提交到中期估价当中。决算是一个项目的最终估价，包括扣减承包商产生的所有费用。中期结算和决算的主要区别在于对承包商保留金的支付是全额还是半额（视情况不同而定）。决算由以下元素组成：决算声明；决算总结；变更账目的调整；主要成本额的调整；暂定项目的调整；暂定金额的调整；价格波动调整；承包商索赔的调整。

（一）实际计量法

这种方法用于那些在工程量清单中难以分解为单独的工作项的作业，一般都需要通过现场踏勘来确定工作的范围。在估价过程中，可以采用单价乘以估算工程量的方式，对组成该项目所有作业和工作逐项估算，对该项目中比例最大的工种进行以工时、设备、材料为基础的总成本估算的方式进行估算。此外，当估算需要考虑某一作业的总持续时间与其他作业的相互关系时，会采用作业估价法。因为这些情况下，只关注项目的某一个单体是不现实的。比如说某一排水装置班组每天可安装 15 个检查孔单元，而一个项目共需此单元为 25 个，那么此时总的持续时间就不可简单的用 25 除以 15，而是应当考虑为 2 天。

（二）工程量清单计价法

在工程招投标阶段适宜采用工程量清单计价。工程量清单的作用具体表现在：首先是为投标者提供一个公平竞争的投标报价的基础，供投标者进行报价；其次，工程量清单中的单价或价格可以作为支付工程进度款的依据，也可作为工程变更时合同价格调整或索赔的重要参考资料。承包商的估价师按照工程量清单，结合其以前的经验，并收集市场信息资料、发送咨询单、回收厂商及分包商报价，对每个分项工程都填入单价及单价与工程量相乘后的金额，以此来进行成本要素分析，其中包括人工、材料、机械设备、分包工程、临时工程、管理费和利润。所有分项工程总价之和，加上开办费、基本费用项目（投标费、保证金、保险、税金等）以及指定的分包工程费，以上构成工程总造价，通常也作为承包商的投标报价。

在施工阶段，任何分项工程都要定期计算其实际完成的工程量，同时按承包商报价计费。

---

❶ 国外工程造价管理现状，网址：http://jz.docin.com/p-714938447.html。

增加的工程需要按类似现行单价重新进行估价或者重新报价。工程量清单系统地提供了项目的所有工程量、人工、材料、机械的用量以及对工程项目的说明。在开办费部分说明影响报价的因素以及所采用的合同形式，在分部工程中描述施工质量要求和材料的质量。

五、竣工阶段

（一）现金流预测

现金流量预测是对未来几个月或未来几个季度内企业资金的流出与流入进行预测。其目的是科学规划企业现金收支，协调现金收支与投资、经营、融资活动的关系，增强现金收支平衡和偿债能力，为现金控制提供依据。

现金流量预测的主要方法有现金收支法和净收益调整法。现金收支法是指将计划期全部可能发生的现金收支先加以分类再列出分别测算，从而确定现金余缺的方法。净收益调整法指的是对企业的净收益按照实际收付现金进行调整，进而确定企业的现金流量的一种方法。首先将按权责发生制确定的企业税前净收益调整为现金收付制的税前净收益，再进一步调整为税后净收益。其次再将税后净收益加减与预测期净收益无关的现金收付额，然后调整为预测期的现金余额的增加额。最后用预测期初与期末调整数，在调整中确定企业一定时期内的现金存量。如果现金余额为负数则应设法筹集，以保证现金流量平衡。

（二）完工费计算

完工费计算是根据完工的比例确认收入和成本。该方法被用于须签订长期合同的项目，且对完工部分、收入和成本进行可靠估计。根据完工百分比计算并确认当期的合同收入和费用。当期确认的合同收入和费用可用下列公式计算：

$$当期合同收入 =（合同总收入 × 完工进度）- 以前会计年度累计收入$$

$$当期合同毛利润 =（合同总收入 - 合同预计总成本）× 完工进度 - 以前会计年度累计毛利润$$

$$当期合同费用 = 当期合同收入 - 当期合同毛利润 - 以前会计年度预计$$

$$损失准备完工进度实际上是累计完工进度$$

因此，企业在运用上述公式计算并确认当期合同收入和费用时，应分别根据合同的实施情况进行处理。

（三）资金使用计划编制

为维持企业财务流动性和适当资本结构，以有限资金获取最大的效益而采取的关于资金的筹措和使用的一整套计划就是资金计划。

第二节 英国电力工程计价依据

英国的电力工程计价依据可以分为计"量"依据与计"价"依据。工程"量"依据有工程量计量规则、工程项目划分及编码、工程量表；计"价"依据根据来源不同，包括官方发布的工程造价信息、有关专业学会颁发的造价资料、大专院校和建筑研究部门发表的研究资料、工程造价咨询机构的历史资料以及刊物登载的有关价格资料等。

一、工程构件分类规则

工程构件分类规则相当于我国的概预算定额项目划分或清单项目划分。统一的项目划分为项目的经济评价、估算、编制预算、监控造价、建成后评估、积累资料等提供统一口径，使数据交换和共享更为方便。英国 BCIS 制定并发布了建筑工程、土木工程的工程项目划分标准，来统一计价的对象和成本规划和分析的对象，具体如下所述，电力工程根据其工程内容，可以选用其中适用的规则进行分类。

（一）《建筑物构件分类原则（国际版）》PECB、《成本分析的构件标准格式》SFCA

PECB、SFCA 分别对建筑物制定了基于成本管理的构件分类原则以及具体的功能构件分类标准，定义了建筑构件数据结构，对构件进行了定义与计量。整体上，将建筑物分为：下部结构、上部结构、内部装修、固定设备配件与装置、配套服务、预制建筑物与构配件、已有建筑物改造工程和外部工程 8 个部分，每个部分又分为不同的次构件，例如，上部结构分为：框架、上层楼面、屋顶、楼梯与坡道、外墙、窗户与外门、内墙与隔墙、内门等。对每个构成次构件，又给予了功能定义、内容的阐述及具体测量方法。配合 RICS 发布的NRM1，则将次构件进一步分为设计构件与组件。如此对建筑物进行构件划分，有助于提供建筑成本报告的标准，以标准格式将项目成本按照构件列举，便于按照构件来分配预算成本，制定成本规划，建立项目成本基准，并与类似建筑物的构件之间进行成本比较，完成成本分析。

（二）《土木工程成本分析标准格式》（SFCECA）、《通用原则、说明、定义及通用要素》

SFCECA 是针对土木工程制定的通用构件分类标准，目的是为土木工程成本分析和编制成本文件提供依据，电力工程的构件分类主要参照这一标准。该标准描述了常规概念及展示数据结构内容，为大多类型的土木工程结构提供了成本要素。这些工程按照物理形式/基本功能的不同分成了具有一定规模的独立建造物，再将具备共同功能的构件分至相同的群组，将完成某个或某些功能的构件的一部分，分为次构件。除 SFCECA 之外，BCIS 为了进行成本分析和对特定工程进行详细定义，还出版了通用原则、说明、定义及通用要素，设置了成本分析规则，详细说明了成本分析能被全面理解所需要的支持信息，设置了大部分项目中都有的成本工作结构（外部工作、配套工作）以及前期、临时工作、设计费等。同时，也发布了一系列独立土木工程实体项目的成本定义文件，提供实体类型的分类及项目的构件定义，具体包括：路（公路、步行道、停车坪等，包括特殊跑道）、铁路及类似工程、码头，平台及类似工程、支撑结构（桅杆，塔）、管道和通风管道等。与 SFCA 类似，也给出了每个次构件的功能定义、内容的阐述及具体测量方法。

（三）欧洲建筑经济学家协会、欧洲建筑经济学家理事会（CEEC）编制的编码体系[1]

欧洲建筑经济学家协会、欧洲建筑经济学家理事会（CEEC）发布的 RICK–UK 工程项目分解和编码体系，是适用于欧洲工程分解和成本构成方面的标准，被英联邦体制下的上百个国家广泛接受和使用。一套连贯统一的工程成本编码，即将工程按其工艺特点分为若干分部分项工程，再对每个分部分项工程进行编码，以便在工程管理和成本核算中区分工程的各分部分项工程。RICK–UK 提供了成本分工和基础数量测量的标准依据。主要分为成本组和基本数量两部分。具体编码见表 5–4，各编码具体定义和计算示例见附录 B。

表 5–4   CEEC 的 RICK–UK 工程项目分解和编码体系

成本组	
1. 建筑费用和费用	
01	基础结构
02	外部上层建筑/壳膜
03	内部上层建筑
04	内部装修
05	服务安装
06	特殊设备和装置
07	家具和配件
08	预制建筑物、建筑单元和房间
09	现场和外部作品
10	现场准备
11	施工现场费用管理（初步）
12	设计和项目团队费用
13	征收建筑费用和费用
2. 偶然成本	
14	辅助费用和收费
15	项目预算风险补贴（应急）
16	附加费用税
3. 使用成本	
17	保养
18	运营
19	结束
20	使用成本税
4. 网站采集	
21	场地购置成本
22	场地征收税

[1] CEEC 官网，网址：http://www.ceecorg.eu/。

续表

5. 项目资金	
23	资金
24	补助金和补贴
25	项目资金税
6. 场地（m²）	
26	场地面积
27	占地面积
7. 地板面积（建筑面积）（m²）	
28	地板面积未完全封闭
29	总外部楼面面积
30	内部总面积
31	内部分区
32	区域辅助主要功能
33	辅助服务区
34	循环区
35	可用面积
8. 功能单位（视功能特点确定单位）	
36	主要功能单位
37	次要功能单位

二、工料测量标准

（一）《建筑工程测量标准方法》SMM7

工料测量规则指工程建设各参与方共同遵守的计算基本工程量的规则。RICS 组织制定的《建筑工程测量标准方法》（Standard Method of Measurement of Building Works，SMM）目前已出了最新版本 SMM7，是编制工程量清单、确定报价的基础，同时也适用于工程结算。SMM 也成为其他测量标准的原型，在此基础上，发展了新测量标准。

（二）《新测量规则》NRM

近年来，RICS 又发布了建筑工程领域的《新测量规则》（New Rules of Measurement，NRM），其目的是为了规范工程项目成本管理的流程，将工料测量与工程采购结合起来，采用"从始至终法"保持全生命周期的一致性。NRM 系列由三部分组成：新测量标准第一卷（NRM1）、第二卷（NRM2）和第三卷（NRM3）。

SMM7 封面

NRM1 封面

NRM2 封面

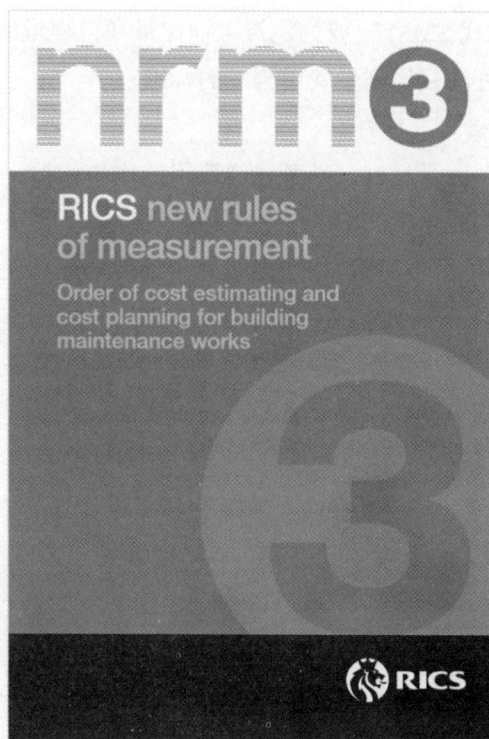

NRM3 封面

1. NRM1：项目各阶段成本估算和成本规划指导

NRM1 为项目各阶段成本估算和成本规划指导。在项目早期阶段，最新的建筑成本信息服务标准 BCIS 与 NRM1 共同作为现代采购体系合同签订前成本控制的指导方针，规定了早期阶段成本管理的综合系统性方法，为估算师从项目启动到结束的详细成本规划提供指导。从费用构成角度，NRM1 是工程项目概略性费用构成的标准。

2. NRM2：工料测量算法及编制工程量清单要求

新测量标准第二卷将成本估算和成本规划分为5个成本目标：①建筑主体成本估算；②项目和设计咨询费用估算；③其他开发/项目成本估算；④风险预留估算；⑤通货膨胀估算。测量方法是工程量清单的支柱，是设计开发的主要成本测量工具。它设定了全世界通用的建设项目测量规则并将测量步骤标准化。测量方法的目的在于：统一性；消除歧义；一致性；工程量清单的快速编制；易于定价；避免无关紧要的成本项目。

基本建设工程的成本估算和成本计划的顺序分为四个部分：NRM2 的第 1 部分综述表明了目的、用途和结构；解释 RICS 工作计划和英国关口审批流程中涉及的测量工作；解释规则中用到的符号、缩略语和定义。第 2 部分是建筑工程细部测量规则，提供工程量清单的广泛信息，解决无法测量的工作、风险、支出和利润、成本数据和成本管理与控制领域。第 3 部分列明了建筑工程测量规则，概述列明的测量规则和招标项目（41 项招标内容）。第 4 部分包括制订正式成本计划的表格计量规则。NRM2 于 2012 年首次出版，于 2013 年 1 月起生效并于 2013 年开始逐渐取代 SMM7，成为建筑工程计量和工程量清单编制的主流规则。从费用构成角度，NRM2 是工程项目详细性费用构成的标准。

　　3. NRM3 维护修缮工程的工料测量

　　为维护修缮工程的工料测量标准，准备修缮费用的成本估算，同时协助修缮维护阶段的采购和成本控制。从费用构成角度，NRM3 是工程项目维护期费用构成的标准。

　　NRM3 提供了一个结构化的基础，用于测量建筑部件的周期性修理和更换（更新）和年度维护（维护）。这些部件将在施工完成后进行，并在建造设施的整个使用阶段或建成资产在编制成本估算的订单时，处理与维修/更换和维修工程项目采购相关的其他关键成本要素，以及基于元素和组件水平的成本计划，代表良好实践的要点。

　　NRM3 规则处理测量以准备：

　　（1）修理/更换（更新 R）和年度维修（维修 M）工程计划的成本估算顺序。

　　（2）预测的生命周期修理/更换（更新 R）和年度维护（维修 M）工程计划的基本成本计划。

　　（3）从资本建设成本计划和资产登记/调查数据计算修理/更换（更新 R）的年度成本。

　　（4）维修/更换（更新 R）和维修工作的成本报告和分析。此外，这些规则可以用来分析使用中的实际维护成本，用于未来维修/更换（更新）和维护工程项目的估算和成本计划。通过成本使用研究，生命周期成本，建筑信息模型（BIM）和基准分析。

　　NRM 3 分为六个部分，并附有附录：

　　第 1 部分根据 RIBA 工作计划和关口审查流程，对成本估算和成本计划进行排序；规定了规则的目的，使用和结构，并解释了规则中使用的符号、缩写和定义。

　　第 2 部分阐明了 NRM3 的基础，明确了维护成本如何与之相关；建设和生命周期成本；定义了更新（R）和维护（M）成本类别的范围和参数；解释了成本估算和成本计划的测量和过程；提供了用于定义和项目特定要求的准备规则（取决于建筑生命周期中的阶段）；说明了制定明确全面的雇主维护简报和计量规则的重要性；讨论如何处理包含多个建筑物或设施的项目。

　　第 3 部分描述了成本估算命令的目的和内容；确定了其主要组成部分；解释如何编制和报告成本估算的订单；采用楼面面积法，功能单位法和基本方法，制定了成本估算的编制规则。

　　第 4 部分描述了用于建筑维护工程的基本成本计划的目的和内容；确定了其主要组成部分；为更新和维护工程的正式成本计划的准备和报告说明了衡量规则。

　　第 5 部分描述了维修工程年度成本核算的测量规则；解释了建造成本计划中生成的更新（R）成本计划的计算方法以及资产登记和条件调查的续订（R）和维护（M）以及剩余寿命预测数据的使用的计算方法。

　　第 6 部分包括更新（R）和维护（M）工程的成本计量和量化的表格规则。为更新和维护工程提供了与 NRM1 相符合的成本结构；本部分提供了编制维修工程费用计划的方法；编撰工程成本计划的方法；以及将 NRM3 与建筑信息模型（BIM）的 COBie 数据结构和定义进行对齐的方法。

（三）《土木工程测量标准方法》CESMM4

在土木工程领域，英国土木工程师协会 1976 年开始编写土木工程测量标准，目前已发布了《土木工程标准测量方法》第四版（Civil Engineering Standard Method of Measurement，简称 CESMM4）。内容主要包括定义、一般原则、分部工程表的使用、分项的代号与编号、编制工程量清单、工程量清单的填写计价与使用、与方法有关的费用、分部工程表等内容。为土木工程和其他工程的计量，进而编制工程量清单，进行工程合同管理及进行工程结算提供基础标准。电力工程量清单的编制可以参考此标准。

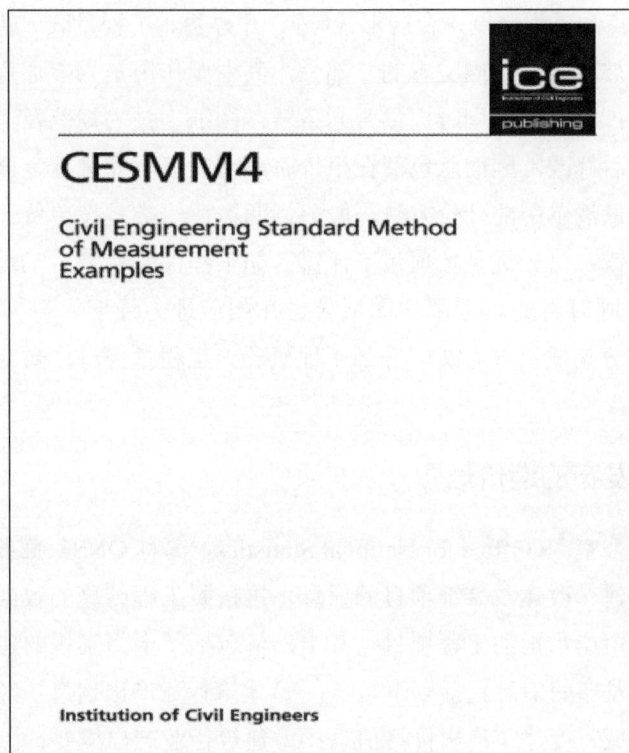

CESMM4 封面

三、工程量清单

在英国传统的建筑工程计价模式下，投标时附带由业主工料测量师按照 SMM7、NRM2和 CESMM4 规定编制的工程量清单。工程量清单通常按分部分项工程划分，清单的粗细程度主要取决于设计深度，与图纸相对应，也与合同形式有关。

工料测量师在初步设计阶段根据初步设计图纸编制工程量表；在施工图设计阶段编制最终工程量表；在工程招投标阶段，承包商的估价师参照工程量清单进行成本要素分析，填写报价，计算合价。在施工阶段计算每个分项工程实际完成的工程量，并按承包商报价计费。工程量清单系统地提供了拟建工程所有工程量，人工、材料、机械以及对工程项目的说明。在开办费部分说明所采用的合同形式以及影响报价的因素。在分部工程中描述材料的质量和施工质量要求。

英国工程造价计价依据中，工程量计量规则是由皇家测量师学会与土木工程师学会编制；全国统一工程项目划分及编码以及官方发布的工程造价信息由国家有关部门负责编制：在英国，贸易和工业部（DTI）的建筑市场情报局和国家统计办公室共同负责收集整理并定期出版有关建筑相关信息和统计的资料。

工程量清单是由发包方编制的，工程量清单的内容主要包括：工程概要（内容包括参加工程的各方、工程地点、工程范围、合同形式等）、开办费、工程量表、暂定金额和基本费用等。工程量清单通常被认为是合同文本的一部分，其主要作用是为参加竞标者提供一个平等的报价基础。传统上，发包方应同时提供合同条款、图纸、技术规范及工作量清单，清单中的任何错误允许在以后修改，因而承包商在报价时不必对工程量进行复核，同时也减少了投标的准备时间。工程量清单中的计价方法一般分为两类：一类是按单价计价项目，如土石方开挖按每立方米多少钱；另一类是按项包干计算，如工程保险费等。工程量清单编写时要注意把有关项目写全，同时将清单采用的图纸号也在相应地方注明，以方便承包商报价。工程量清单一般由 5 部分构成：开办费、分部工程概要、工程量部分、暂定金额和主要成本、汇总。

四、政府部门发布的造价信息

英国国家统计办公室[❶]（Office for National Statistics，简称 ONS）负责发布建设领域的所有统计信息，包括新建、改建及修缮项目的信息，再按照工程结算的数据进行统计，包括了所有土木工程建设公司所承担的工程项目，其中，就包括了电力工程的建设信息。英国国家统计办公室（ONS）发布的信息包括以下几类：①建筑行业产出信息：经季节性调整后的公共和私营部门及各区域月度建筑产出价格信息；②建筑行业产出概要；③建筑行业新增订单信息：经季节性调整后的公共和私营部门及各区域每季度新增订单及未经季节性调整的工程类型和区域数据；④建筑行业产出价格指数：2014—2018 月度建筑行业产出价格指数；⑤建筑行业年度统计报告等。

原商业、创新和技能部（BIS）建设市场情报（CMI）负责建设、分析和公布建筑行业统计数据，定期对建筑业建材、海外贸易、价格、成本指标以及关键绩效指标进行统计分析。

---

❶ ONS 官网，网址：www.ons.gov.uk/。

除了统计信息外，还与原商业、创新和技能部（BIS）的经济学家密切合作，协助评估建筑市场及制定有效政策，提供建筑材料及构件的月度统计数据。这些统计数字包括砖、水泥和混凝土砌块的月度价格指数；砂石、板岩、混凝土屋顶砖和现浇混凝土的季度价格指数。此外，每年和每季都有关于海外建材贸易价值的信息。另外，还发布了在线价格调整公式指数等，目前这些信息都可以到新成立的 BEIS 网站进行浏览。

英国商务能源与产业战略部❶（简称 BEIS）也会发布一些季度建设价格成本指数（见图 5-2），

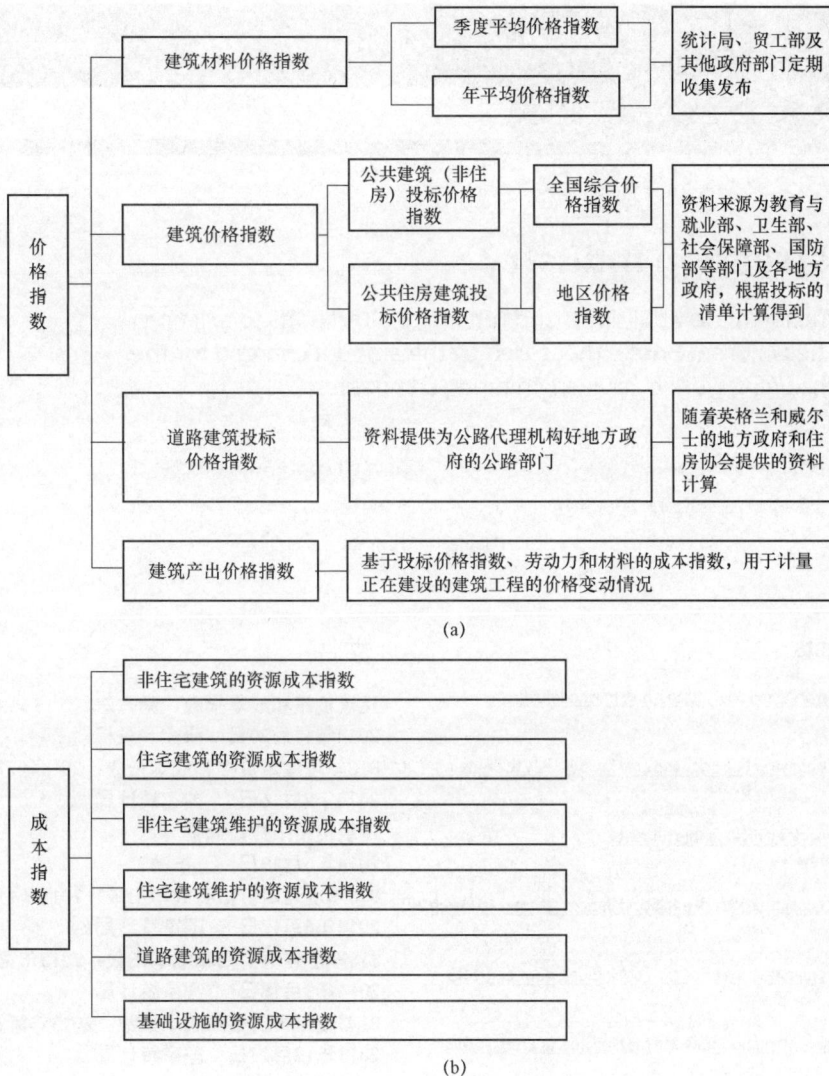

(a)

(b)

图 5-2 政府发布的造价指数
(a) 价格指数；(b) 成本指数

---

❶ BEIS 官网，网址：https://www.gov.uk/government/organisations/department – for – business – innovation – skills。

包括所有建筑投标价格指数、公共建筑非住房投标价格指数、社会房屋建筑价格指数、道路建设投标价格指数、全部建设资源成本指标、非住房建筑资源成本指标、房屋建筑资源成本指标、基础设施资源成本指标、道路施工资源成本指标、非住房建筑维修资源成本指标、房屋维修资源成本指标、新建工程产值、产品维修保养价格指数、所有工作的产出价格指数、直接劳动力产出价格指数等内容。

Office for National Statistics

English (EN) | Cymraeg (CY)

Release calendar | Methodology | Media | About | Blog

Home | Business, industry and trade | Economy | Employment and labour market | People, population and community | Taking part in a survey?

Search for a keyword(s) or time series ID

Home > Business, industry and trade > Construction industry

Construction industry

Construction of new buildings and repairs or alterations to existing properties in Great Britain measured by the amount charged for the work, including work by civil engineering companies.

On this page:

Dataset | Publications | Methodology

View all content related to this topic:

All data | All publications

国家统计办公室

Documents

Construction price and cost indices: new methodology
20 November 2014   Research and analysis

BIS quarterly construction price and cost indices: July to September 2014
16 September 2014   National Statistics

Construction price indices: improvements
19 June 2014   Guidance

BIS quarterly construction price and cost indices: January to March 2014
17 June 2014   National Statistics

BIS quarterly construction price and cost indices: quarter 4 2013
18 March 2014   National Statistics

BIS quarterly construction price and cost indices: quarter 3 2013
17 December 2013   National Statistics

BIS quarterly construction price and cost indices: quarter 2 2013
24 September 2013   National Statistics

BIS quarterly construction price and cost indices: quarter 1 2013
18 June 2013   National Statistics

文件

建筑价格和成本指数：新方法
2014年11月20日　研究和分析

BIS季度建筑价格和成本指数：2014年7月至9月
2014年9月16日　国家统计局

建筑价格指数：改善
2014年6月19日　　指南

BIS季度建筑价格和成本指数：2014年1月至3月
2014年6月17日　　国家统计局

BIS季度建筑价格和成本指数：2013年第4季度
2014年3月18日　　国家统计局

BI季度建筑价格和成本指数：2013年第3季度
2013年12月17日　国家统计局

BI季度建筑价格和成本指数：2013年第2季度
2013年9月24日　　国家统计局

BI季度建筑价格和成本指数：2013年第1季度
2013年6月18日　　国家统计局

英国商务能源与产业战略部发布的造价信息

五、专业团体发布的造价信息

专业团体以英国皇家测量师学会为代表，设有专门的机构收集、整理各种工程造价信息，分析、测算各种工程造价指数，并有偿提供给业界参考使用，例如，英国皇家测量师学会属下的建筑成本信息服务中心[1]（BCIS）是英国建筑业最权威的信息中心，它专门收集已完工程的资料，存入数据库，面向参与设计和施工的用户提供关于建筑经济方面的广泛数据，交换建筑成本信息。

网上工程造价信息服务平台和工程造价分析平台会提供人工、材料、机械等价格信息和各类工程的投标指数。造价信息一般以指数的形式发布，有价格指数（Price Indices）和成本指数（Cost Indices）等，也收集、发布投资额和建筑面积等信息，同时提供工程建设不同阶段工程造价分析、测算服务。此外，BCIS 不定期发布分析人工、材料、机械等价格以及工程造价变化趋势等各种工程造价专业报告。另外，BCIS 还按季度发布土木工程市场报告，公布各类基础设施项目投资、产出、每季度工程造价指数变化等数据。

BCIS 数据库包括将近 15 000 个工程及该工程实际成本。用户可以更新工程的成本数据，选择平均价格，搜寻相关的分析等。数据库中的所有信息都可根据不同时间和地域进行调整，并以表格、文字的格式下载，进而显示费用估计和工程的成本。其建筑数据由顾问、客户及承包商进行评估，应用于早期造价咨询，具体的估计成本计划和基准的历史数据可追溯到 45 年之前，并且有助于预测在未来的五年的发展计划。

由 BCIS 提供的建筑成本信息范围很广泛，包括：工程概况；指数；建筑价格的季度报告；法规立法；劳动力；材料和设备；工时和工资；工艺、系统和运营；地区发展趋势；成本指南；统计和经济指标；出版物文摘和复印服务；成本研究；简明的成本分析；详细的成本分析；建筑价格表，包括三百多种建筑形式的平均建筑价格，以及其他参考指数。

六、出版物

某些正式出版的刊物也会公布各类价格信息。如《建筑师周刊》和《建筑》等期刊，会登载工程的价格资料、企业、学会和联合会编制颁布的造价资料，科研机构发表的研究资料、专业技术图书馆提供的造价资料等。各大出版商、专业团体每年出版大量的书籍、资料和手册，服务于市场，表 5-5 所示为英国工程造价常用的资料及其发布机构。

---

[1] BCIS 网址：http://www.rics.org/us/knowledge/bcis/。

表 5-5   英国常用工程造价资料及其发布机构

书/资料名称	出版/发布机构	出版/发布机构介绍	出版/发布日期
Spon's Latin America Construction Costs Handbook 拉丁美洲建筑成本手册	Taylor & Francis Ltd	世界领先的学术期刊、书籍、电子书、教科书和参考作品的出版商之一	2000 年 5 月 11 日
Spon's European Construction Costs Handbook（Third Edition）欧洲建筑成本手册（第三版）			2000 年 5 月 18 日
Spon's African Construction Cost Handbook（Second Edition）非洲建筑成本手册（第二版）			2005 年 8 月 1 日
Spon's Middle East Construction Costs Handbook（2nd Edition）中东地区建筑成本手册（第二版）			2005 年 8 月 1 日
Spon's Estimating Cost Guide to Roofing 屋面成本估算指南			2005 年 4 月 4 日
Spon's Estimating Costs Guide to Small Groundworks，Landscaping and Gardening 小型地面、景观和园林成本估算指南			2007 年 10 月 11 日
Spon's Estimating Costs Guide to Finishings：Painting，Decorating，Plastering and Tiling 绘画、装饰、抹灰和贴面成本估算指南			2007 年 10 月 12 日
Spon's Irish Construction Price Book（Third Edition）爱尔兰建筑价格目录（第三版）			2008 年 4 月 3 日
Spon's Estimating Costs Guide to Plumbing and Heating：Unit Rates and Project Costs 水暖工程单位价格和项目成本估算指南			2008 年 7 月 8 日
Spon's Estimating Costs Guide to Electrical Works：Unit Rates and Project Costs 电气工程单位价格和项目成本估算指南			2008 年 7 月 29 日
Spon's Estimating Costs Guide to Minor Works，Alterations and Repairs to Fire，Flood，Gale and Theft Damage 小型工程，防火，防洪，防大风和盗窃损害成本估算指南			2008 年 8 月 14 日
Spon's House Improvement Price Book（4th Edition）房屋改造价格目录（第四版）			2009 年 9 月 1 日
Spon's First Stage Estimating Handbook 第一阶段估算手册			2010 年 1 月 27 日
Spon's Railways Construction Price Book 铁路工程造价目录	CRC Press	科学、技术和医疗资源的全球首要出版商	2003 年 10 月 17 日
Spon's Asia Pacific Construction Costs Handbook 亚太地区建筑成本手册			2015 年 4 月 29 日
Spon's Mechanical and Electrical Services Price Book 2016 2016 机电服务价格目录			2015 年 9 月 28 日
Spon's External Works and Landscape Price Book 2017 2017 室外工程和园林景观价格目录			2016 年 9 月 28 日

续表

书/资料名称	出版/发布机构	出版/发布机构介绍	出版/发布日期
Spon's Architect's and Builders Price Book 2017 建筑师和建筑商价格目录			2016 年 9 月 29 日
Spon's Civil Engineering and Highway Works Price Book 2017 2017 土木工程和公路工程价格目录			2016 年 10 月 6 日
Spon's Mechanical and Electrical Services Price Book 2017 2017 机电服务价格目录			2016 年 10 月 24 日
Spon's Architects' and Builders Price Book 2018 2018 建筑师和建筑商价格目录			2017 年 9 月 14 日
Spon's Mechanical and Electrical Services Price Book 2018 2018 机电工程价格目录			2017 年 9 月 21 日
Spon's External Works and Landscape Price Book 2018 2018 室外工程和园林景观价格目录			2017 年 9 月 26 日
Spon's Civil Engineering and Highway Works Price Book 2018 2018 土木工程和公路工程价格目录			2017 年 10 月 3 日
NRM 1 – Order of Cost Estimating and Cost Planning for Capital Building Works 新测量标准 1 – 国会大厦的成本估算和成本计划订单	RICS	世界最大的房地产、建筑、测量和环境领域的综合性专业团体，是为全球广泛认可的拥有"物业专才"之称的世界顶级专业性学会	2012 年 4 月 25 日
NRM 2 – Detailed Measurement for Building Works 新测量标准 2 – 建筑工程的详细测量			2012 年 4 月 30 日
NRM 3 – Order of cost estimating and cost planning for building maintenance works 新测量标准 3 – 建筑维护工程的成本估算和成本计划订单			2014 年 3 月 31 日
BCIS Dilapidations Price Book 2015 2015 破损房屋价格目录			2015 年 8 月 31 日
BCIS Building Maintenance Price Book 2016 2016 建筑维修价格目录			2016 年 5 月 2 日
BCIS Comprehensive Building Price Book 2017 综合体建筑价格目录			2016 年 8 月 31 日
BCIS Guide to Estimating for Small Works 2017 2017 小型工程成本估算指南			2017 年 3 月 30 日
BCIS Painting & Decorating Price Book 2017 2017 涂料和装饰价格目录			2017 年 3 月 30 日
BCIS Guide to Daywork Rates 2013 2013 年度工作指南	BCIS	隶属于 RICS 英国皇家测量师学会，通过建立网上工程造价信息服务平台和工程造价分析平台，提供人工、材料、机械等价格信息和指数；各阶段工程造价分析、测算服务。发布各种工程造价专业报告	2013 年 5 月 30 日
BCIS Alterations and Refurbishment Price Book 2017 2017 变更与翻新报价目录			2016 年 8 月 31 日
BCIS Dilapidations Price Book 2018 2018 破损房屋价格目录			2017 年 8 月 1 日
BCIS Alterations and Refurbishments Price Book 2018 2018BCIS 变更与翻新报价目录			2017 年 8 月 31 日
BCIS Comprehensive Price Book 2018 2018 综合价格目录			2017 年 8 月 31 日
Laxton's NRM Building Price Book 2015 2015 新测量标准建筑价格目录	LPL	laxton's publishing limited 拉克斯顿出版有限公司	2014 年 11 月 14 日
Laxton's NRM Building Price Book 2016 2016 新测量标准建筑价格目录			2015 年 11 月 30 日
Laxton's SMM Building Price Book 2016 2016 英国建筑工程标准计量规则建筑价格目录			2015 年 11 月 16 日

书/资料名称	出版/发布机构	出版/发布机构介绍	出版/发布日期
Laxton's NRM Building Price Book 2017 2017 新测量标准建筑价格目录	LPL	laxton's publishing limited 拉克斯顿出版有限公司	2016 年 11 月 23 日
Laxton's NRM Building Price Book 2017（CD－ROM） 2017 新测量标准建筑价格目录（CD）			2016 年 11 月 23 日
Laxton's SMM Building Price Book 2017 2017 英国建筑工程标准计量规则建筑价格目录			2016 年 11 月 23 日
Laxton's SMM Building Price Book 2017（CD－ROM） 2017 英国建筑工程标准计量规则建筑价格目录（CD）			2016 年 11 月 23 日
Griffiths 2016 Bundle（Book & PDF） 2016 建筑与土木工程价格目录（书和 PDF）	Griffiths & Hutchins Publications	消费和商业杂志期刊 出版社	2016 年 1 月 30 日
Griffiths Building & Civil Engineering Price Book 2016（Book） 2016 建筑与土木工程价格目录（仅书）			2016 年 1 月 30 日
Griffiths Building & Civil Engineering Price Book 2016（PDF） 2016 建筑与土木工程价格目录（仅 PDF）			2016 年 1 月 30 日
Hutchins Priced Schedules Building Price Book 2017（Book & USB Bundle） 2017 建筑价格目录定价表（书和 U 盘）			2016 年 9 月 23 日
Hutchins Priced Schedules Building Price Book 2017（Book） 2017 建筑价格目录定价表（书）			2016 年 9 月 23 日
Griffiths Building & Civil Engineering Price Book 2017（Book Only） 2017 建筑与土木工程价格目录（仅书）			2017 年 1 月 11 日
Griffiths Building & Civil Engineering Price Book 2017（Extra Value Bundle） 2017 建筑与土木工程价格目录（额外附赠）			2017 年 1 月 11 日
Griffiths Building & Civil Engineering Price Book 2017（PDF on USB） 2017 建筑与土木工程价格目录（U 盘内的 PDF）			2017 年 1 月 11 日
Hutchins Priced Schedules Building Price Book 2018（Book & USB Bundle） 2018 建筑价格目录定价表（书和 U 盘）			2017 年 9 月 8 日
Hutchins Priced Schedules Building Price Book 2018（Book） 2018 工程造价定价表（书）			2017 年 9 月 8 日
Access Audit National Schedule of Rates 2015—2016 2015—2016 国家费率表–访问审计	NSR Management	NSR 管理有限公司 The National Schedules of Rates Management 是发布国家附 表的商业信息提供者，NSR 管理公司在建筑行业被广 泛认可为"期限合同"方 面的专家	2015 年 8 月 3 日
Building Works National Schedule of Rates 2015—2016 2015—2016 国家费率表–建筑工程			2015 年 8 月 3 日
Electrical Services National Schedule of Rates 2015—2016 2015—2016 国家费率表–电气工程			2015 年 8 月 3 日
Highways Maintenance National Schedule of Rates 2015—2016 2015—2016 国家费率表–公路维护			2015 年 8 月 3 日
Housing Maintenance National Schedule of Rates 2015—2016 2015—2016 国家费率表–房屋维修			2015 年 8 月 3 日
Mechanical Services National Schedule of Rates 2015—2016 2015—2016 国家费率表–机械服务			2015 年 8 月 3 日

续表

书/资料名称	出版/发布机构	出版/发布机构介绍	出版/发布日期
Schedule of Rates Boxset 3 – 2016/2017 年 2016—2017 – 票价表 3			2017 年 1 月 2 日
Schedule of Rates Boxset 2 – 2016/2017 年 2016—2017 – 票价表 2			2017 年 1 月 3 日
Schedule of Rates Boxset 1 – 2016 – 2017 2016—2017 – 票价表 1			2017 年 1 月 4 日
Access Audit National Schedule of Rates 2016/2017 年 2016—2017 国家费率表 – 访问审计			2017 年 1 月 5 日
Building Works National Schedule of Rates 2016—2017 2016—2017 国家费率表 – 建筑工程			2017 年 1 月 5 日
Electrical Services National Schedule of Rates 2016—2017 2016—2017 国家费率表 – 电气工程			2017 年 1 月 5 日
Highways Maintenance National Schedule of Rates 2016—2017 2016—2017 国家费率表 – 公路维护			2017 年 1 月 5 日
Housing Maintenance National Schedule of Rates 2016—2017 2016—2017 国家费率表 – 房屋维修			2017 年 1 月 5 日
Painting & Decorating National Schedule of Rates 2016—2017 2016—2017 国家费率表 – 涂料和装饰			2017 年 1 月 5 日
Mechanical Services National Schedule of Rates 2016—2017 2016—2017 国家费率表 – 机械服务			2017 年 1 月 5 日
National Schedules Access Audit 2017/2018 年 2017/2018 年国家费率表 – 访问审计			2017 年 7 月 31 日
National Schedules Building Works 2017/2018 年 2017/2018 年国家费率表 – 建筑工程			2017 年 7 月 31 日
National Schedules Electrical Services 2017/2018 年 2017/2018 年国家费率表 – 电气服务			2017 年 7 月 31 日
National Schedules Electrical Services 2017/2018 年 2017/2018 年国家费率表 – 电气服务			2017 年 7 月 31 日
National Schedules Highways Maintenance 2017/2018 年 2017/2018 年国家费率表 – 公路维护			2017 年 7 月 31 日
National Schedules Housing Maintenance 国家费率表 – 房屋维修			2017 年 7 月 31 日
National Schedules Mechanical Services 2017/2018 年 2017/2018 年国家费率表 – 机械服务			2017 年 7 月 31 日
Schedule of Rates Boxset 1 – 2017—2018 2017—2018 – 票价表 1			2017 年 7 月 31 日
Schedule of Rates Boxset 2 – 2017/2018 年 2017—2018 – 票价表 2			2017 年 7 月 31 日
Schedule of Rates Boxset 3 – 2017/2018 年 2017—2018 – 票价表 3			2017 年 7 月 31 日
TSI Luckins Electrical Installation Times Guide 电气工程安装时间指南	Trade Service Information Ltd	贸易服务信息有限公司为环保部，ICT 低压，办公用品和汽车行业的承包商、分销商、经销商和制造商提供最可靠的数据；提供电气和管道估算系统的价格，ERP 系统的经销商和经销商数据，帮助建立电子商务网站的服务等	1997 年
TSI Luckins HVAC & Plumbing Installation Times Guide 暖通与管道工程安装时间指南			1997 年

续表

书/资料名称	出版/发布机构	出版/发布机构介绍	出版/发布日期
CESMM3 Examples：Civil Engineering Standard Method of Measurement：No.3：Examples 第三版土木工程标准测量方法示例	ICE Publishing	The Institution of Civil Engineers（ICE）土木工程师学会出版社生产各种各样的书籍和期刊，分享专家意见，领先的土木工程和建筑研究和最佳实践	1992 年 4 月 8 日
CESMM3 Handbook 第三版土木工程标准测量方法手册			1992 年 4 月 9 日
CESMM4：Civil Engineering Standard Method of Measurement 第四版土木工程标准测量方法			2012 年 4 月 30 日
CESMM4: Carbon and Price Book 2013 CESMM4：2013 碳价和建筑价格目录			2012 年 12 月 14 日
CESMM4：Examples 第四版土木工程标准测量方法示例			2014 年 7 月 23 日
Estimator's Pocket Book 造价师手册	Routledge	人文社会科学学术书籍、期刊和在线资源的全球出版商，每年出版数以千计的书籍和期刊，为世界各地的学者、教师和专业社区提供服务	
Construction Project Manager's Pocket Book 项目经理手册			2015 年 2 月 19 日 2013 年 5 月 17 日
Building Construction Handbook 建筑施工手册			2016 年 4 月 4 日
Estimating and Tendering for Construction Work 建筑工程预算与招标			2016 年 7 月 22 日
Quantity Surveyor's Pocket Book 工料测量师手册			2017 年 3 月 16 日
Architect's Pocket Book 建筑师手册			2017 年 4 月 20 日
Quantity Surveyors Fees 2017 2017 工料测量师费用	The Fees Bureau	为建筑业专业人员和采购人员提供了深入研究，及时和相关的业务经营数据，同时与费用局与英国皇家建筑师学会有着密切的业务联系	2017 年 1 月 2 日
M&E Services Engineers Fees 2017 2017 机电工程师费用			2017 年 1 月 3 日
Engineers Fees 2017 2017 工程师费用			2017 年 1 月 4 日
Architects Fees 2017 2017 建筑师费用			2017 年 1 月 6 日
Architects Fees-Minor works 2017 2017 小型工程建筑师费用			2017 年 1 月 5 日
Law & the Built Environment 法律与建筑环境	John Wiley and Sons Ltd	是科学、技术、医学和学术研究、专业发展、教育领域和内容支持工作流解决方案的全球提供商	2010 年 12 月 31 日
Willis's Elements of Quantity Surveying 工料测量要素			
Willis's Practice and Procedure for the Quantity Surveyor（13th Edition） 工料测量师的步骤和程序（第十三版）			

七、造价数据库

英国十分重视已完工程数据库资料的积累和数据库的建立❶，每个皇家测绘师学会会员都有责任将自己经手的已完工的工程造价资料，按照规定收录入学会数据库，所有会员拥有利用数据库资料的权利也有要进行资料共享的义务。英国政府投资的工程从确定投资和控制工程项目规模及造价的需要出发，作为各部门向国家申报投资、控制规划设计、确定工程项目规模和投资的基础，审批立项、确定规模和造价限额的依据。各部门大都制订各种建设标准和造价指标，并且要经财政部门认可，这些不仅为测算各类工程的造价指数提供基础，同时也为工程在没有设计图纸及资料的情况下，提供类似工程造价资料和信息参考。在英国，对工程造价的调整及价格指数的测定、发布等有一整套比较科学、严密的办法，如政府部门发布《工程调整规定》和《价格指数说明》等文件。

八、企业造价信息

企业造价信息是指大多数测量师行、咨询公司和一些大型的工程承包商发布的造价信息。大多数英国建筑业企业都非常注重实际的工程造价信息收集和积累，作为公司重要的无形资产，严格保密。企业通常设立专门的信息收集处理中心，负责收集、整理各种造价信息。通过分析、总结公司所承接工程实际发生的各种造价数据，积累并生成公司内部的造价信息数据库，编制近期工程造价信息和分析表，供公司内部使用，同时向社会有偿提供工程造价信息服务。这些数据来源于实际工程，同时又建立在社会公共造价信息的基础上，既客观反映企业实际状况，又贴近市场，是准确确定工程造价的重要保证。一些较大规模的测量师行和工程承包商积累的工程造价信息有多年的历史，有力地促进了企业的可持续发展。比如英国的大多数测量师行、咨询公司［如英国阿特金斯集团（Atkins），海德工程咨询公司（Hyder Consulting）］和一些大型的工程承包商［如鲍维斯林德（Bovis Lend Lease），鲍佛贝蒂公司（Balfour Beatty plc）］都会收集并发布造价信息，并建立企业自身的价格信息库，这是企业投标报价的重要依据。承包企业的信息一般供公司内部使用，不对外公布，并作为企业的重要机密严格保密。咨询机构的信息同时向社会有偿提供工程造价信息服务。这些信息大都以市场价格为基础，并贴近于工程实际，是准确确定工程造价的基础。

九、其他计价依据

英国造价管理服务会用到多种文件及工具。RICS 的技术标准和指南涵盖了执业实践的所有领域，其内容包括：专业声明、实践准则、指南手册和信息文件。RICS 是国际公认的制定和推行国际标准的领军力量，其发布的建筑成本信息服务和价格手册，具有很高使用率。新

---

❶ RICS 已完工工程数据库资料来源：http://www.rics.org/us/knowledge/market－analysis。

测量标准虽然是最近才引进的，却越来越流行。RICS 出版的黑皮书分为 51 个专业，包括了建设工作程序、工程设计及设计经济学、采购与招投标、合同管理（含合同类型选择、合同文件编制等）、施工阶段成本管理和其他指南及信息等。按地域适用性，黑皮书的专业指南又分为两种类型：一是适用于英国及英联邦国家特定司法环境的标准文件，如工期延误的损失、工程一切险等；二是全球通用的理念，包括成本分析与指标优化、现金流预测、变更评估等。黑皮书是为工料测量和建造业专业人士量身定做的优秀技术标准。

合同审定联合会、美国经济委员会和国际咨询工程师联合会的 JCT、NEC、FIDIC 等标准合同范本也是造价管理的参考文件。

第六章　英国电力工程招投标阶段造价管理

英国工程发承包主要选用 JCT、NEC 和 FIDIC 合同标准格式。英国财政部针对政府工程采购颁布了一系列既有法规性，也有一般指导性的相关文件和操作规程，作为政府机构发包工程时遵循的规则或参考。

本章主要介绍英国电力工程招投标阶段造价管理的主要内容，包括常用的合同范本、工程项目的发承包模式、招投标的方式和流程以及投标报价的形成，并站在招投标双方的角度，介绍在这一阶段涉及的主要工作，为对英国电力工程感兴趣的投资者、建设者进行工程发承包提供参考。

第一节　常用合同范本

英国合同范本种类繁多，大致可分为适用于一般建筑、土木工程、政府项目及特殊用途的合同。在众多的合同中，常用的包括 JCT、NEC、AIA、FIDIC 合同条件等，常见合同范本如表 6-1 所示。

表 6-1　　　　　　　　　　　英国常用合同范本一览表

出版机构	简称	主要文件类型以及使用范围
合同审定联合会（JCT）	JCT2005	标准房屋合同（Standard Building Contract，分为有工程量、有估计工程量和无工程量三种）；设计－建造合同（Design and Build Contract）；大型工程施工合同（Major Project Construction Contract）；中型施工合同（Intermediate Building Contract）等
英国土木工程师学会（ICE）	ICE7	主要适用于土木工程项目。FIDIC 合同早期版本的制定参照了 ICE 合同
	NEC3	为了适应现代工程管理的需要而于 20 世纪 90 年代初创立的新型合同范本。最为显著的特点是引入了伙伴关系的概念
英国咨询建筑师协会（ACA）	PPC2000 SPC2000 TPC2005	为建立伙伴关系而专门制定的一系列合同范本
	ACA	基本合同范本，常为私营开发商采用
英国政府出版机构（HMSO）/公共部门资料办公室（OPSI）	GC/Wks	用于所有政府建筑和土木工程项目，包括适用于工程建设各个方面的一系列合同范本，编号从 GC/Wks/1 到 GC/Wks/11。最新版本是 1998 年到 2000 年之间出版的

英国皇家特许测量师学会定期对各类合同范本的使用情况进行调查。其中，2004 年的调查结果显示，无论从使用数量还是合同总额看，JCT 都是在英国使用最为广泛的合同范本。此外，新型的合同形式如 NEC 等也开始得到一定程度使用。在国际范围内，FIDIC 合同范本的使用则是最为广泛的。英国各类合同范本使用情况见表 6-2。

表 6-2　　　　　　　　　　英国各类合同范本使用情况

合同范本系列	使用百分比 （单位：%，按照合同数量计算）	使用百分比 （单位：%，按照合同总额计算）
JCT	78	71
GC/Works/PC/Works	1	6
ICE	1	1
NEC	7	13
ACA PCC2000	2	6
其他标准合同范本	3	1
其他合同形式	8	3

一、JCT 合同范本

（一）JCT 合同范本简介

联合合同委员会（Joint Contracts Tribunal，JCT）先后发布了多种标准合同文本，1909 年发布第一版，最新版 JCT 合同范本发布于 2016 年。

JCT 章程对"标准合同文本"的定义为："所有相互一致的合同文本组合，这些文本共同被使用，作为运作某一特定项目所必需的文件。"这些合同文本包括：顾问合同；发包人与主承包人之间的主合同；主承包人与分包人之间的分包合同；分包人与次分包人之间的次分包合同的标准格式；发包人与专业设计师之间的设计合同；标书格式，用于发包人进行主承包人招标、主承包人进行分包人招标，以及分包人进行次分包人招标；货物供应合同格式；保证金和抵押合同格式。JCT 的工作是制作这些标准格式的组合，用于各种类型的工程承接。

（二）JCT 合同范本的分类和特点

1. JCT 合同范本的分类

2016 年版 JCT 合同范本包含有一系列的范本供用户选择使用，详细分类见表 6-3。

（1）主要项目施工合同（MP）。适用于大型工程项目，同时也适用于公共和私人部门。

（2）标准建设合同（SBC）。标准建设合同（SBC）包括带近似工程量的标准建设合同（SBC/AQ）和不带工程量的标准建设合同（SBC/XQ）。前者用于代表业主进行设计及（或）细化的大型工程，当中的合同条款需要细化，并且业主要向承包商提供图纸；在没有足够时间编制用于制作精确工程量清单的详细图纸的情况下，使用近似工程量确定工程的数量及其性质，该项取决于再次测量的结果。后者用于代表业主进行设计及（或）细化的大型工程，当中的合同条款需要细化，并且业主要向承包商提供图纸；在复杂程度上不需使用工程量清单的工程，可以使用规范或工程进度表来确定工程的范围及其性质。

（3）其他 JCT 合同。除上述两种合同格式，JCT 的合同格式还包括：

1）大型工程建设合同（MW）；

2）中型工程建设合同（IC）；

3）设计施工合同（DB）；

4）施工管理协议（CM/A）；

5）管理建筑合同（MC）；

6）已测量项目合同（MTC）；

7）首要成本建设合同（PCC）；

8）修缮和维护合同（RM）；

9）优质工程合同（CE）；

10）屋主合同（HO）。

2. JCT 合同范本的特点

JCT 合同格式具有以下特点：

（1）建筑师角色的两重性。

一方面，建筑师由发包方委任并付薪。在某种目的情形下，建筑师作为一个代理人，完全代表发包方的利益进行诸如发布指示来修改工程的活动。作为发包方的代理人，适用民法上关于代理人的法律规定。另一方面，在其他情况下，建筑师依合同以独立的职业理念，负有作出决定或提出观点的职责，而不偏袒任何一方。如果承包方对于建筑师所作出的决定不满意，可以要求建筑师提供作出此项决定的相关信息，并可依合同提起争议解决程序，即交由仲裁人裁决，或通过法院诉讼解决，但在原材料的质量或工艺标准等方面，建筑师可以依据合同条款作出最终证书。如果在最终证书作出后的 28 天内承包方和发包方未提起争议程序，则应当遵守最终证书的决定❶。

（2）保护发包人（业主）的利益。

JCT 合同的文本由 JCT 组织起草。JCT（The Joint Contracts Tribunal）是由英国十几家与建筑有关的协会组成的民间组织，包括英国皇家建筑师学会（RIBA）、英国皇家注册测量师学会（RICS）、英国咨询工程师协会、建筑业主联合会（Building Employers Confederation），以及地方当局负责人和分包商的代表等。在英联邦体系下，JCT 合同文本是由建筑业各参与方经过反复讨论，并由各自在 JCT 的代表同意后颁发的，所以在招标及合同谈判时双方只需

---

❶ 马浩雄. JCT 合同在国内房地产开发市场的应用研究［J］. 中国科技纵横，2013（11）.

对专用条款进行商谈，无须再就通用条款进行谈判；同时，合同对违约规定细到毫厘，违反合同约定比较容易确定，违约处罚内容绝大多数是针对承包商的❶。JCT2016 合同范本见表 6-3。

表 6-3   JCT2016 合 同 范 本

序号	名称	包含的合同文件		适用范围
1	标准建筑合同 Standard Building Contract	主合同	含工程量的标准建筑合同（SBC/Q）	大工程，雇主向承包商提供图纸和工程量清单
			无工程量的标准建筑合同（SBC/XQ）	大工程，雇主向承包商提供图纸和规范
			具有近似工程量的标准建筑合同（SBC/AQ）	大工程，雇主向承包商提供图纸和近似的工程量清单，以重新测量的结果为准
		分包合同	标准建筑物分包合同（SBCSub/A）标准建筑分包合同条件（SBCSub/C）具有分包商设计协议的标准建筑分包合同（SBCSub/D/A）标准建筑物分承包商设计分包合同条件（SBCSub/D/C）	
		简明分包合同（ShortSub）		
		再分包合同（SubSub）		
2	中型工程建设合同 Intermediate Building Contract	主合同	中型工程建设合同（IC）	详细程度介于 SBC 和 WM 之间；雇主负责设计
			含承包商设计的中型工程建设合同（ICD）	同 IC；承包商独立负责部分设计
		分包合同	中型工程分包合同（ICSub/A）含分包商设计协议的中型工程分包合同（ICSub/D/A）中级分包商/雇主协议（ICSub/NAM/E）中间分包合同条件（ICSub/C）具有分包商设计的中间分包合同条件（ICSub/D/C）中级指定的分包合同投标和协议（ICSub/NAM）中级指定的分包合同条件（ICSub/NAM/C）	
		简明分包合同（ShortSub）		
		再分包合同（SubSub）		
3	小型工程建筑合同 Minor Works Building Contract	主合同	小型工程建筑合约（MW）	工程性质简单；雇主负责设计
			小型工程含承包商设计（MWD）	工程性质简单；承包商独立负责部分设计
		分包合同	含分包商设计的小型工程分包合同（MWSub/D）	
		小型工程建筑合约（MW）追踪变更文件 小型工程与承包商设计（MWD）追踪更改文件建立合同		
		简明分包合同（ShortSub）		
		再分包合同（SubSub）		
4	重大项目建设合同 Major Project Construction Contract	重大项目建设合同（MP）		大型工程；承包商要同时完成施工和设计工作
		重大项目分包合同（MPSub）简明分包合同（ShortSub）再分包合同（SubSub）		

❶ 马浩雄. JCT 合同在国内房地产开发市场的应用研究 [J]. 中国科技纵横，2013（11）.

续表

序号	名称	包含的合同文件		适用范围
5	设计、施工合同 Design and Build Contract	主合同	设计、施工合同（DB）	雇主提供详细的要求；承包商负责施工和设计
			设计和建造合同指南（DB/G）	
		分包合同	设计和建立分包合同（DBSub/A） 设计和建设分包合同条件（DBSub/C）	
		简明分包合同（ShortSub）		
		再分包合同（SubSub）		
		设计和建立分包合同指南（DBSub/G）		
		设计和构建合同（DB）跟踪更改文档		
6	建设管理合同 Management Building Contract	管理建筑合同（MC）		雇主负责设计但无法在开工时提供充分的设计方案； 管理承包商管理合同
		管理合同协议（MCWC/A）		主合同是 MC，用于分包工程
		管理工程承包商/雇主协议（MCWC/E）		主合同是 MC，用于雇主和承包商
		管理工程合同条件（MCWC/C）		主合同是 MC，用于分包工程
		简明分包合同（ShortSub） 再分包合同（SubSub）		
7	施工管理合同 Construction Management Contract	施工管理预约（CM/A）		项目经理代表雇主管理项目
		施工管理贸易合同（CM/TC）		承包商在 CM/A 下从事施工管理
		再分包合同（SubSub）		
8	JCT.CE 合同 JCT.CE Contract	JCT.建立卓越合同（CE）		建设工程和相关设备的采购
		JCT.建立卓越合同项目团队协议（CE/P）		与 CE 配合使用，项目小组成员之间盈亏共负的协议
9	测量期合同 Measured Term Contract	测量期合同（MTC）		经常性的维护工程和小型工程；工程被要求测量和估价
		简明分包合同（ShortSub） 再分包合同（SubSub）		
10	主要成本建造合同 Prime Cost Building Contract	优质成本建造合同（PCC）		工程建设在简要的规范和估算的成本的基础上实施
		简明分包合同（ShortSub） 再分包合同（SubSub）		
11	修复和维护合同 Repair & Maintenance Contract	维修和保养合同（RM）		修复和维护建筑的工作；不任命独立的合同管理者
		简明分包合同（ShortSub） 再分包合同（SubSub）		
12	房主合同 Home Owner Contracts	为没有聘请顾问监督工作的房主/租户签订合同（HO/B）		该合同没有指定顾问来管理合同的房主/占用人。客户直接与承包商进行交易。 适用于小型建筑工程，如扩建和改建
		建筑承包商和顾问协议（HO/C 和 HO/CA）		该合同房主/占用者已经指定了一个顾问代表他们管理合同。 适用于小型建筑工程，如扩建和改建

二、NEC 合同范本

（一）NEC 合同范本简介

NEC 合同示范文本由英国土木工程师协会制作，于 1993 年首次出版。第三版（NEC3），即最新一版的范本于 2005 年出版。NEC 合同格式的优点在于可读性强，操作性好，在英国及英联邦国家得到了广泛使用，且其影响范围仍在不断扩大。

（二）NEC 合同范本的分类和特点

1. NEC 合同范本的分类

为适用合同各方之间不同的关系，NEC 合同包括了以下不同系列的合同文件：

（1）工程施工合同。用于业主和总承包商之间的主合同，也被用于总包管理的一揽子合同。

（2）工程施工分包合同。用于总承包商与分包商之间的合同。

（3）专业服务合同。用于业主与项目经理、监理工程师、设计师、测量师、律师、社区关系咨询师等之间的合同。

（4）裁判者合同。用来作为雇主和承包商（联合在一起）与裁决人订立的合同，也可以用在使用工程施工分包合同的分包合同中和新工程合同中的专业服务合同中。

2. NEC 合同范本的特点

NEC 合同具有以下特点：

（1）灵活性。NEC 施工合同可用于诸如土木、电气、机械和房屋建筑工程的施工等传统领域，也可用于承包商承担部分、全部设计责任或无设计责任的承包模式。NEC 施工合同同时还提供了用于诸如目标合同、成本偿付合同等不同合同类型的常用选项。NEC 施工合同也适用于除英国外的其他国家。这些特点是通过以下几个方面来实现的：

1）合同提供了 6 种主要计价方式的选择，可使业主选择最适合其具体合同的付款机制；

2）具体使用合同时，次要选项与主要选项可以任意组合；

3）承包商可能设计的范围从 0%～100%，可能的分包程度从 0%～100%；

4）可使用合同数据表，形成具体合同的特定数据；

5）针对特殊领域的特别条款从合同条件中删除，将它们放入工程信息中。

（2）清晰和简洁。NEC 施工合同是一份用通俗语言写成的法律文件。该文件尽可能地使用常用词以便人们容易理解，而且容易被翻译成其他语言。NEC 施工合同的编排和组织结构有助于使用者熟悉合同内容，更重要的是精确地定义使用合同的当事人的行为，这样对于谁做以及如何做的问题就不会有太多争议。NEC 施工合同是根据合同中指定的当事人将要遵循的工作程序流程图起草的，有利于简化合同结构，除此之外，重要的一点是合同所使用的条款数量和正文篇幅比许多标准合同要少得多，且不需要、也没包含条款之间的互见条目。

（3）促进良好的管理。这是 NEC 施工合同的最重要的特征。NEC 施工合同的理念在于各参与方有远见、相互合作的管理能在工程内部减少风险，其每道程序都专门设计，使其实施有助于工程的有效管理。主要体现在：

1）允许业主确定最佳的计价方式；

2）明确分摊风险；

3）早期警告程序，承包商和项目经理有责任互相警告和合作；

4）补偿事件的评估程序是基于对实际成本和工期的预测结果，从而选择最有效的解决途径。

三、FIDIC 合同格式

（一）FIDIC 合同格式简介

从历史上来说，国际工程师联合会（Fédération Internationale Des Ingénieurs-Conseils，FIDIC）成立于 1913 年，由法国、比利时、瑞士等国发起。英国于 1949 年、美国于 1958 年加入成为会员国，现有会员国 68 个。

自 1957 年首次正式发布《土木工程施工合同条件》（红皮书第一版）以来，FIDIC 紧跟国际工程市场和商务模式发展和变化，大约每十年会对其已有的合同范本进行修订更新，并适时增加编制新型合同范本，逐步形成了独具特色的 FIDIC 合同体系，被广泛地用于国际工程承包和咨询市场，并在国际工程界具有巨大的影响力[1]。此外，FIDIC 合同条件在国际工程承包招标采购方面也是应用最广，影响最大的国际通用合同条件之一，已成为国际土木建筑行业的具有国际权威的标准范本。

（二）FIDIC 系列合同的分类和特点

根据合同的性质，FIDIC 出版的合同范本包括两大类：一类是工程合同范本，即用于业主与承包商之间以及承包商与分包商之间的合同范本（简称工程合同）。另一类是工程咨询服务合同范本，主要用于咨询服务公司与业主之间以及咨询服务公司之间等签订的咨询服务协议或合作协议（简称咨询服务合同）。具体分类如图 6－1 所示。截至 2017 年，FIDIC 一直在补充、修改、更新原来的范本。为了满足市场发展的需要，也增加或计划增加编制新型的合同范本，如与 PPP 项目相关的合同或文件。

从合同性质来看，FIDIC 不仅出版工程承包合同，也编制出版工程咨询合同；从承包模式看，不仅编制施工合同，也编制工程总承包合同（P－DB/EPC）以及 PPP（DBO）合同；从编制思想上看，其合同范本不仅仅体现出严谨的法律思维，而且也正在向实用型的"项目管理思维"转变。

---

[1] FIDIC 合同体系发展 60 年：1957 到 2017.天津大学全球工程经营学科交叉平台、天津大学一带一路与 PPP 研究中心．2017.10。

除了对 1999 年版合同修订外，FIDIC 正在计划或编制以下合同范本，以满足国际工程市场的需要：

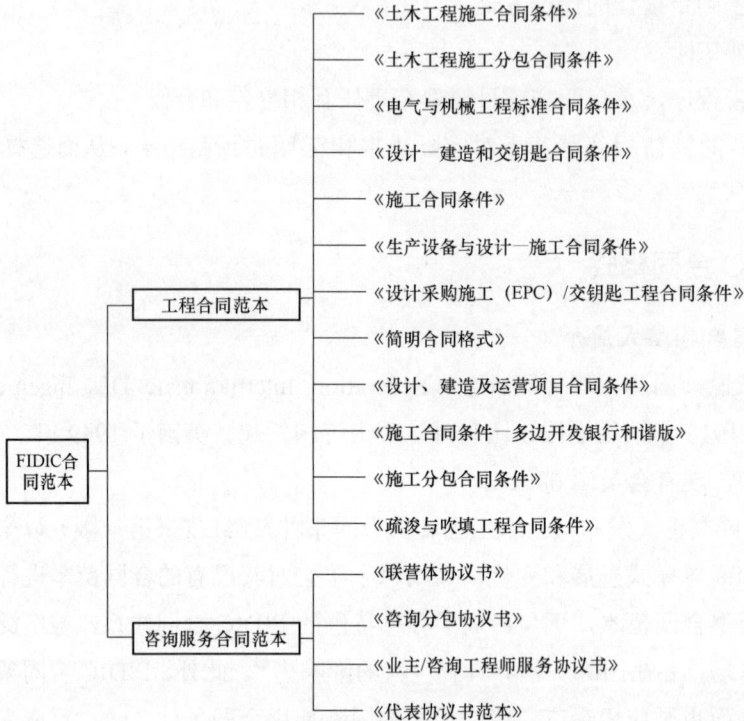

图 6-1　FIDIC 合同体系分类图

编制新的《设计—建造分包合同》（New Design-Build Subcontract），与新黄皮书设计-建造合同配套使用。

编制新的《隧道作业与地下工程合同》（New Tunneling and Underground Works），专门用于对地质复杂的工程项目。

编制新的《运营—设计—建造—运营合同》（Operate-Design-Build-Operate Contract，简称 ODBO），用于已有旧项目改扩建和运营，构成现有适用于新项目的 DBO 合同的姊妹篇。

除了上述合同之外，FIDIC 也正在考虑是否单独编制下列合同范本：

《离岸风电项目合同》（Contract for Off-shore Wind Projects）；

《可再生产业合同》（Contract for Renewables Industry）。

FIDIC 合同在国际工程中得到了广泛的应用，其最大特点是：程序公开、公平竞争、机会均等。另外，具有国际性、通用性和权威性。这种公平、开放及高度透明的工作原则也符合世界贸易组织采购协议的原则。但是，FIDIC 坚持要形成买方市场，主张在"买"（业主）

"卖"（承包商）双方的交往中，利用经济约束手段，维系对买方的有利条件。从这个方面来看，FIDIC 合同也就没有绝对的平等而言。

第二节 工程项目发承包模式

英国的工程发承包可分为两大类：传统方法和非传统方法（见表6-4）。

表6-4 　　　　　　　　　　　英国工程发承包方式

发承包类型	发承包方式
传统发承包方式	1. 总价发包（有工程量、估计工程量和无工程量3种）
非传统发承包方式	2. 设计建造一体化
	3. 成本补偿
	4. 管理承包
	5. 项目管理
	6. 单独合同
	7. 建造一运营一移交（BOT）及公私伙伴关系（PPP/PFI）
	8. 伙伴关系（Partnering）
	9. 其他采购方式（"快速轨道"、确定期限、协商合同、系列招标及延续合同）

一、传统发承包方式

传统的总价合同多使用单阶段选择性招标（Single stage selective tendering）。招标之后，总承包商与业主之间签订的合同可为下列任一种总价合同。

（1）有工程量；

（2）近似工程量；

（3）无工程量。

最为常用的总价方式是前两种，即有工程量合同和近似工程量合同。前者主要用于房屋建筑工程而后者主要用于土木工程。无工程量合同大多用于小型工程或小额维修工程。

业主与总承包商之间所签订的合同称作主合同。参与工程采购的各方包括建筑师、结构工程师、设备工程师、工料测量师；主承包商、分包商、指定分包商；供应商、指定供应商；设备租赁商。指定供应商和指定分包商多出现于有工程量和近似工程量总价合同，而在无工程量总价合同中一般不予指定。在传统合同中，总承包商不承担任何设计责任，除非合同中特别要求他承担某部分工程的设计责任，设计责任由建筑师、工程师及有部分设计责任的指定分包商或供应商承担。

二、非传统发承包方式

（一）设计—建造（Design-Build）

该词常与"一揽子工作"和"交钥匙"（Turnkey）替换使用，具有以下特点：

（1）由总承包商承担设计和施工的双重责任，总承包商应具有完成设计、施工的整体能力；由总包商与供应商、设备租赁商和分包商签订合同。

（2）业主仅需要找单一总承包商来负责设计与施工；业主可雇佣建筑师和项目经理协助其完成工作。

（二）成本补偿（Cost Reimbursement）

成本补偿合同用于业主按已实施工程实际成本进行支付的情况。这种方式适用于大型维修及翻新工程，因为此类工程较难在施工前确切估算成本，如建筑物由于多年失修，虽然施工前可作初步维修方案设计，却不可能准确估算工程量从而估算成本，而具体需维修的地方多在施工后才逐步相继出现，所以对承包商做出成本补偿再加付金比较合理。成本补偿合同在通常情况下对资金有限的业主不适用，因为通常在施工期间这种安排存在更大的成本增加风险。

（三）管理承包（Management Contracting）

业主委托管理承包商管理项目，管理承包商在专业咨询顾问合作下，对工程进行计划管理、协调和控制。工程的实际施工由分包商或各单独承包商承担。

（四）项目管理（Project Management）

当一个大业主在同一时期内有多个在建项目，并且各项目处于不同实施阶段时，就需要项目经理，他所需执行的多种职能超出了建筑师以往主要承担的设计、联络和检查的范围。项目经理需要对某个项目全程负责，其主要任务包括编制项目任务书，控制预算、排除法律与行政障碍，筹集土地资金，同时使设计者、工料测量师和承包商的工作科学协调的进行，并在适当的时候引入指定分包商的合同和任何专业建造商的单独合同，推动项目顺利进行。由业主代表（即项目经理）负责项目全面管理的 BPF（英国财产联合会）采购方法就是一个实例。

（五）单独合同（Separate Contracts）

单独合同要求建筑师设计工程以符合业主的需要，并且代表业主同多个单独的承包商进行合同安排。这种方法已不普遍，现在多由总承包商（主包商）承担起所有业建造商和其他分包商工作的计划、组织和控制。

（六）BOT/PP/PFI

BOT（建造—运营—移交）这种方法是业主（如政府）允许承包商建设然后运营（如收

取穿过海底隧道的收费）一段有限的时间，再把产品（隧道）的权移交给业主（如政府）。这种采购方法也许要求承包商（通常由联合财团支持）提供项目的部分资金，业主也通常要为项目的融资从国际货币市场取得银行财团货团贷款（Syndicated Loan），并由政府担保（有这种安排是由于采用 BOT 的项目通常是大型的基础设施开发项目）。

随着项目融资的发展，公私伙伴关系（Public-Private Partnerships，PPP）的采购方法在英国得到广泛的应用，从项目的融资、设计、施工、运行、维修到特许经营。在 PPP 的采购方法中，英国政府最常使用的是在 1992 年提出的私人主动融资（Private Finance Initiative，PFL）。私营企业和私有机构组建的项目公司具体负责 PFI 项目的融资、设计、开发和建造，而筹建工作由政府根据实际需要发起。

（七）伙伴关系（Partnering）

Partnering 方法多用于项目的采购过程中，并在业主方、承包方、设计方、供应商等各参与者之间签订伙伴关系的协议，从而有效解决业主对进度、成本、质量的要求，增强企业竞争力，改善项目各参与方的关系，营造一个相互信任、彼此尊重、互惠互利的优良工作氛围，进而提高利润空间。

第三节　工程招投标方式和流程

英国电力工程项目以 EPC 承包模式居多，从业主是否要求技术标与商务标同时提交来看，选择 EPC 承包商的过程大致分为单阶段选择法（Single-stage Option）与两阶段选择法（Two-stage Option）。这两种方法基本上可以分别适用于公开招标、邀请招标以及议标三种选择方式。下面以招标为例说明采用单阶段法与两阶段法选择 EPC 承包商的全过程。

一、单阶段选择法（Single-stage Option）

单阶段选择法是指总承包商将技术标与商务标同时提交给业主。根据技术标与商务标是否单独包装，单阶段选择法又分为单信封招标方式（One-envelope Option）与双信封招标方式（Two-envelope Option）。

（一）单阶段单信封（One-envelope）招标方式[❶]

单阶段单信封招标方式是指总承包商的技术标与商务标一起提交给业主并且装在同一袋中的方式，通常被称为"单信封"方式。单阶段单信封招标一般采用公开竞争性招标方式，适用于设计相对简单、变化不会太大的情况。项目开标时，技术标与商务标同时开标，即投标报价连同备选方案当众公开宣读并加以记录。评标中，一般从响应标中选择最低标中标。

---

❶ 张水波，陈勇强. 国际工程总承包 EPC 交钥匙合同与管理［M］. 北京：中国电力出版社，2009.

此种方式通常要求先进行资格预审，以便选拔技术实力强的公司参加投标。单阶段单信封招标流程如图 6-2 所示。

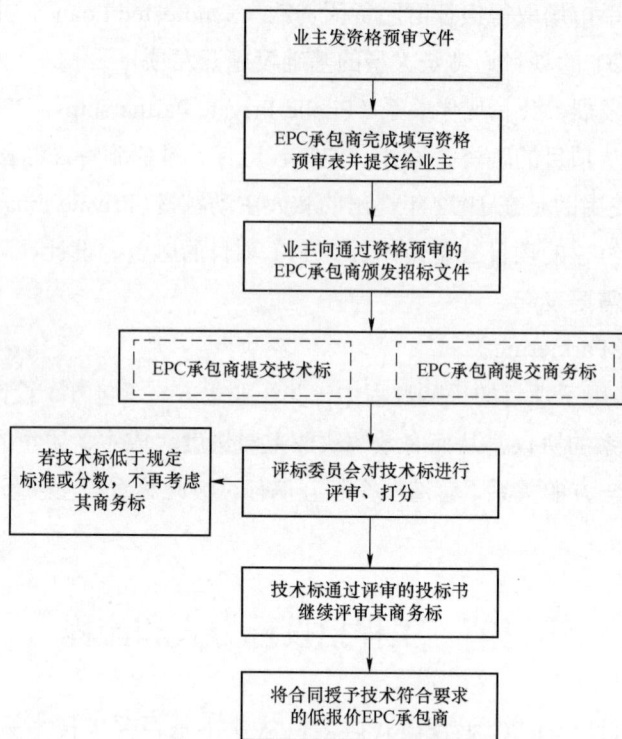

图 6-2　单阶段单信封招标流程图

（二）单阶段双信封招标方式❶

　　单阶段双信封招标方式是指总承包商将技术标与商务标同时提交业主，但技术标与商务标分别装在单独的信封中。开标时，技术标与商务标也有不同的开标时间。首先，根据资格文件对总承包商的资格进行技术、财务、经验等方面的审查，初步筛选符合标准的承包商入围。业主可以要求投标者对有一定偏差的技术标进行修改，以保证技术标符合工程和业主的要求，然后再进行技术标的评比。对于金融机构贷款项目，业主需要将技术标评比结果报该机构审批，贷款机构批准后业主可对商务标开标。根据业主的具体要求，可以采用最低标中标法或者技术标与商务标综合法（即技术标与商务标总分高者中标）。单阶段双信封方式主要适用于含有大量机电设备的项目和工业厂房，但需要先进行技术评价来确保投标者的技术方案的可行性，因为这些项目对于其中的机电设备的设计方案的选定有很大的灵活性，不同的投标者提出的技术方案不太一样，有的投标者甚至提出替代方案。在这类方式下，业主采用邀请招标邀请知名企业前来投标，因此很多情况下直接进行资格后审，即总承包商的资格文件调查表包含在招标文件中一起颁发给总承包商，在总承包商填写后随投标文件一起提交给

---

❶ 张水波，陈勇强. 国际工程总承包 EPC 交钥匙合同与管理［M］. 北京：中国电力出版社，2009.

业主。单阶段双信封招标流程如图6-3所示。

在单阶段方式中，业主更重视商务价格，即在EPC承包商的技术标满足工程要求的前提下，商务标将成为决定其中标与否的核心因素。

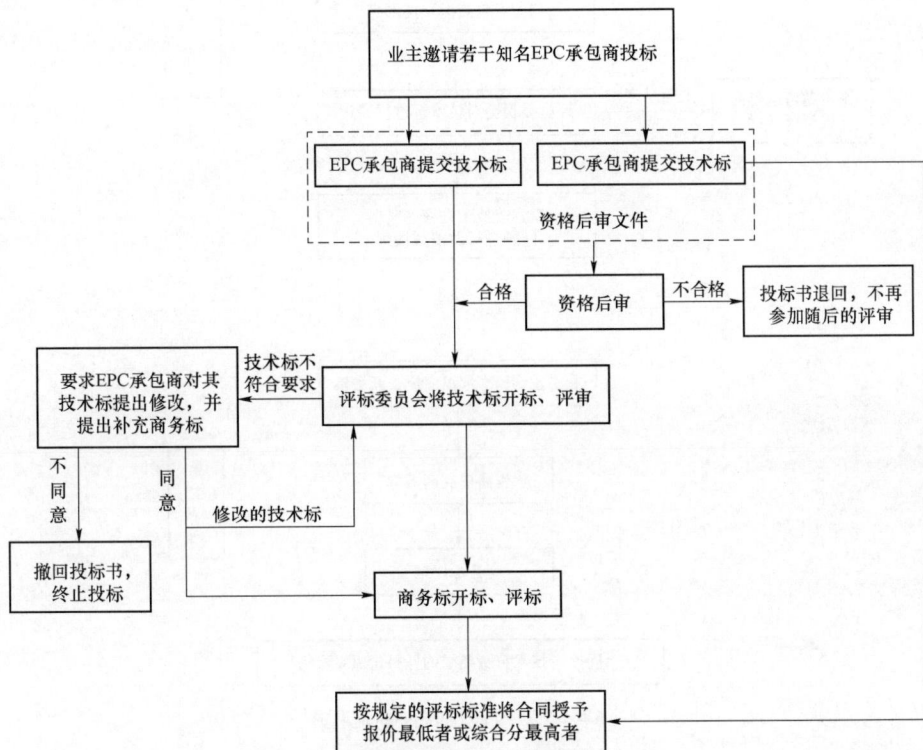

图6-3 单阶段双信封招标流程图

二、双阶段选择法（Two-stage Option）[1]

双阶段选择法通常适用于业主前期工作不太深入，对拟建的项目只有一些基本要求，不能明确项目的技术方案与标准的项目，因此需要通过招标，利用总承包商的技术力量来提供此类标准与技术方案的情形。

双阶段选择法的具体步骤是：业主邀请大型知名总承包商先提交技术标，先对技术标进行评审。由于招标文件对技术方面要求较低，会造成此类技术澄清会会举办多次，因此评标时间较长。技术标评审结束后，业主会从中选择几家总承包商，邀请其投递商务标。采用此方法一般不进行资格预审，甚至不进行资格后审。由于总承包商投标此类项目的工作量很大，投标费用也比较高，因此邀请递交技术标的总承包商数目一般为3～5家为宜，否则对优秀的总承包商没有太大的吸引力，导致技术标的质量不高。双阶段选择法的流程如图6-4所示。

[1] 张水波，陈勇强. 国际工程总承包EPC交钥匙合同与管理［M］. 北京：中国电力出版社，2009.

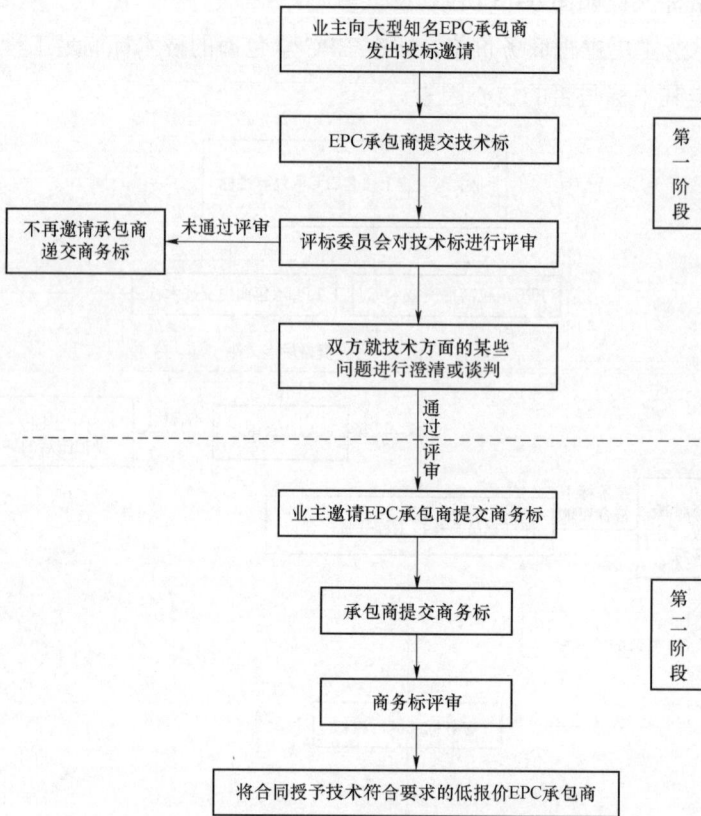

图 6-4　双阶段选择法的流程图

第四节　工 程 投 标 报 价

一、投标价格汇总（tender price summary）

NRM2 为建设工程合同价格提供了很好的基础，可以用于编制造价文件。运用成本计划框架的优点是总承办商的投标报价的费用构成可以与成本计划的形式相同，这样便很容易获得投标书中投标评审结论中的投标成本分析。

英国工程项目投标价格由 9 项费用构成，具体费用构成示例如表 6-5 所示。

表 6-5　　　　　　　　　　　　英国工程投标费用构成汇总

序号	分　项
1	总承包商开办费（main contractor's preliminaries.summary）
2	建筑工程费（building works），包括建筑工程服务（including building engineering services）
3	暂定金额（provisional sums）

续表

序号	分　项
4	总承包商管理费和利润（%）
5	总承包商的提前施工服务（pre.construction services）
6	总承包商的调查费（survey charges）
7	总承包商的设计和施工风险（design and construction risks）
8	总承包商的固定价格加成（fixed price addition）（%）
9	负责人的调整（director's adjustment）
	总投标价格（和价格选择）不包括增值税（Total tender price, exclusive of VAT）

二、投标报价

（一）总承包商开办费

总承包商开办费对于建设项目总造价而言是一项重要的构成部分，该项费用直接受施工方法的影响。总承包商开办费的造价核算在造价计划中是一个反复的过程。成本计划 1 对总承办商开办费的估计基于已有类似项目造价数据中的费率进行计算。成本计划 2 和成本计划 3 确保之前制定的成本目标的充分性，同时对总承包商开办费进行全面的成本核算是很有必要的。总承包开办费的计算公式如下：

承包商开办费估价＝建筑工程估价×总承包开办费占的比例

总承包商开办费的内容分解如表 6-6 所示。

表 6-6　　　　　　　　　　　总承包商开办费

招标者说明（note for tender）：
1. 招标人设定了总承包商的开办费的总价格，总价格按照建设资金成本估算与成本规划规则进行计算。
2. 投标人的投标内容应该包含其投标全额以及详细的明细，由此来说明承包商总的开办费以及已经计算出来的每一个项的总的价格。
3. 投标人应附上投标文件中开办费投标价格每一项的详细价格。
4. 未明确确定投标的全面和项目的分项成本费用的应视为对项目的成本没有影响或者已经包含在投标人的价格中。

序号	描述	固定费用 fixed charge	可变费用 time.related charge
9.1	业主的需求		
9.1.1	工地生活设施		
9.1.2	施工现场记录		
9.1.3	竣工和提前竣工的需求		
9.2	总承包商的开办费用		
9.2.1	管理费和职工工资		
9.2.2	施工现场设施		
9.2.3	临时服务		
9.2.4	安全设施		

序号	描述	固定费用 fixed charge	可变费用 time.related charge
9.2.5	安全与环境保护		
9.2.6	控制和保护		
9.2.7	机械装置		
9.2.8	临时工作		
9.2.9	施工现场记录		
9.2.10	竣工和提前竣工的需求		
9.2.11	清理费		
9.2.12	费用及收费		
9.2.13	现场服务		
9.2.14	保险债券		
9.2.15	保证金		
	合计		

（二）建筑工程费用

建筑工程费用的投标报价，若在合同的工程量清单中给出了具体的工程分项和工程量，则采用单价的方式投标报价。单价中包括了承包商在此清单项目上的所有直接费用，即：人工费、材料费、机械使用费、设备和装材费等。报价的确定主要取决于承包商的生产效率与管理效率，以及要投入的生产要素的价格水平。根据以往类似工程的成本及工程经验确定生产消耗是常用的方法，生产要素的价格则主要参考市场行情。

EPC 合同的报价，设计部分，根据计划和进度编制设计、现场服务等需要的人工工时，结合本企业不同级别员工、工种的人工工时费率，来计算投标报价；对于采购部分报价，主要包括设备材料出厂价及运费等，则通过市场询价获得信息；对于施工报价，则主要在概念设计或初步设计的基础上进行工程量估算，再结合以往同类型工程信息或经验，按照市场价格标准进行报价。

（三）暂定金额

在 NRM 中有两种形式的暂定金额：确定项目暂定金额和不确定项目暂定金额。确定项目暂定金额按照和上述方法相同的方法测算报价。不确定项目暂定金额可以按照百分比进行估算。

（四）总承包商管理费和利润

总承包管理费可以根据预计的管理费投入来进行估算，也可通过分析以往工程的管理费用开支，测算成管理费率来进行使用。利润的确定主要取决于公司的项目策略以及项目竞争激烈程度，投标时也可按利率进行测算。以建筑工程估计和总承包商开办费之和为基数，乘以管理费和利润率估算出管理费和利润的报价。计算公式如下：

工程成本＝（总承包商开办费＋建筑工程费）×（1＋间接费率和利润率）

（五）总承包商的提前施工服务

施工总承包管理单位可以对完成一部分施工图进行招标，而不依赖完整的施工图。施工总承包管理模式在很大程度上可以缩短建设周期，可以通过施工总承包管理单位支付，也可以由业主直接支付。

（六）总承包商的调查费

总包商的调查费用可按照预计的人员投入结合工资率进行估算，也可按照以往工程数据提取百分率来进行估算。

（七）总承包商的设计和施工风险

风险费用包含设计风险费用、施工风险费用、业主变更风险和业主其他风险，各项风险费用的计算通过基础成本估算费用乘以相应的费率得出，各风险费用的计算公式如下：

设计风险：$R_1 = a \times p_1$；

施工风险：$R_2 = a \times p_2$；

业主变更风险：$R_3 = a \times p_3$；

业主其他风险：$R_4 = a \times p_4$

风险准备金总额的计算公式如下：

$$R_A = R_1 + R_2 + R_3 + R_4$$

式中　a——基础成本估计；

　　p_1——设计风险的风险准备金比例；

　　p_2——施工风险的风险准备金比例；

　　p_3——业主变更的风险准备金比例；

　　p_4——业主其他风险的风险准备金比例；

　　R_1——设计风险的风险准备金估计额；

　　R_2——施工风险的风险准备金估计额；

　　R_3——业主变更风险的风险准备金估计额；

　　R_4——业主其他风险的风险准备金估计额。

（八）总承包商的固定价格加成

总承包商的固定价格加成主要指通货膨胀费用，包括投标阶段的通货膨胀和建设阶段通货膨胀，投标通货膨胀期限是指从估价基准日到投标截止日的期限，投标通货膨胀通过运用一个简单的投标通货膨胀率来确定，投标通货膨胀的计算公式如下：

招标通货膨胀的数额是通过将招标通货膨胀的单一百分率乘以成本限额（不包括通货膨胀）来确定的。投标通货膨胀百分比（p）可以使用已公布的指数［即投标价格指数（TPI），建筑成本指数或零售价格指数］计算。

施工通货膨胀的数额是通过将施工通货膨胀的单一百分比率乘以成本限制（不包括施工

通货膨胀）来确定的。施工通货膨胀率（p）可以使用公布的指数［即投标价格指数（TPI），建筑成本指数或零售价格指数（RPI）］计算。施工通货膨胀估计值加上成本限额（不包括通货膨胀）得出成本限额（包括通货膨胀）。

（九）负责人的调整

此项费用按照投标策略，整体按照百分率进行调整。

英国电力工程常用合同类型包括 JCT 合同、NEC 合同和 FIDIC 合同。施工阶段造价管理的从承包商的角度主要包括承包商施工成本的管控，而对合同管理双方而言，则包括了工程变更、价格调整、索赔、测量与支付等。

英国电力工程承发包方式主要为 EPC 模式，采用总价合同，因而，测量与估价方面的内容较少，与工程造价管理相关的工作主要包括变更、物价调整和索赔。本章主要以英国常用的 JCT 和 FIDIC 合同条件为例，介绍电力工程施工阶段造价管理的内容，为对英国电力工程感兴趣的工程承包单位进行工程承包提供参考。

第一节　施　工　成　本　管　控

一、工程的成本管理系统[1]

英国的成本管理系统中，有两个重要的基本点：第一，编码方法详尽，所有成本必须根据某种编码进行分配；第二，必须保持一套成本标准，随时与所观测记录下的实际成本进行比较。对于小工程，这个标准可以是工程量表，但一份编制正确并经合理修改更新的合同预算是更好的标准。在一定程度上，工程项目的规模与复杂程度会影响到成本管理系统的选择，但上层管理层的态度和经验会带来更大的影响。根据管理方法不同可以分为按总利润或亏损额控制、按实际累计成本和工程计划价（包括保留金）比较、按单价控制、PERT/成本管理系统。

（一）按总利润或亏损额控制

工程完工后，将总工程结算款与包括人工、材料、分包、设备及管理费在内的各项费用总和进行比较。该系统仅适用于工程期限短、人工及设备较少的工程，因其提供的信息较少，只能用来避免工程在以后会再出现全局性的失误。

（二）对实际累计成本和工程计划价（包括保留金）比较

对实际成本的计算，需扣除已到工地尚未使用的材料费，并且加上已经使用但是还未入

---

❶ 何伯森. 工程项目管理的国际惯例［M］. 北京：中国建筑工业出版社，2007.

账的材料费。如果出现记账凭证的时间与已完工作价值时间不一致的情况，则需要进一步调整。这一系统的缺点在于没有进一步地分出不同工作的利润，只是对管理者指出需要引起重视的合同。

（三）按单价控制

分类记录了系统中的各种工作（比如搅拌混凝土与浇筑混凝土），用某一段时间内累计的成本除以同一段时间内各种工作的工程量，得到各种工作的单价，将此单价与投标书中的单价相比较，进行成本控制。一般来说，最好是仅仅记录工地的实际成本，将实际成本与没有计算进去的利润和总部的管理费用加在一起，最后再和工程量表上的单价相比较。

（四）计划评审技术（PERT）/成本管理系统

PERT，即计划评审技术，本质上就是一系列的预估价值的工序。由于网络计划会定期更新计算，额外提供了该计算的已完工作的价值，即由实际成本与计划成本的差额就可以求出，以此提供信息给管理决策。此系统也仅仅应用在设计/施工项目里。在这一类的项目里，承包商可以很快地用表格的形式来提交估价的文件，把将要进行的作业列出来。

二、工程项目的成本控制

工程项目的直接成本包括劳务成本、机械设备费和材料费[1]。

（一）人工费的控制

在施工过程中，劳务成本是最难控制的部分，一般劳务成本会被承包商分为两部分，是工人基本工资以及技术级别补贴或奖金，是雇佣工人从事某项工作的直接成本劳动成本，包括派往工地的差旅费及工资、交纳国家的保险金、工具费等，与工人在某操作岗位上劳动时间的长短有关。确定劳务成本开始于收集每位工人在工地上的劳动时间数据，并以适当的表格记录下来，其中包括有关工人所从事工作的简单描述。再根据成本分解的要求，将收集到的劳动时间数据分配相应的编码。为了能比较实际发生成本和支付款之间的差异，有必要确定已完工程的价值。在后一阶段还要检查分配给该代码的劳动时间是否正确，劳务成本是否在成本控制范围以内。

（二）施工机械使用费的控制

直接成本的第二个主要组成部分是机械设备费。对于主要机械设备而言，其所承担的工作性质都非常固定，因而在估计一个工程项目的成本时，一般都会将机械设备的运费，也就是从存放设备的地方运往工地的费用或者是从一个工地运到另一个的费用，这些费用分离出来便于按照一次总付费用来处理。除此之外，在记录设备运转的时间时，需要将自有的机械设备与公司租赁的机械设备的运转时间分开来记录，其机械设备的成本需要通过将机械设备实际的使用时间与计划的使用时间来相互比较进行控制。

---

[1] 赖逸洁. 基于集成管理理论的施工项目成本管理研究 [D]. 江西理工大学，2012.

（三）材料费的控制

材料费的控制不同于劳务成本或机械设备成本的控制。材料费的控制首先就要确保材料送货及时并且不浪费、没有丢失。对于集中采购材料的工程，部分材料已交货并且投入工程中，或者存在一些临时工程所用的材料，它们的成本费都不是立刻出现的，经常是购买者付清了发票款之后才会出现的。因此就这点来说，材料费用的账单的得到的时间较长，按日来控制材料费的做法是不现实的，可用月作为最行的时间控制单位对分包商的工程项目成本进行控制，应事先对分包商的生产经营状况进行全面分析，发现问题所在。

（四）间接成本

间接成本则不能进行类似于劳务费和机械设备费的控制方法，较为适合的做法是按月进行控制。工程计划成本和实际成本的比较可以在现有的基础上进行。

三、常用合同条件中成本管理的要求

（一）JCT 合同条件

JCT 合同条件中，对于工料测量师在工程成本控制中的规定有：

（1）工料测量师需要根据业主发出的指示对将要发生的变更进行估算，以供业主决策。

（2）如有关于设计改动或者其变更估算的情况未能通过业主审核的，就需要重新反馈给设计单位，以便于修改设计方案以及重复估算等有关流程，直到审核通过为止。

（3）工料测量师每季度都要向业主提交工程财务报告以及变更造价估算汇总表，从而向业主反映工程造价的最新动态，而如果造价变化较大，就将根据进度来增加提交报告的密度。

（4）工料测量师会在收到承包单位的正式付款申请后，把工料测量师安排到现场去核实工作量并准备中期付款建议书的草稿，中期付款建议书将在经项目经理和项目组长复核后发出。

（5）关于有关造价索赔的申请，工料测量师会先了解索赔内容，并再仔细审核承包单位的索赔请求是否合理以及资料是否齐全。对于资料不齐全的承包单位，工料测量师将要求补齐资料；对于并不合理的内容，就会向业主发出书面意见，同时写明拒绝索赔的原因；而对于其中合理的内容，工料测量师会严格对照合同条款来评估索赔内容，同时将评估报告提交于业主。

（6）对于可能出现的索赔，工料测量师会及时向业主以及其他顾问单位提出规避的方法或解决建议，必要时会为业主提出反索赔的建议。就以上可以看出，由于施工前的预控，以及在施工中变更并及时确认索赔，造价变动一直都会处于目标成本之内，这样结算阶段工作就会比较顺利，业主和承包商也会很快达成结算造价的统一，而业主的目标成本也能够圆满实现。

（二）FIDIC 合同条件[1]

FIDIC 合同条件下，为了有效控制工程成本，也有相关的规定。

1. 施工技术和措施的审定

在正式开工前，需要将经过施工企业编制的施工组织设计和施工方案报业主进行审定批复，保证该技术方案和措施具备技术上的可行性以及经济上的合理性，而且在某些情况下还要求能够提出技术经济效果更加好的技术方案和措施。

2. 工程变更的控制

在 FIDIC 合同条件中对工程变更有着严格的定义与要求：工程变更，包括"新增工程"等，这些都必须按工程师的指令来组织施工，其工期与单价需由工程师与承包方协商确定。

第二节　变更、索赔及其他价格调整

在英国，工程建设中的索赔变更处理均需要符合合同条款的要求，不同合同在变更和索赔具体要求上不完全一致，但对变更索赔的认定、处理程序及引起的费用等方面存在很多共性。本节以在英国常用的 JCT 和 FIDIC 合同条款为例，介绍英国电力工程的变更、索赔和其他价格调整。

一、变更费用调整

（一）变更的定义

2017 年版 FIDIC 系列合同条件中将变更（Variation）的定义统一为"对工程所做的任何更改，且该更改是根据第 13 条［变更和调整］规定指示为变更"。从该定义可以看出，该变更为通常所说的工程变更，这与合同变更或修改有实质性的区别。2017 年版 FIDIC 红皮书中将工程变更划分为以下六种类型：

（1）在合同中任何工作工程量发生改变，但是此类的工程量变化不一定会构成变更；

（2）任何工作质量或者其他特性发生改变；

（3）工程中任意部位的标高、位置和（或）尺寸发生变化；

（4）任何工作发生删减，但删减没有经过双方同意的由他人实施的除外；

（5）所有永久工程需要的任何附加的工作、生产设备、材料或服务，包括任何与其有关的竣工试验、钻孔，以及其他试验或勘测工作；

（6）工程实施的顺序或时间安排发生变动。

JCT 合同中对变更的定义也与 FIDIC 基本相同。

---

[1] 孙薇. 浅谈 FIDIC 合同条件下的投资控制 [J]. 城市道桥与防洪，2004（1）.

（二）变更的计价

1. 2017 年版 FIDIC 系列合同条件中的变更计价

2017 年版 FIDIC 系列合同条件中，根据变更发起人的不同将变更分为由业主方（包括业主和工程师，红皮书和黄皮书中为工程师，银皮书中为业主）发起的变更和由承包商发起的变更。业主方发起的变更又可分为业主方直接签发变更指示发起变更（指示变更）和业主方要求承包商提交变更建议书发起变更（征求建议书变更）。承包商发起的变更和业主发起的变更不同之处在于：

1）出发点不同，业主方征求建议书变更是承包商按业主方要求提交变更建议书供其审阅并确定是否变更，而承包商发起的变更是承包商从价值工程的角度（包括可加快完工，降低业主实施、维护或运营工程的成本，能为业主提高工程的效率或价值以及为业主带来其他效益）自发提交变更建议书。

2）编制建议书的费用承担方不同。由承包商发起的变更，编制建议书的相关费用由承包商自行承担。由业主方发起的变更，如果业主方最终决定不变更，则承包商编制建议书的费用由业主承担。

3）对于承包商发起的变更，业主方在确认签发变更令时，应在其中说明合同双方对价值工程产生的效益、费用和（或）延误的分享和分担机制。

2017 版 FIDIC 合同红皮书中对于变更的定价根据合同中是否包含价格费率表分别进行处理。如合同中包含价格费率表，定价参照红皮书第 12.3 款的内容进行处理，即以工程量乘以适用单价，同时在第 12.3 款［工程的估价］对适用单价进行了说明。否则，根据第 3.7 款［商定或决定］由双方商定或业主/工程师确定价格。

针对变更对合同工期、价格和支付进度表进行调整，2017 版根据第 3.7 款［商定或决定］由双方协商确定或业主/工程师决定。变更对合同工期、价格和支付进度表的调整需在一定的时间内由双方达成共识或业主方做出决定；对于业主方做出的决定，如承包商存在异议并在规定时间内发出不满意通知后，则进入争端解决或仲裁程序。在变更的价格确定方面，如果合同中包含价格费率表，则采用价格费率表中相同或相近项目的价格，或根据相关价格由业主方制定新的临时价格；如合同中不含价格费率表，则采用成本加酬金的方式定价。

2017 版 FIDIC 合同条件在第 2.4 款［业主的资金安排］增加了对变更费用的支付保证。如果单次变更价格超过了中标合同金额的 10%或累积变更价格超过中标合同金额的 30%，承包商可要求业主提供相关的资金安排证明，以证明其有能力对该变更费用进行支付。

对于变更引起的相关事项，第 4.2 款［履约担保］中规定：当变更导致合同价格累计增加或减少超过中标合同金额的 20%时，如业主要求，需要对履约担保额度进行相应调整；第8.7 款［工程进度］中规定：对于承包商根据业主方要求采取的弥补第 8.4 款［竣工时间的延长］下工期损失的措施（包括赶工措施），第 13.3.1 ［指示变更］适用，即赶工属于变更。

2. JCT 合同的变更

JCT 的变更计价从广义上来说可分为协商定价和工料测量师定价两种类型。协商定价就是指业主或业主委派的工料测量师与承包商在不受计价规则约束的条件下进行平等协商并最终就变更工作单价或总价达成一致。工料测量师定价是指双方难以对变更价款协商一致时，由工料测量师根据 JCT 合同的有关计价规则（条款 5.6～5.10）进行变更工程测量和计价。

（1）报价单计价。

报价单计价是指双方通过多次的报价和协商最终形成的报价单，用报价单进行变更工程计价的方式。在 JCT 标准合同下，建筑师以变更指令的方式，维持投标时的形式向承包商说明变更项目和工作任务，在变更确认之前建筑师要求承包商根据其提供的拟变更资料编制并提交报价单。承包商收到指令后确认收到并决定是否参与报价，若参与报价，则需在规定的时间内提交报价单、实施方案、估计依据等，并且论证变更对后续工作以及工期的影响，供业主和工料测量师通过对变更成本的分析，决定是否实施变更，以及是否采纳报价单。由承包商提交报价单，双方根据报价单进行协商和调整，最终达成一致。

（2）工料测量师定价。

1）可计量变更项目的计价。

在变更工程计价时，对可计量变更项目计价，如若是删减项目，根据原合同计价，减少合同价；对于增加、替代项目的计价，主要根据原合同中是否包含类似工作、工程量变动幅度以及施工条件的变化，从而相应的采取原合同价计价、在原合同价基础上调整计价的方式。原合同中不包含的变更项目，一般采用拟合单价的方式，即工料测量师通过分解和计算该项目单位工程量所需的有效人工费、材料费、施工机械使用费，确定项目的单位直接成本，并在其基础上增加适当比率的管理费用和利润。针对需要价格调整的工作，除对一些独特的工作采用拟合单价的方式外，测量师一般是根据经验或其他类似的工作直接在原合同价的基础上做适当调整。

2）计日工计价。

JCT 合同采用由英国皇家特许测量师协会指定的计日工直接成本定义文件作为指导计价的准则。在直接成本确定后，工料测量师需要根据工程量清单或价格表中规定的各要素的加成率计算相应的管理费用和利润，进而计算该项变更的总成本。具体过程是：首先，由承包商根据实际人工、材料和机械的投入量编制计日工工作表，并及时提交给建筑师并得到相应的确认；其次，在工作完成后的一定时间之前得到相应的计日工确认；再次，在工作完成后的一定时间之前将得到建筑师证实的工作表提交给工料测量师，由测量师对工作表中列出的人、材、机的投入和使用量做必要调整，并根据现行的价格水平给予定价；最后，工料测量师将定价后的工作表提交给建筑师，并由建筑师签发中期支付证明。

3）基本费用的调整。

基本费用类似于"措施费"。根据 JCT 合同条款规定，"增加、删减或替可计量的工作对基本费用产生影响的必须相应增加或减少基本费用，但是不包括利用暂定金额支付的、在合同中明确定义的工作。"因而，有关基本费用的调整范围仅限于可计量的、影响基本费用的项目，而不涉及计日工和利用暂定金额支付的、在合同中明确定义的工作。SMM7 中将基本费用划分为固定费用、与成本相关的费用和与时间相关的费用，对这 3 部分费用分别报价。在工程实施过程中，由于变更的真实发生，建筑师批准了工期延长，那么与时间相关的基本费用项目就能做出相应比例调整。当建筑师没有批准工期延长，但有充足的事实可以说明变更影响了或将影响基本费用，工程测量师同样应该对实际支出予以确认并调整相关基本费用。

二、索赔费用调整

2017 年版 FIDIC 合同条件第 20 条"业主和承包商的索赔"对索赔的处理有两个时间限制规定：第一，要求索赔方在意识到（或本应意识到）索赔事件发生后的 28 天内尽快发出索赔通知；第二，要求索赔方在 84 天内（与第一条同一起点）提交完整详细的索赔支持资料和最终索赔报告。超过上述任何一个时间限制，索赔方都将失去索赔的权利。2017 年版还引入了第三类索赔："其他索赔事项"，这类索赔由工程师根据"商定或决定"条款确定，且这类索赔不适用第 20 条的索赔程序。业主发起的索赔与承包商一样受到索赔时效和索赔程序的制约。索赔的流程如图 7-1 所示。

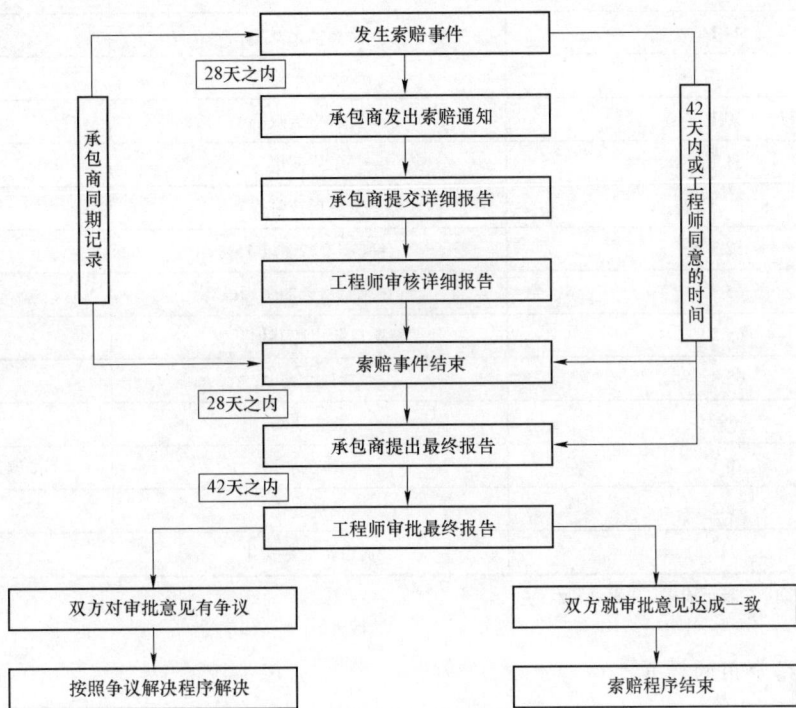

图 7-1　英国工程师索赔流程图[1]

---

[1] 陈勇强，张水波，吕文学. 2017 年版 FIDIC 系列合同条件修订对比 [J]. 国际经济合作，2018（5）.

（一）索赔可调整的事项

索赔的收益主要体现在工期延长（T）、成本补偿（C）和利润补贴（P）三方面。根据
FIDIC 合同条款，承包商可引用表 7-1 中所示的索赔条款，获得相应的索赔。

表 7-1　　　　　　　　　　FIDIC 合同条件中承包商可引用的索赔条款

合同条款号	条款主要内容	可调整的事项
5.2	合同论述含糊	T+C
6.3&6.4	施工图纸拖期交付	T+C
12.2	不利的自然条件	T+C
17.1	因工程师数据差错，放线错误	T+C
18.1	工程师指令钻孔勘探	C+P
20.3	业主的风险及修复	C+P
27.1	发现化石、古迹等建筑物	T+C
31.2	为其他承包商提供服务	C+P
36.5	进行试验	T+C
38.2	指示剥露或凿开	C
40.2	中途暂停施工	T+C
42.2	业主未能提供场地	T+C
44.1	特殊情况发生	T
49.3	要求进行修理	C+P
50.1	要求检查缺陷	C
51.1	工程变更	C+P
52.1、52.2	变更指令付款	C+P
52.3	合同额增减超过 15%	±C
65.3	特殊风险引起的工程破坏	C+P
65.5	特殊风险引起其他开支	C
65.8	终止合同	C+P
69	业主违约	T+C
70.1	成本的增减	按调价公式±C
70.2	法规变化	±C
71	货币及汇率变化	C+P

注：T 表示工期；C 表示成本；P 表示利润。

（二）索赔费用的计算❶

在计算索赔费用时，首先应分析索赔款的组成部分，分辨哪些费用是可以索赔的。施工
过程中可索赔费用的组成部分，和工程合同价包含的部分一样，也包括了直接费、间接费、

❶ 梁鉴，陈勇强. 国际工程施工索赔 [M]. 北京：中国建筑工业出版社，2011.

利润等。在具体分析费用的可索赔性时，应对各项费用的特点和条件进行审核论证，对不同的费用项目，有不同的计算方法。

1. 人工费的索赔

人工费索赔就是指完成合同计划以外的额外工作（Extra Work）所花费的人工费用；由于非承包商责任的劳动效率降低（Loss of Efficiency）所增加的人工费用；超过法定工作时间加班劳动（Overtime Working），以及法定人工费的增长等。由于工期延误或施工安排不当，承包商的大量工作推迟到人工费较高的施工后期进行，则将发生人工费超支的现象。

索赔工作的人工费计价，可以结合实际施工时的工效，以及索赔事件对应工程的施工组织或奖励制度，考虑施工干扰或酷暑严寒等气候条件，确定索赔人工费中的工效。关于工资额（Labour Rate），除了按标准工资（Standard Labour Rate）以外，还可能在不同的工地现场根据实际情况进行适当的调整。用工效与工资标准相结合，确定索赔的人工费。

2. 材料费的索赔

材料费的索赔包括两个方面：由于索赔事项的原因材料实际用量大量超过计划用量以及由于客观原因材料价格大幅度上涨。材料费中应包括运输费、仓储费，以及合理破损比率的费用等。如果由于承包商管理不善，造成材料损坏失效，则不能因此列入索赔计价。

对于材料费的变化分析，亦可采用上述人工费变化分析的方法，即在材料消耗水平及材料价格的基础上，考虑通过施工管理工作节省的材料消耗量，并考虑材料价格的变化，测算出材料费的变化情况，作为计算索赔额的依据。

3. 施工机械费的索赔

施工设备费的索赔计价比较繁杂，应该根据具体情况协商确定。

（1）承包商自有设备（Contractor Owned Equipment）的费用索赔，如果能有详细的设备运行时间和台数，燃料消耗记录，随机工作人员工作记录等，则可按实际情况进行计算。但是上述证据往往难以齐全，因此，会按照有关的标准手册中关于设备工作效率、折旧、保养等定额标准进行替代，在某些情况下甚至仅按折旧率收费标准计价。

（2）租赁设备的费用索赔，在租赁价格合理，租赁收费单据齐全时，按租赁价格计算索赔款。

（3）新购设备的费用索赔。新购设备的成本高，除非有咨询工程师或业主的正式批准，承包商一般不可为工程新购设备，否则，新增设备的费用难以计入索赔款。

（4）施工机械的降低工效或闲置损失费用，一般会按其原合同机械使用单价的某一百分比进行计算。

（5）小型工具和低值易耗品的费用，往往需要合同双方自行判断来确定。

4. 工地管理费

施工索赔款中的工地管理费（Site Overhead，Site Oncosts，或称 Job Overhead），是指承包商完成额外工程、索赔事项工作以及工期延长期间的工地现场管理，包括管理人员、临时设施、办公、通信、交通等多项费用。在分析确定索赔款时，有时把工地管理费划分成可变（Variable）和固定（Feo）两个部分。前者一般是指在延期过程中可以调到其他工程部位（或其他工程项目）中的那一部分管理设施或人员。固定部分是指在施工期间不易调动的那一部分设施或人员，如办公、食宿设施等。

工地管理费索赔款的计算，既可以按照工程总合同额中的工地管理费，先分解到每个合同天，再乘以索赔天数计算的方法，也可以按照索赔工程实际增加的工作时间、内容、管理人员及其他开支等进行分项计算。总之，主要是与索赔的工期相关。

5. 总部管理费索赔

索赔款中的总部管理费，主要表现为工程延误期间所增加的管理费。在英国，以及直接采用英国承包合同条件的一些国家，在计算总部管理费时经常采用胡德森公式（Hudson Formula）。此公式基本原则是：基于工期延长（EOT）或施工延误（Delay）的条件下，如果仍按直接费的一定百分比提取总部管理费时，提取的总部管理费数额偏低，而不能补偿实际的管理费支出。

Hudson 公式的计算式如下：

索赔款中的总部管理费 = ［工程合同价/合同工期（周）］ × 投标书中的（总部管理费% + 利润%）× 工期延误周数

6. 利息的索赔

工程变更和工期延误时引起的投资增加，承包商有权索取所增加的投资部分的利息，另外一种索赔利息的情况，是业主拖延支付工程进度款或索赔款，给承包商造成的融资成本（Finance Costs）比较严重的经济损失，承包商因而提出拖付款的利息索赔，即拖付款利息。

具体地说，利息索赔通常发生于下列 4 种情况：

（1）拖期付款（或欠款）的利息；

（2）增加投资的利息；

（3）索赔款的利息；

（4）错误扣款的利息。

在施工合同实施过程中，错误扣款的情况也时有发生。有时，业主未通知承包商方，或在协商未达一致的情况下，自行决定扣除承包商的工程进度款，作为工程误期损害赔偿费（Liquidated Damages）、补偿保险失效（Failure to Insure）或补偿业主方面的人员和财产损失（Damage to Persons and Property）等。总之，凡是业主方错误地扣除任何款项，由承包商一方提出反驳并取得合法支持的条件下，错误地扣款应予归还，并支付扣款期间的利息。

利息的具体利率可按合同专用条款中（或投标书附录）约定的利率，没有约定的可按当时的银行贷款利率（或者协商加以调整后的利率）、当时的银行透支利率（主要适用于工程量和投资额的大规模增加、承包商承担大量经济亏损时）或者按合同双方协议的利率。

7. 利润的索赔

索赔费用原则上可以包括利润，但是，对于不同性质的索赔，进行利润索赔的成功率是不同的。一般来说，由于工程范围的变更以及施工条件变化引起的索赔是可以列入利润的，也就是说其有权获得利润索赔。但对于工程延期索赔而言，如果该延期（或工程暂停施工）是由业主方面的责任造成的，或者是业主从自己的利益出发决定终止合同，那么承包商有权在除获得已完成的工程款以外，获得原定指标的利润。

索赔利润的款额比率，通常是与原报价单中的利润百分率保持一致。

三、价格波动的费用调整

在合同实施过程中，不可避免地会遇到价格波动，在满足合同中调值条款约定时，会引起费用的调整。

（一）FIDIC 合同调价规则

在 FIDIC 合同条件下，合同双方都要在工程实施前对将来会参与到调价中的工作进行协商、约定，也要将后期物价发生波动时，双方要选定的工作项目进行调价的方式写入合同。其中这些经常参与到调价的项目包括钢材水泥、燃油、机械使用费、人工单价等。

FIDIC 合同采用调值公式法进行调价，公式为

$$\Delta P = P_o \left\{ A + \left[B_1 \times \frac{F_{t1}}{F_{o1}} + \cdots + B_i \times \frac{F_{ti}}{F_{oi}} \right] - 1 \right\}$$

式中　ΔP——价款调整额；

　　　P_o——已完工程量金额；

　　　B——各调价项目权重；

　　　F_{ti}——各调价因子的现行价格指数；

　　　F_{o1}——基准期价格指数；

　　　A——不可调价部分的权重。

（二）JCT 合同的调价规则

英国 JCT 合同中，针对各部分工作内容及特点给出了特定的调价方式。

1. 基本工作调价

把建筑工程按构造或工作内容分为 60 类基本工作，行业相关机构对这 60 类工作的价格指数进行监控，按月发布最新价格指数，供承发包双方参考，双方可对其中价格发生变化的类别逐项进行调整，未发生变动的工作不参与调价。

2. 专业工程施工及安装调价

将专业工程细分为不同类别的工程，由于土建类调价公式不能真正反映专业性安装工程的工作性质，更重要的是也不能反映其实际成本。这种对专业性安装工程制定的调价公式能

体现专业工程的特性，针对性强。

3. 无法归类但又确定存在价格波动工作的调价

有些已完工作如措施项目，场地供排水设施工程保险等价值应该包括在中期付款中，物价波动时，也应对其进行调价。但是由于此类工作不属于上述 60 类基本工作中的任何一类，也不是专业性工程，采用余额调整法进行调价。

4. 计日工计价及其价格调整

在 JCT 合同中，计日工不属于投标人报价的部分，不属于调价的范围。调价只适用于只是对那些暂时无法确定是否实施的零星工程以及不便于计算工程量的项目采用直接工程费加管理费和利润的方式确定价格的工作。

5. 工期延误后价格波动的调整

在 JCT 合同中，对于延迟完工的工程，在约定完工时点与实际竣工时点间的价格波动，无论是上涨还是下跌，仍按照约定竣工时点的物价指数执行计价。JCT 合同认为，承包方违约理应由合同约定的违约办法处理，不影响业主对合同的履行及承诺。业主保持计划竣工时点的物价指数不变，一是继续履行合同的行为；二是避免了双重惩罚导致合同不公平的现象。

6. 固定总价合同约定的竞争因素

大部分的 JCT 合同也是固定总价合同，但是这些合同中的一些选择性条款往往允许对于人工、材料等部分因素的价格上涨进行调整补偿，属于调价的一部分。英国 JCT 合同主张的原则之一是不期望承包商在报价时把不能预见而实际又未必发生的费用如物价上涨等风险因素全部考虑进去，材料不应是竞争因素，材料价格的涨跌属于社会经济原因，与选择的承包方及其能力没有直接关系，材料价格的涨跌非承包方所能控制，而是主张按照合同条款的规定，由业主补偿有关的经济损失。

第三节　测量和支付

英国电力工程项目主要采用 EPC 发承包方式，EPC 发承包模式下主要采用固定总价合同，在合同范本选用中，也主要选择 JCT、FIDIC、NEC 等合同格式。本节以上述合同条件为准，介绍 EPC 模式下电力工程的测量与支付方式。

一、EPC 合同中关于价格的常见规定

EPC 工程通常采用的是总价合同，对于在招投标阶段无法合理确定价格的部分工作，也可以采用单价或成本加酬金的计价方式。因此在实践中也出现总价与单价或成本加酬金混合型合同价格类型。

按照在工程执行过程可否随着市场物价波动而进行调整，总价合同分为固定总价和可调总价合同。对于固定总价合同，一般在 EPC 合同中常见的规定有：

（1）EPC 合同为固定总价合同，双方在合同协议书或中标函中所标明的价格即为本合同应支付的价格。

（2）EPC 合同总价中包含了本合同要求承包商应支付的一切税金和各项费用，承包商应根据法律的要求支付此类费用。

（3）只有发生了立法变动并影响 EPC 合同价格的情况，合同价格才作相应调整。

（4）若发生了业主授权的工程变更，则合同价格按变更条款处理。

（5）若在合同文件的价格表（Schedule of Prices）中给出某单项工程的数量，则意味两种含义：①关于该工程量以及相关价格数据只能用于该价格表中所述之目的；②若没有说明其具体目的，则所述数量为估算工程量，供承包商投标与拟定实施计划参考，不能认为是完成工程所实施的正确的工程量。

若在 EPC 合同中某些工作项最终是否需要实施无法在招标阶段确定，或某部分工作不适合采用总价包干的方法，则此情况下对该项工作可能采用单价支付，并在招标文件中要求承包商报出单价。

同样，若在 EPC 合同中某部分工作的单价也不容易确定，对该项工作可以规定采用成本加酬金（Cost plus Fee）的做法，此时承包商在报价中只需报出该项工作成本的一个百分比作为酬金（即管理费和利润）即可。但承包商报此百分比作为酬金时，应详细说明此酬金包含的内容（一般指的是管理费和利润），而将实施此项工作的其他一切费用纳入"成本"中。

二、EPC 工程的测量和支付

仍以 EPC 工程为例，从支付款的性质来看，EPC 合同工程款一般包括预付款（Advance Payment/Down Payment）、进度款（Interim Payment/Progress Payment）、最终结算款（Final Payment）。从支付方法看，EPC 合同价格支付的方法有两大类：一是根据测量的实际进度来进行支付（Payment based on Actual Progress Measurement）；二是采用大里程碑支付（Milestone Payment）。第一种相对适用于土建工程量相对较大的 EPC 项目，第二种方式则一般用于机电供货以及安装工程量较大的项目。

（一）根据测量的实际进度进行支付

EPC 合同范本中根据测量的实际进度进行支付，规定通常如下。

1. 预付款

（1）业主应支付 EPC 承包商一笔无息贷款，作为工程的预付款，用于承包商前期的项目启动与设计工作。

（2）预付款的额度以及货币比例应在专用条件中具体规定。

（3）业主支付预付款的条件：承包商向业主提交了合同履约保函以及等价额预付款保函；承包商向业主提出预付款支付申请。

（4）预付款可以一次性支付，也可以分若干笔支付，具体在专用条件中规定。

（5）预付款从后面的每笔工程进度款中扣除，每次扣除的比例为每笔进度款的一个百分数，具体的比例与方法在专用条件中规定。

（6）业主应在承包商达到全部上述条件后的××天内支付预付款。

2. 进度款

（1）承包商应在每月末或合同规定的支付周期末向业主提交进度款申请报表。

（2）进度款申请报表的内容包括：截止到该时间承包商所完成的设计、采购、施工等工作的全部价值以及根据合同对合同价格的调整款（例如变更款、立法变化调整款等；应扣除的预付款额度；当期已确定的其他款项，如索赔款）。

（3）若合同规定了保留金（Retention Money），则进度款申请报表中也应列出应扣留的保留金。

（4）业主应在收到承包商提交的进度款申请报表后的××天内支付该期出应扣保留金的额度。

3. 最终结算款

（1）EPC承包商在工程的缺陷通知期期满并获得履约证书之后向业主提交对于最终结算款最终结算申请报表草案，并附有各类证明文件。

（2）最终报表草案应包括两部分内容：一是完成的整个EPC合同工作的价值；二是业主仍需支付承包商的剩余款额。

（3）业主收到申请文件后对某些有疑问的部分可以要求承包商澄清。承包商应补充资料，并对原报表草案做必要的修改，经业主批准后作为最终支付申请报表。

（4）业主按最终支付申请报表和最终结算时间规定对该款项进行结算。

（5）若双方对最终结算金额有争议，就争议的部分，双方可以通过谈判协商解决；对没有争议的部分，业主应按支付"进度款"的合同规定进行支付，不得以某部分最终结算款有争议而拒绝支付没有争议的那部分款额。

（6）有争议的那部分最终结算款按合同争议解决程序处理。

上述支付方法主要是基于对实际进度的测量，对此类工程实际进度的测量，通常是依据实际完成的工程量或达到了某个工作节点（也可以形象地称为"小里程碑"）的计量。

上述情况下对EPC工程的测量方式如下所示：

1. 设计进度测量

设计进度测量可以先根据EPC合同的设计任务分为了两个大的里程碑：即基础设计和详细设计，并在此基础上再次确定完成基础设计以及详细设计所需的各类图纸资料。对于每份图纸资料的设计工作量的测定，涉及下列方面：

（1）预算工时。

（2）工时测量节点/里程碑。

（3）完成该设计文件占全部设计文件工时的百分数。

对于每份设计文件，可以根据其类型和性质确定完成该文件的主要节点/里程碑。一般可以设定的节点包括：完成设计图纸，业主批准，用于施工，形成竣工图。同时对应每一节点，都需要分别赋予该项设计文件的工时百分数。在每个支付期根据设计文件达到的节点来统计设计工作量，并计算此工作量对应的支付额度。在设计预算工时时，通常需要基于过去项目中所积累出的完成了每类设计文件的工时消耗标准，再结合项目中的具体要求以及设计人员的经验来确定。

2. 采购进度测量

对于采购的进度测量，可以将采购投入的工时和采购设备材料的价值作为进度计算的基础。计划工程师协同采购工程师确定和编制完整的工程采购的材料设备清单，同时根据可以采购的经验确定每批或者每类型的物资采购所需的工时，并将每一采购过程分为若干节点。每项采购工作通常可划分的节点包括：制询价文件，厂家报价（包括技术标和商务标），评审并签订供货合同，监造和催交，运输管理，同时利用以往的经验，对每一节点赋予该项采购工作工时百分数，据此计算此进度下对应的支付额度。另外，也可采用订单价值来测量采购进度，并作为支付的基础。此类情况下，每项采购工作的节点往往划分为下订单，完成制造，港口装货，运到现场，用于工程。每一阶段赋予该订单额度一个百分数，用此方式来测量采购进度并且用于支付。

3. 施工进度测量

对于施工进度来说，测量一般存在两种情况：一种是工作周期比测量周期短的施工工作采取不连续计量的方法，即将没完成为零和完成为 100%，划分为两个节点：开工和完工；另一种是工作周期比测量周期长的施工工作采取连续计量的方法，划分为多个节点并且确定完成每个节点应计的工程量百分比，用来完成实物工作量除以该工作下的总工作量。

（二）根据大里程碑支付

上述的工程进度测量程序主要用于实测工程量或小里程碑支付的情况。近年来 EPC 合同采用大里程碑支付的越来越多，EPC 合同支付的大里程碑节点如下：

（1）签发中标函，签订合同协议书，提交履约保函和预付款保函。

（2）设计工作开始。

（3）现场工作开始。

（4）主设备下订单。

（5）主设备制造完成并通过工厂检验。

（6）现场土建、机电设备安装完成，达到机械竣工。

（7）完成试运准备、单机试运以及投产试运。

（8）整体工程以及操作维护手册和竣工文件移交。

（9）缺陷通知期结束，履约证书签发。

针对上述里程碑，业主在招标文件中给出相应合同额支付的一个百分数，但这一百分数设定的依据应是上述里程碑完成的工作量以及资金投入。若 EPC 承包商认为不合理且招标文件允许，可以在投标书中对里程碑的设计及其相应支付百分比提出修改建议，作为一项投标偏差（Bid Deviation）；若招标文件不允许改变，则可以在签订合同前的谈判（Preaward Negotiation）时提出修改。

固定总价合同通常采用大里程碑支付。若采用大里程碑付款，在设计里程碑的节点时应特别注意，既可以设定某项工作开始作为一个里程碑支付节点，也可以该项工作完成作为里程碑支付节点，这要根据该项工作的性质来确定。

第八章 英国电力工程造价管理对我国的启示

本书从对英国电力工程建设的投资环境入手，结合英国工料测量体系，分析了对电力工程项目如何监管、如何进行项目管理等问题，主要研究了英国电力工程的费用构成和工程量清单结构的表达，并总结了英国电力工程计价的方法的依据，最后从招标阶段和施工阶段对英国电力工程如何进行造价管理等方面进行了阐述。具体总结如下：

（1）投资环境方面。英国电力工程建设的政策环境和法律环境具有良好的态势，国家在市场准入、劳务、投资贸易、鼓励限制政策方面都有明确的规定，出台了一系列建设法规和能源法规，在海上风电、核能、电力网络等方面建设发展趋势良好。

（2）造价管理方面。英国电力工程计价主要采用工料测量体系，以英国皇家特许测量师协会，英国皇家建筑师学会，英国土木工程师协会等为代表的协会对工料测量的技术和管理起到重要作用。在项目监管方面，英国有专门的能源政策制定与行业监管机构，主要由英国商务、能源与工业战略部，英国天然气及电力市场办公室、英国竞争和市场管理局对电力工程项目进行监管，英国皇家建筑师学会发布的"RIBA 工作计划"作为流程指导和管理工具被应用于电力工程在内的基础设施项目管理。

（3）费用构成方面。RICS 开发的新测量标准 NRM1 为建筑工程准备费用估算和费用计划提供了指导，电力工程项目总投资主要由工程成本费用、项目和设计团队费用、其他开发和项目成本费用、风险准备金、通货膨胀费、增值税等费用构成。

（4）工程量清单计价方面。英国工程基本上都采用的是工程量清单计价模型，由业主和承包商依据 SMM7、CESMM4 或者 NRM2 等进行清单编制，并以政府部门及各类咨询机构所发布的造价指数、价格信息指标等作为参照来确定造价。

（5）计价方法和依据方面。英国工程造价管理的工作分为前期（决策和初步设计）、设计（施工图设计）、施工、竣工等不同阶段的工程造价管理。由于工程计价资料的不同，各个阶段所用的手段和方法也有所不同，有参数化的概要估算，也有基于清单的详细估价，计价方法的精度也不相同。工程的计价依据较为全面，包括工程构件分类规则、工料测量标准、工程量清单、政府部门发布的造价信息、专业团体发布的造价信息、出版物、造价数据库、企业造价信息和其他计价依据等，发布主体和类型都比较多样。

（6）招投标和施工阶段造价管理方面。英国工程发承包主要选用 JCT、NEC 和 FIDIC 合同标准格式，投标报价时则采用的《新测量标准》NRM2，为建设工程合同价格提供了很好的基础。在施工阶段造价管理方面，从承包商的角度主要包括承包商施工成本的管控，从合同管理双方的角度，则包括工程变更、索赔、价格调整、测量和支付等。

通过对英国的电力工程造价管理的研究，对我国工程造价管理带来几点启示，主要包括以下方面。

一、完善相关立法工作，保证有法可依

立法在英国电力监管中具有重要地位，通过立法工作的不断加强，电力相关监管机构的权力与责任也逐渐明晰，有效地保证了电力监管机构的合法性与权威性。法律的制定使得电力监管机构的监管行为以及相关监管程序更加规范化，增强其监管的透明度和可预见性。工程造价计价监管部门，在工程造价的管理和控制方面的工作有待进一步完善和加强，未来的造价体系有很大可能性会转变为以市场为主导的计价管理监督模式，因此若要对于市场主体的行为进行一定制约的话，就必须靠主管部门制定并实行相应的法律法规来达到这一目的。

二、设置造价管理机构，发挥行业协会作用

英国在工程造价管理的相关专业团体主要有英国皇家特测量师协会、英国皇家建筑师协会及英国土木工程师协会。每个协议都从不同的侧重点对英国的工程造价实施管理，对工料测量行业做出贡献。其中英国皇家建筑师协会 RICS 最大的分会工料测量师分会的设置对推进英国工料测量行业的发展具有重要作用。我国应该充分发挥行业协会在行业标准的确立和管理会员等方面的作用。行业协会不应该仅仅作为传递政府信息的中介，还应当承担监督会员和评估相关企业会员资质的责任，以及制定行业相关标准和规范，同时为整个行业提供信息交流的平台等功能。

三、设置科学合理的计量规则，发挥企业自主权

英国有一整套能够通用的工程量计算规则，工程量的计算主要都是以通用的行业标准规则为依据。为了便于我国工程量的造价和计价，我国可以在现有工程量清单计价规则的基础上，进一步统一各类工程相似部分的计量规则，并且形成多层级的工程分解结构和相应的计量规则。对于费用的构成，在我国现行费用构成基础上，借鉴国际社会普遍做法，在大的分类上取得一致，以便工程造价的国内外对比分析，应对国际工程承包的需求。充分发挥企业的定价自主权，企业形成自己的造价数据库和企业定额，在工程市场上展示真实的竞争力。

四、加强工程造价信息的管理，完善计价依据

英国对于已完工程数据资料的积累和数据库的建设十分重视，每个皇家测量师学会会员，都有责任和义务将自己参与的已完工程造价资料按规定格式填报并上传数据库，同时也获得

利用数据库资料的权力。我国对造价信息的采集、后期整理工作起步较晚，标准化程度还不够高，不论是政府、行业协会和学术团体还是企业，都需要重视工程造价信息的建设，多渠道收集工程造价信息，并按标准化的方式进行分析整理，加工成工程造价指数、指标，服务于社会和企业自身。

五、加强工程合同管理，重视基础工作

工程项目管理的全过程要实施规范的合同管理和控制。英国在招标阶段和施工阶段有JCT 合同、FIDIC 合同，NEC 合同等适用的文本。这些合同文本各具特点，适用于不同情况，对工程顺利实施奠定了良好基础。我国各个行业也有标准的合同示范文本，随着工程发承包模式的多样化，合同类型还需要根据不同的模式加以丰富。在合同实施过程中，工程参与方要注意资料收集，严格按照合同执行，遇到各种变化，双方应以合同为基础，友好协商、灵活应对。此外，还要加强合同管理的基础工作，包括了解国家政策和行业规定，收集齐全工程量、设备原材料价格，深刻研究市场，了解国内外技术，及时掌握各方面的情况。

六、实施全面成本管控，加强标准成本管理

英国的成本管理系统有一套固定的成本标准，统一成本管理的尺度标准既能提高企业改进内部管理的效率，也是监管机构实行成本监管的重要依据。OFGEM 在全面成本管控的基础上，进一步对输配电企业实施标准成本监控。我国电力工程计价的规则已很成熟，在成本核算方面尚需加强。可以制订更加细化的成本核算规则，将成本费用项目的分类、内容、定义、口径及相关核算方法等更加明确，对于实际成本信息进行更好的归集和核算，加强成本信息的准确性和可比性。

综上所述，英国的电力工程造价管理在立法机制、监管机制、管理机制、费用构成、计价模式、合同管理、全过程成本监控中都有相对成熟的做法。我国的市场积极体制改革起步较晚，加强我国政府、行业学会的宏观指导，将咨询公司和承包商等企业层次的工程造价信息管理系统达到质的提升以及更加规范化，是我国当前需要迫切解决的问题。在电力工程造价计价模式改革过程中也需要借鉴英国先进和成熟的计价经验，通过深化体制改革来逐步推进，结合国内的市场环境和管理体制，开发出既能使我国工程造价计价模式在适应国内具体国情的良好发展状况、又能为业主与承包商提供参照和依据的完善可行的工程量清单计价模式。在适应全球经济一体化进程中，必须借鉴与学习国外先进经验并加以运用，积极迎接挑战，才能在竞争日益激烈国际工程建设领域中取得优势。

附 录

附录 A　英国成本管理流程图[1]

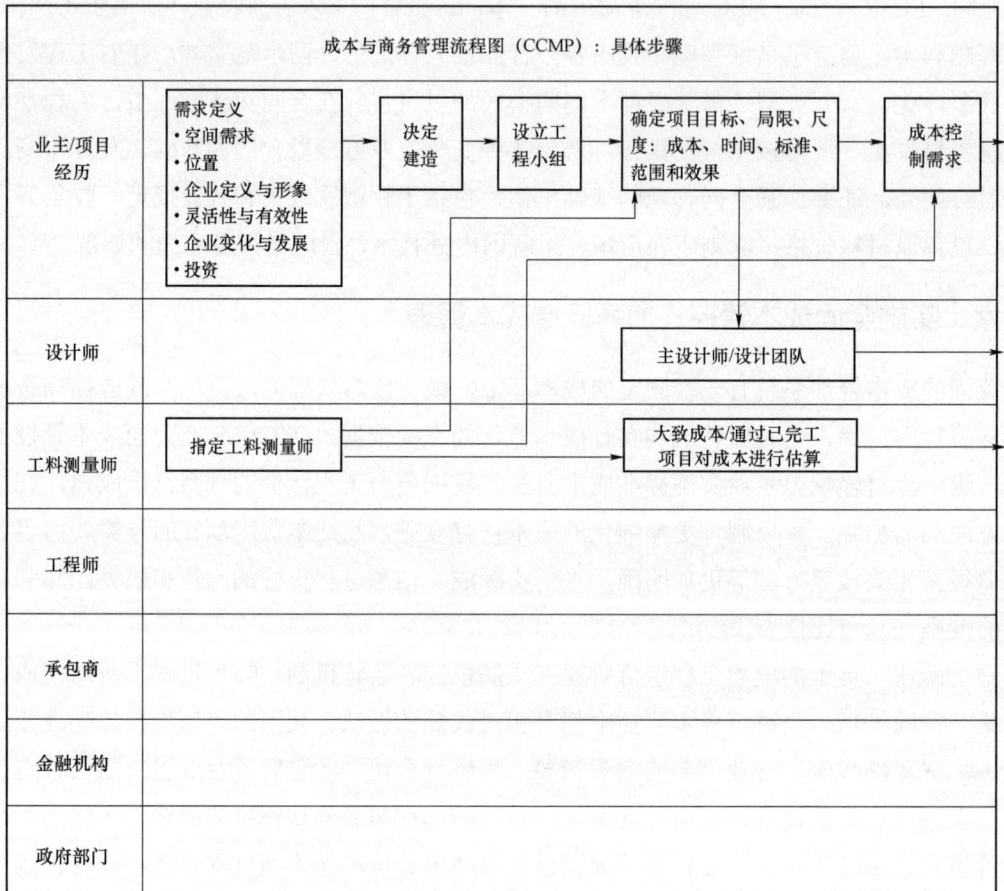

图 A-1　成本与商务管理流程图（CCMP）：具体步骤

成本与商务管理流程图（CCMP）：具体步骤

业主/项目经历	需求定义 • 空间需求 • 位置 • 企业定义与形象 • 灵活性与有效性 • 企业变化与发展 • 投资	决定建造	设立工程小组	确定项目目标、局限、尺度：成本、时间、标准、范围和效果	成本控制需求
设计师				主设计师/设计团队	
工料测量师	指定工料测量师			大致成本/通过已完工项目对成本进行估算	
工程师					
承包商					
金融机构					
政府部门					

图 A-1　成本与商务管理流程图（CCMP）：具体步骤

[1] Srinath Perera 教授，周蕾，Chika Udeaja，Michele Victoria.A comparative study of construction cost and commercial management services in the UK and China：中英工程造价管理产业比较研究。

成本与商务管理流程图（CCMP）：具体步骤			

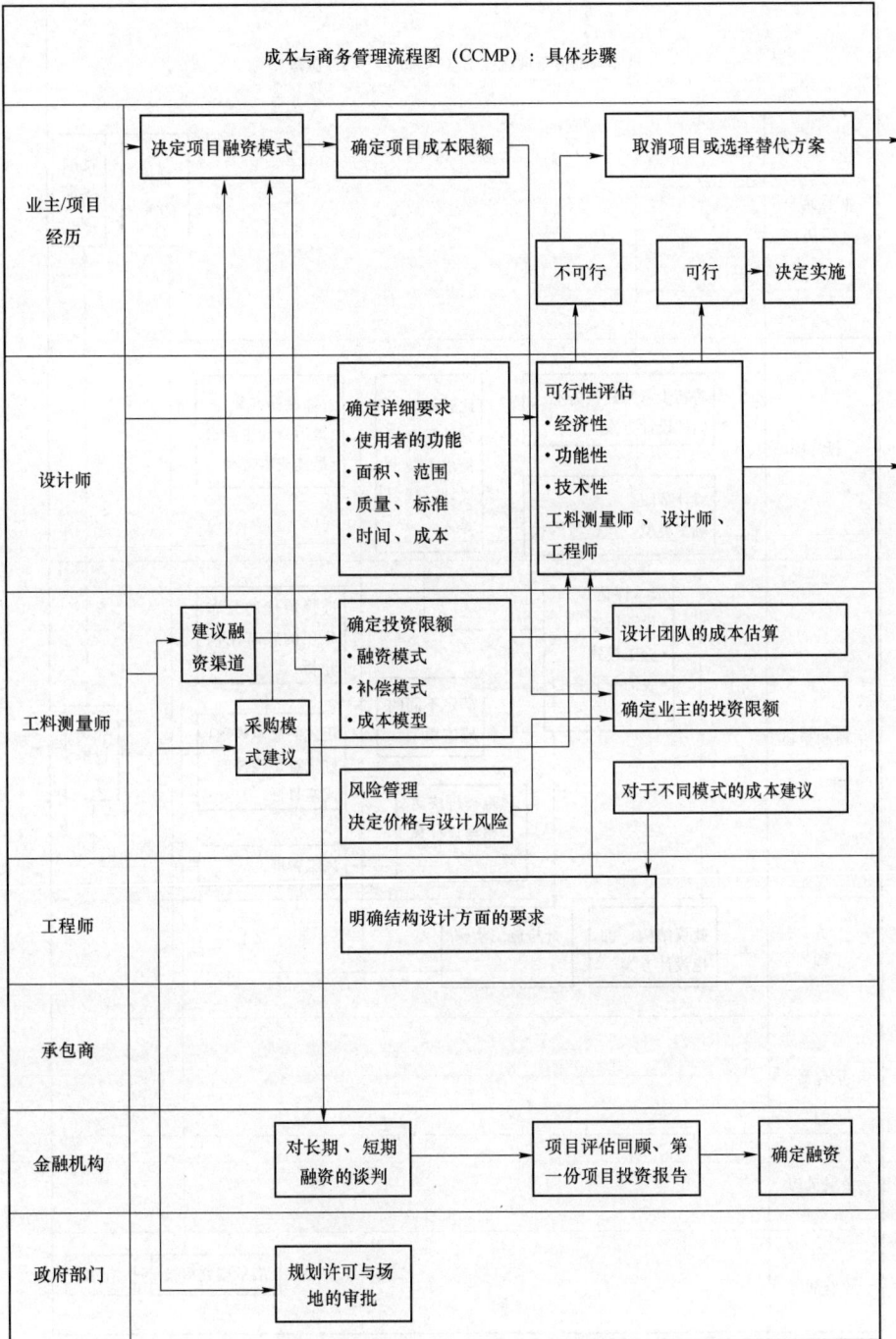

图 A-2　成本与商务管理流程图（CCMP）：具体步骤

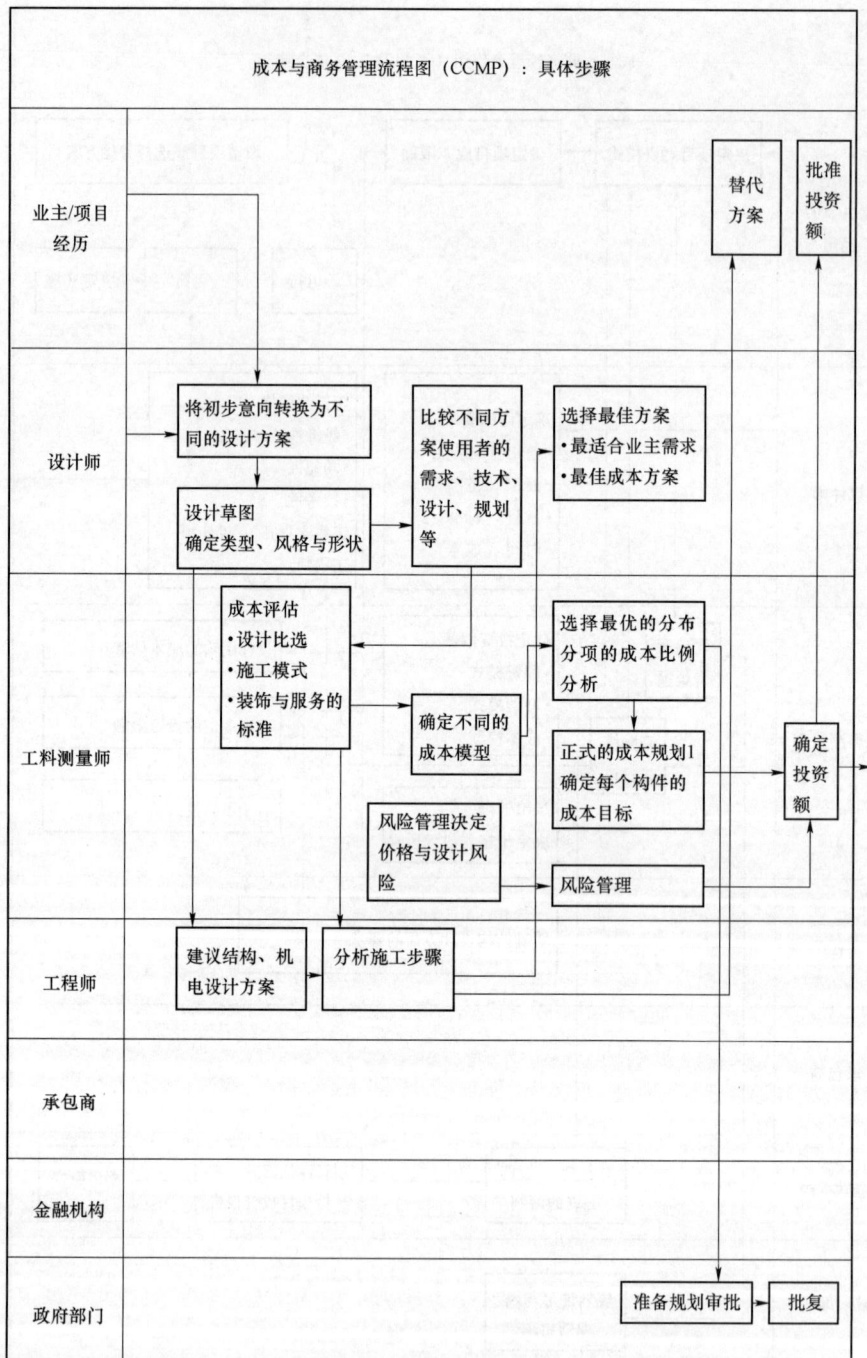

图 A-3 成本与商务管理流程图（CCMP）：具体步骤

成本与商务管理流程图（CCMP）：具体步骤

业主/项目经历		申请项目第一期费用	对项目的分布分项成本进行确定	
			方案修改	方案批复
设计师	完成项目方案	确定方案包括规划要求，建筑外观、设施、施工工艺，确定具体的标准、时间与成本	完成项目的基本设计	准备提交完整的技术与成本方案
工料测量师		正式的成本规划2：与设计团队一起确定整个项目分项工程的投资额	风险管理决定价格与设计风险	审核投资额 / 如果超标对方案进行修改
工程师	进行初步设计			
承包商				
金融机构			评估设计方案	批复项目的第一批费用
政府部门	碳减排要求	规划申请	政策符合性评估 / 政策符合性评估	方案批复 / 方案批复

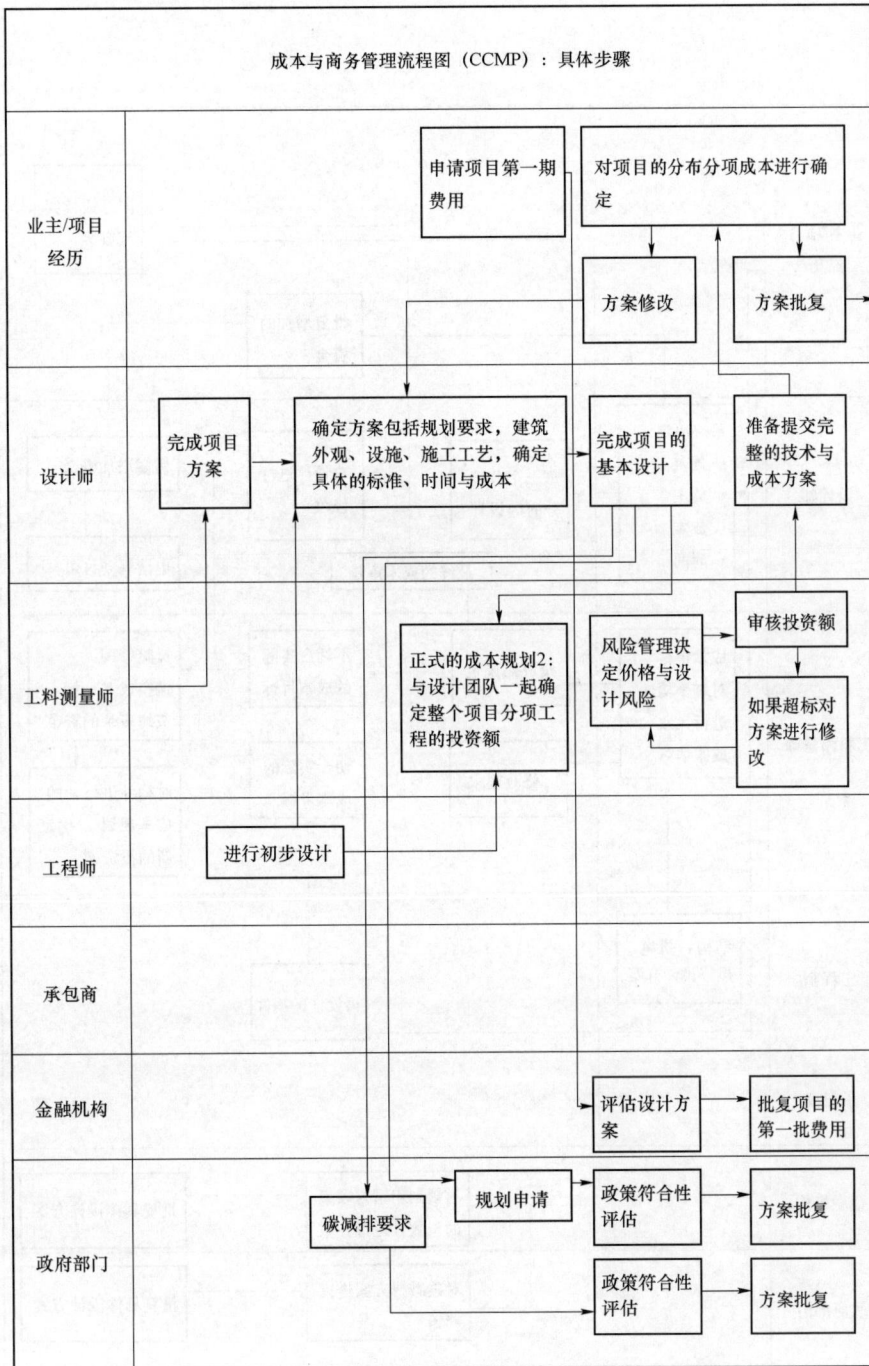

图 A-4 成本与商务管理流程图（CCMP）：具体步骤

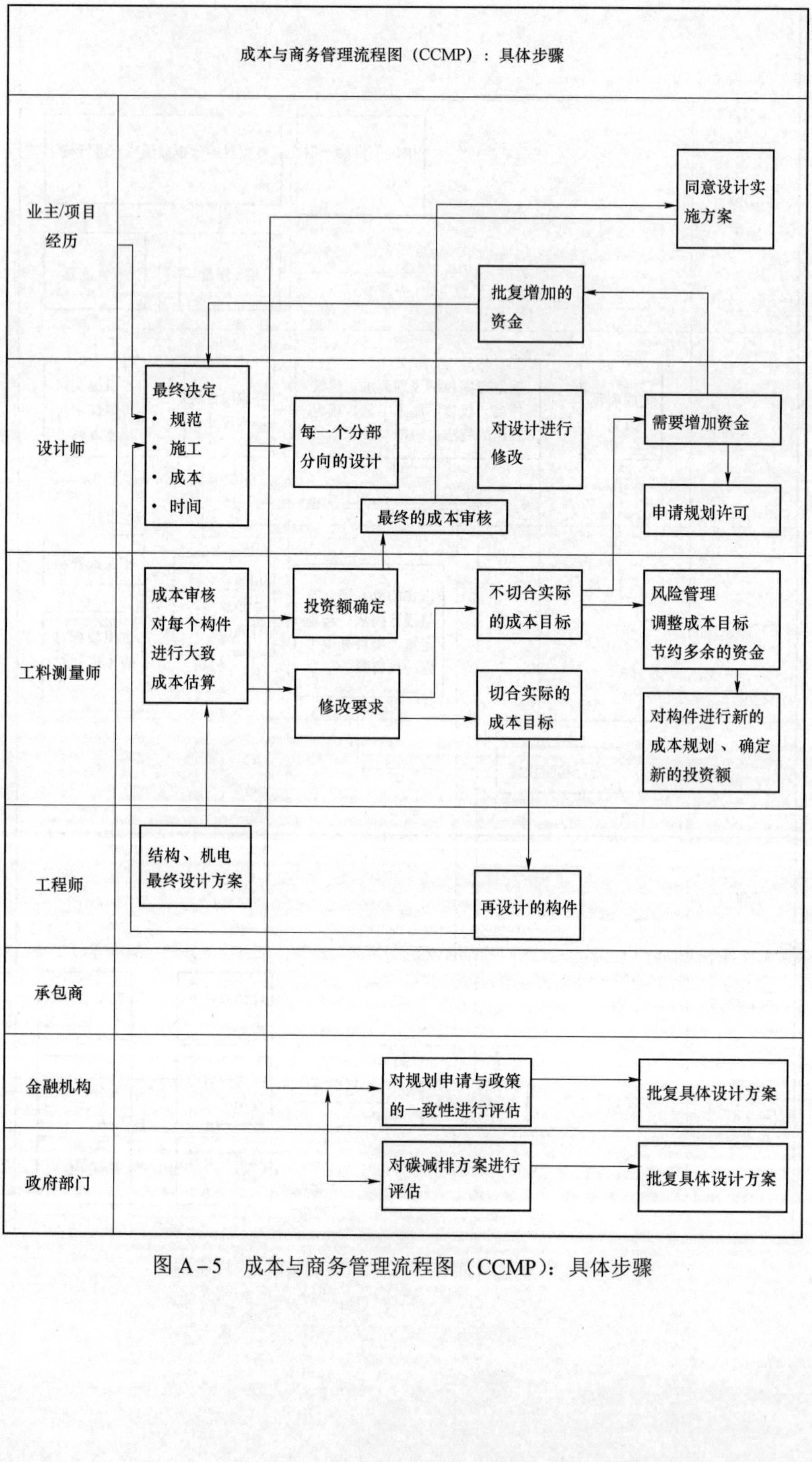

成本与商务管理流程图（CCMP）：具体步骤

业主/项目经历				批复增加的资金	同意设计实施方案
设计师	最终决定 • 规范 • 施工 • 成本 • 时间	每一个分部分向的设计 最终的成本审核	对设计进行修改	需要增加资金 申请规划许可	
工料测量师	成本审核对每个构件进行大致成本估算	投资额确定 修改要求	不切合实际的成本目标 切合实际的成本目标	风险管理调整成本目标节约多余的资金 对构件进行新的成本规划、确定新的投资额	
工程师	结构、机电最终设计方案		再设计的构件		
承包商					
金融机构		对规划申请与政策的一致性进行评估		批复具体设计方案	
政府部门		对碳减排方案进行评估		批复具体设计方案	

图 A-5　成本与商务管理流程图（CCMP）：具体步骤

174

成本与商务管理流程图（CCMP）：具体步骤				
业主/项目经历		申请第二笔资金期	同意招标流程	同意招标文件
设计师	准备施工图 → 准备相关的安装资料（门、窗） → 准备招标用图		选择招标流程	邀标
工料测量师	准备全套的设计规范 → 准备工程量清单 → 准备招标评估 → 风险管理确定投资额		评估采购流程	准备全套的招标文件 → 回答招标疑问 → 监管投标人
工程师	准备结构施工图 / 准备机电施工图 → 准备服务的成本估算			
承包商				
金融机构		进度评估 → 第二笔资金批复		
政府部门				

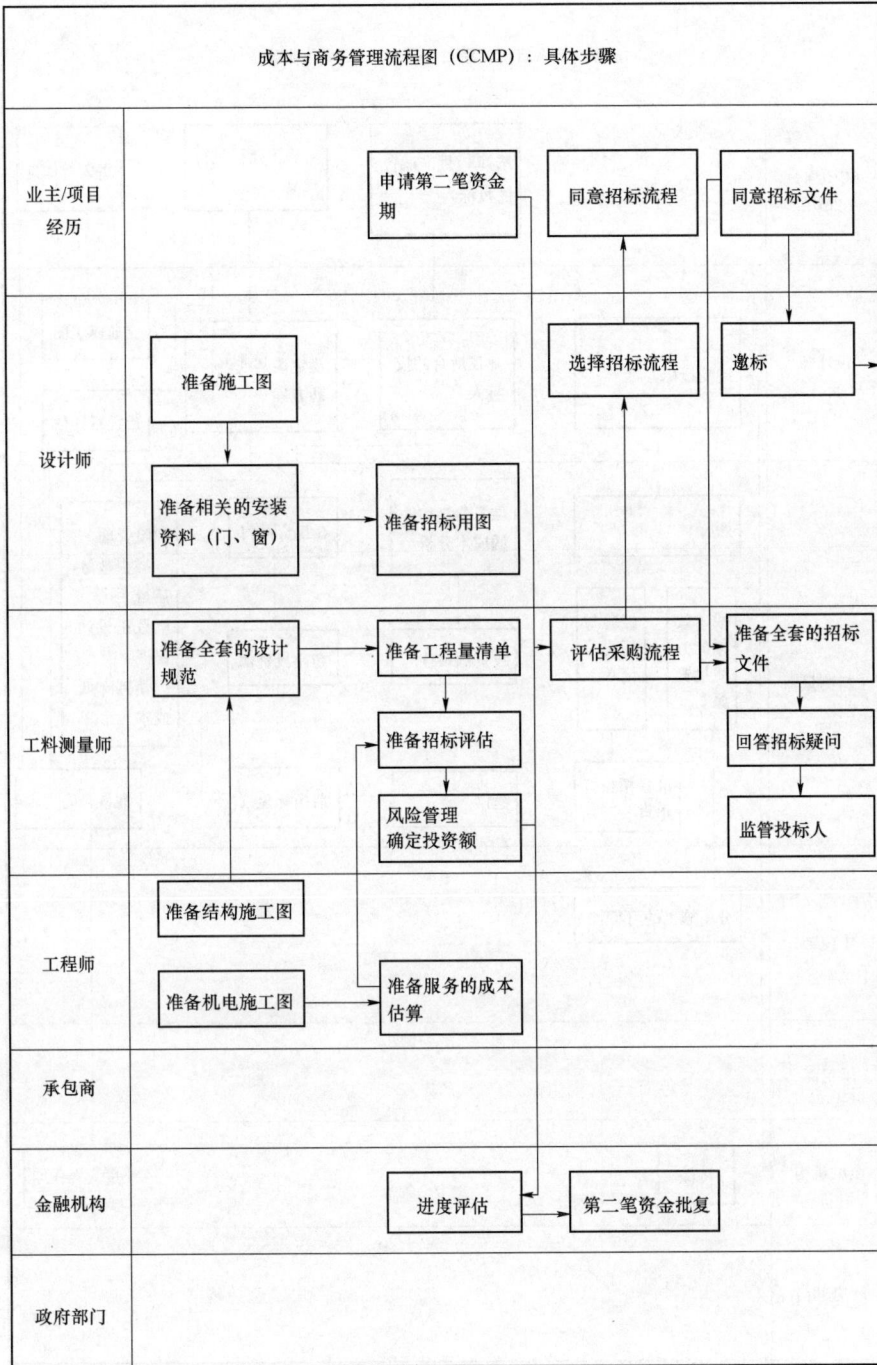

图 A-6　成本与商务管理流程图（CCMP）：具体步骤

成本与商务管理流程图（CCMP）：具体步骤				
业主/项目经历		选择、批准适合的投标人	对施工建议进行批复	进入合作期
设计师	接受投标方案	建议适合的投标人	确定谈判或者行动方案	完成施工图 / 后投标评估
工料测量师	评标 / 成本效果能力质量资源 / 经验与历史记录 / 准备招投标报告	准备建筑构件的成本分析 / 投资额核查 / 建议	在投资额内 / 超出投资额 / 后招标建议	风险管理 ·减少数量、质量 ·改正设计错误 ·谈判降低成本 / 准备合同文本
工程师	分析施工的可行性			
承包商				
金融机构	投标			进入合作期
政府部门				

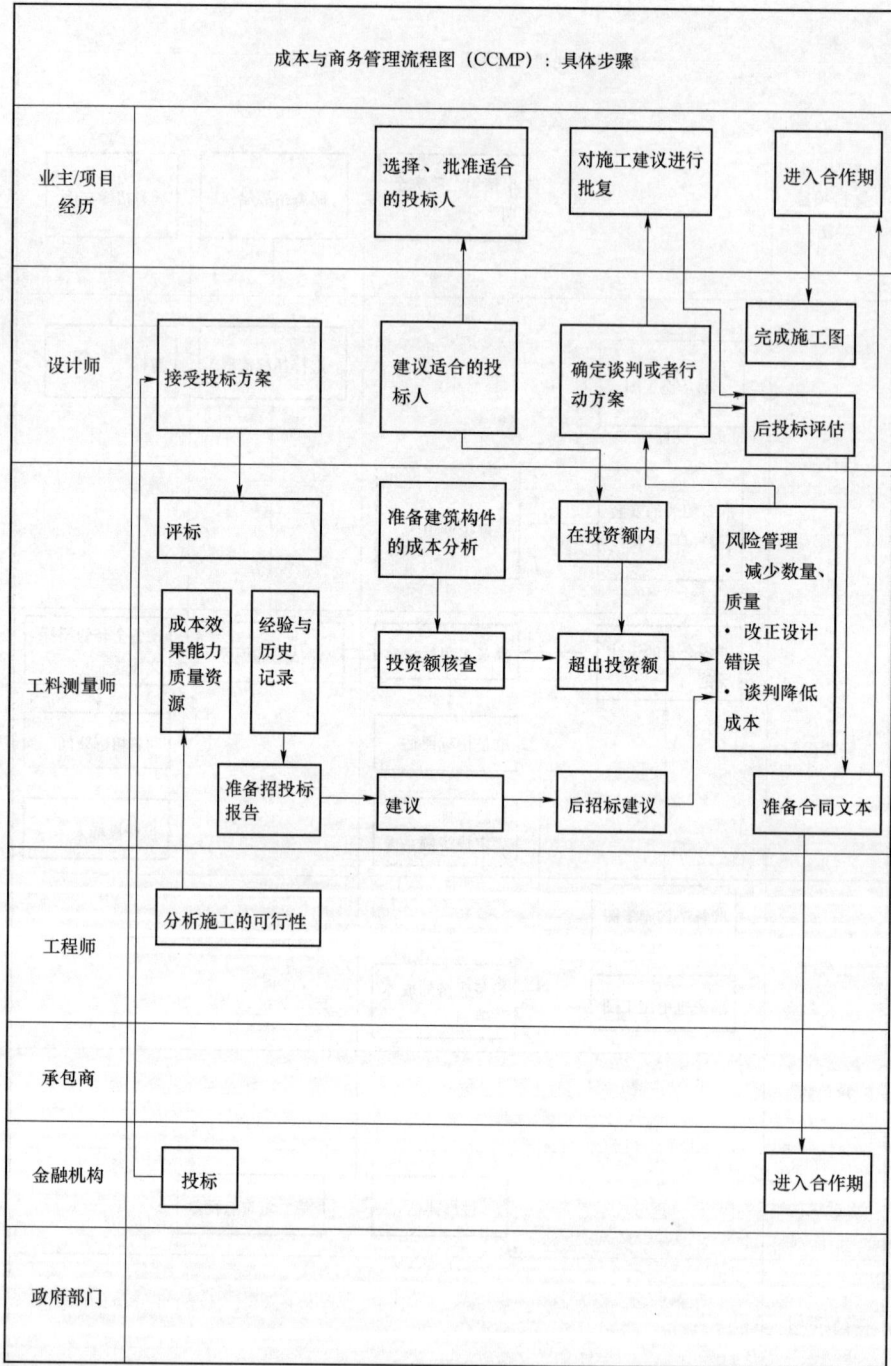

图 A-7　成本与商务管理流程图（CCMP）：具体步骤

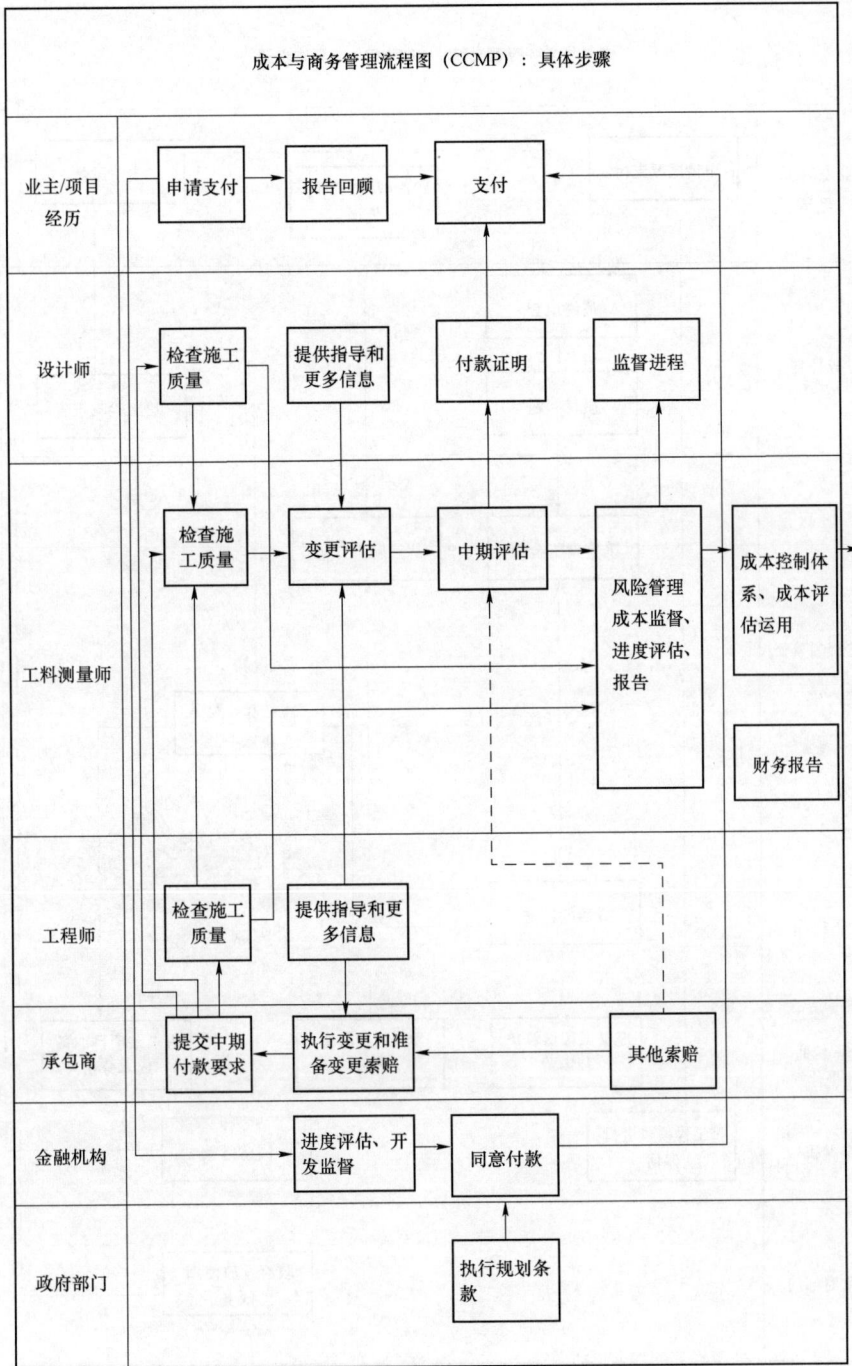

图 A-8 成本与商务管理流程图（CCMP）：具体步骤

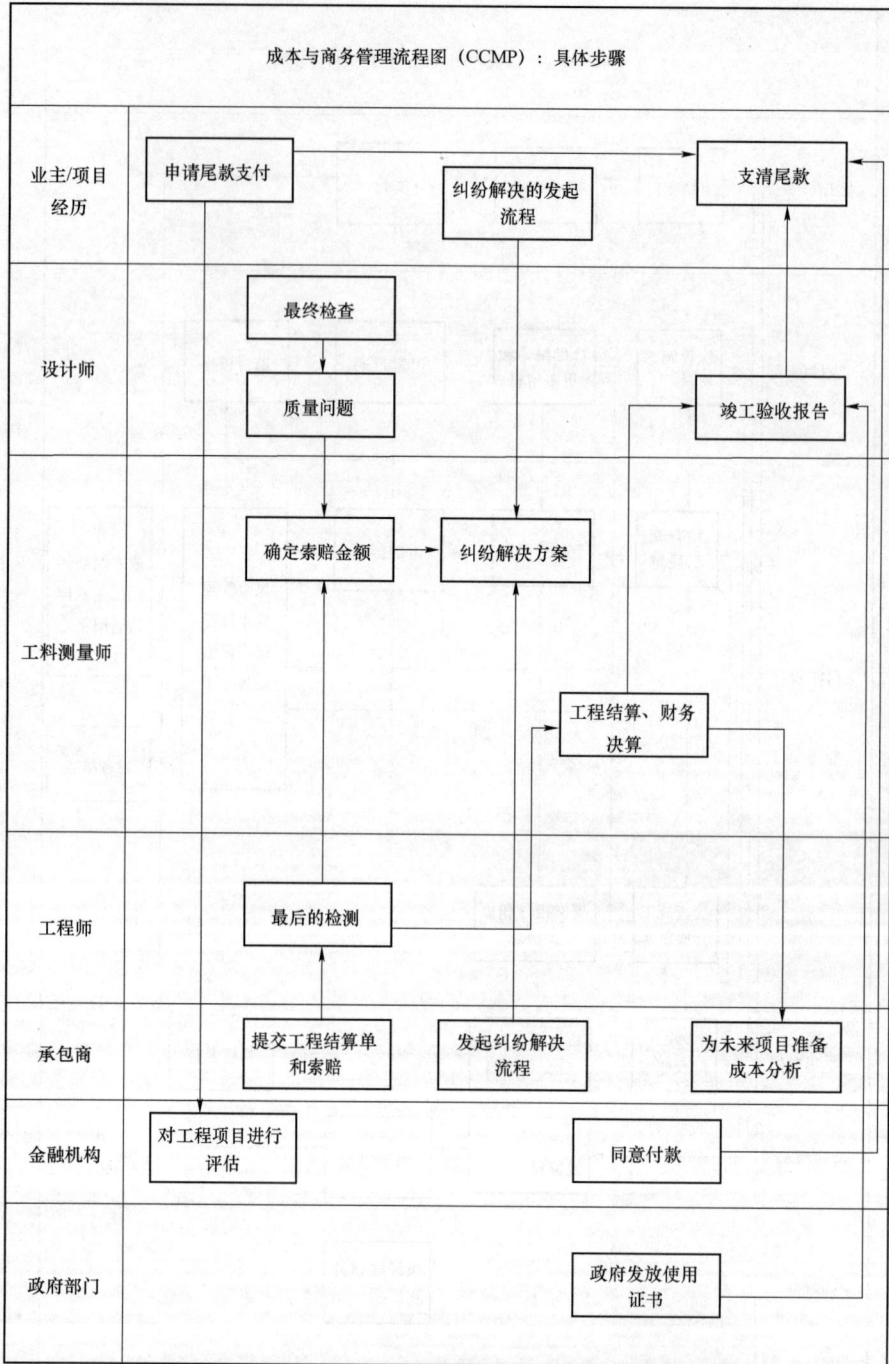

图 A-9 成本与商务管理流程图（CCMP）：具体步骤

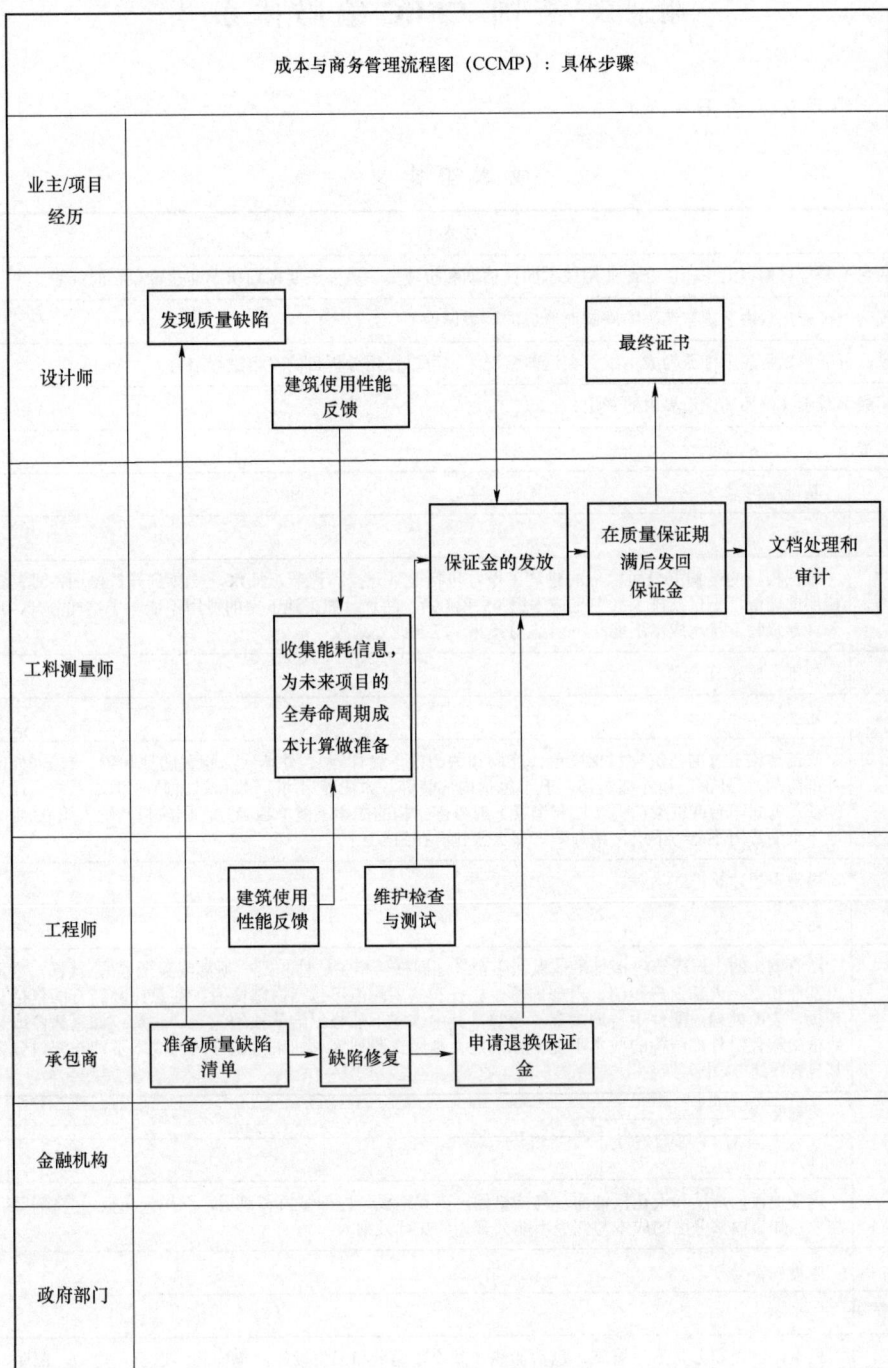

图 A-10　成本与商务管理流程图（CCMP）：具体步骤

附录 B 英国 CEEC 编码体系

1. 成本组定义（表 B-1）

表 B-1　　　　　　　　　　　**成 本 组 定 义**

成本组
成本信息应包括基准日期、汇率、以及在使用成本的评估期和折现率。另外还要规划和批准建设项目时间表
将成本合理归类，应注意由于国家编码的限制而造成的轻微偏差
在一些国家，可能难以将成本细分为成本组。在这些情况下，可以依据分析目的对组进行组合
应明确说明成本范围（例如场地边界内的费用）
建筑费用和费用

01	基础结构
	定义
	最低楼板的结构上表面以下的建筑工作，包括地下开挖和灌装，抽水，支撑到开挖侧面，地基，低于最低楼层的墙壁，不包括排水（参见成本组 05 和 09）。注意：如果地下室的费用不能与子结构分开，应在此处列入。建筑物下排水成本不能与下层结构分开，应在此处列入

02	外部上层建筑/壳膜
	定义
	底部结构上方的建筑物包括屋顶（连同相关的梁，栏杆等），外墙（与相关的柱和梁一起），外部窗户（带外部防晒），外部门和外部装饰，但不包括内部装饰。太阳能/雨淋屏蔽和门面通道/清洁系统。注意：如果悬挂或悬臂式阳台或框架构件（柱和横梁）对外部结构的成本不能单独确定，则应将其纳入第 03 组。注：如果地下室的费用不能与下层结构分开，那么应包含在组 01 中

03	内部上层建筑
	定义
	所有剩余的上层建筑包括悬吊地板和阳台（连同任何相关的柱和梁，顶部混凝土等），楼梯，内墙和隔板，内部柱和梁，内部窗户和门，内部屏幕，栏杆和扶手，但不包括内部饰面。注意：翻新合同包括从隔板，天花板，表面处理，配件中普遍剥离，等等，其中这些不能分配给单独的元素。注意：如果暂停或悬臂式阳台或框架构件对外部结构的成本不能单独确定，则应在此列入。如果内部分区的成本不能与完成分离，则应将其包含在组 04 中

04	内部装修
	定义
	内部地板，墙壁和天花板饰面，包括格栅，高架地板，内部镶板和包层，悬吊天花板，装饰和装饰到阳台。注意：如果内部分区的成本与完成不能分开，应在此处列入

05	服务设备
	定义
	机电，电力和公共卫生设施，包括加热，制冷，通风和卫生设施，电梯和输送机，电力，照明，能源生产系统，电信数据和 IT 设施，消防和安全系统，楼宇管理系统和适当的控制系统和调试

06	特殊设备和装置
	定义
	有关使用建筑物的特殊机电设备，包括固定和移动设备，生产设备，专业厨房设备，冷库和制冷以及适当的调试

续表

07	家具和配件
	定义
	固定和移动家具和配件，包括橱柜，健身房设备，标牌，窗帘，松散的地毯，消费品和艺术品
08	预制建筑物，建筑单元和房间
	定义
	预制体积平整的建筑物，单位和房间，其成本不能分配到 01 至 07 组。包括完整的建筑物，建筑单元（如锅炉房，酒店房间，医疗剧院套房）和房间（如浴室）
09	现场和外部工作
	定义
	在建筑物外的工作，包括外部服务和服务连接，排水，外部照明，铺路，软景观和种植，围墙和围栏以及小型建筑和土木工程
10	现场准备
	定义
	为建设工程提供明确的场地，包括拆除，去污，临时支援邻近建筑物。一般场地脱水，土壤稳定，排气等。考古调查，生物多样性措施。场地清理和预备地面工程形成新的轮廓
11	施工现场费用管理（初步）
	定义
	一般现场安装和临时工程，未纳入适当的成本组，包括起重机，临时场地住宿，脚手架，安置，晾干，清洁工作，现场安全，健康和安全措施，临时围墙，临时工程，承包商现场管理和承包商风险，保险债券和担保。注意：承包商的总体间接费用和利润应单独显示。注：场地管理与施工单独分配，应列入第 12 组
12	设计和项目团队费用
	定义
	设计和项目交付费用，包括建筑师，结构，机械和电气工程师，其他设计师（包括承包商设计费用），建筑经济学家，数量测量师，项目经理，城镇和国家规划师，雇主代理，测量师，项目健康和安全顾问，环境影响顾问和专业规划师，但不包括法律费用。包括客户建筑信息模型的成本。注：场地管理与施工单独分配的，应列入承包商施工成本的一部分，应纳入第 11 组
13	征收建筑费用和费用
	定义
	增值税和其他建筑费用及其他费用
偶然成本	
14	辅助费用和收费
	定义
	客户的一般附带费用包括物理模型，文件，副本和图纸的成本，铺设奠基石，顶尖，就职典礼，比赛，许可证，计划，公用设施连接，保险，第三方赔偿，客户参与，法律费用与建设有关，由于雕像要求，缺陷保险，营销成本等造成的赔偿
15	项目预算风险补贴（应急）
	定义
	风险项目包括设计开发风险，施工风险，雇主变更风险和通货膨胀（不包括承包商通货膨胀风险）在内的应急准入金额

16	附加费用税
	定义
	增值税和任何其他附加费用税

使用成本

17	保养
	定义
	主要替代成本、轻微更换、修理、维修、机电服务和重新装修服务
18	运营
	定义
	用于清洁、水、能源、废物处理、保险、检验、管理、物业管理和照顾的成本
19	结束
	定义
	出售或其他财产处置的费用，包括退役，处置检查，恢复符合合同规定的拆迁费用
20	使用成本税
	定义
	增值税和使用成本的任何其他税收

场地购置

21	现场购置成本
	定义
	场地成本包括与场地的收购，购买或租赁相关的所有费用以及法律费用
22	场地征收税
	定义
	与征地相关的所有税费

项目资金

23	资金
	定义
	财务客户的费用包括贷款利息，银行费用和抵押费用
24	补助金和补贴
	定义
	任何财政补助金和应付给项目的捐款
25	项目资金税
	定义
	所有与项目融资和财务相关的税费

2. 基本数量定义（表 B–2）

表 B–2　　　　　　　　　　　　　　**基 本 数 量 定 义**

测量原理			
所有数量应在场地进行测量，直到相应完工的表面。除非另有说明，倾斜区域应在水平平面上测量			
现场			
01	m²		场地面积
	定义		
法定场地边界内的区域在水平平原上测量，包括建筑物，外部工程和未处理区域的区域			
02	m²		占地面积
	定义		
完成场地（具有建筑物）的面积			
地板面积			
03	m²		地板未完全封闭面积
	定义		
开放式阳台，檐篷，修道院（有盖人行道），防火场，开放式停车场，可用的屋顶区域，屋顶露台等			
04	m²		总外部楼面面积
	定义		
覆盖并封闭到其全部高度的所有占地面积，包括测量到外墙外表面的地下室面积，包括在每层楼层测量的所有内墙，柱等的面积，不包括地板面积未完全封闭（参见 03）			
05	m²		内部总面积
	定义		
总外部占地面积减少外墙所占面积			
06	m²		内部分区
	定义		
内部结构和非结构墙壁，隔板，柱子，码头，烟囱，烟囱乳房，其他突起，垂直管道等。 注意：这个区域包括分区，某些国家将其定义为可出租区域			
07	m²		区域辅助主要功能
	定义		
厕所区，厕所大厅，衣帽间，浴室，清洁室，防爆棚等对建筑物主要功能的补充			
08	m²		辅助服务区
	定义		
电梯室，厂房，罐房，燃油店，米室等；空间占用的空间和连续空调，加热或冷却装置和管道			
09	m²		循环区
	定义		
入口大厅，走廊，楼梯，电梯井，电梯大堂，连接环节，消防走廊，烟雾大厅等占用人共同使用的区域			
10	m²		可用面积
	定义		
内部总面积不包括所有内部部门，服务配套区域，主要功能和流通区域附属区域			

功能单位		
	定义	
	功能单位是与建筑物的特定用途相关的典型单位。 示例（不限于）： 住宿单位（住宅） 学生人数（学校） 医院病床数（医疗保健） 酒店房间数量 座位（剧院，约柜和音乐厅） 停车位（有盖停车场）。 建筑物可以具有两个或更多个功能单元，例如，房屋表示为每人或卧室的费用，办公桌面或可用区域	
11	主要功能单位	
12	次要功能单位	

3. 计算示例（表 B-3）

表 B-3	计 算 示 例

目前所有 CEEC 的贡献者可以通过总建筑施工（成本组 1~8）找到一个共同的基准，并增加一定比例的施工现场费用，管理、设计和项目组费用（成本组 09 和 10 计算作为成本组 01~10 的百分比）。如果使用其他类别的成本类别作为基准，则应明确定义

基准建筑费用和费用		
	货币要说明	
	施工费和费用	
	成本组 01	基础结构
	成本组 02	外部上层建筑/壳膜
	成本组 03	内部上层建筑
	成本组 04	内部装修
	成本组 05	服务装置
	成本组 06	特殊设备和装置
	成本组 07	家具和配件
	成本组 08	预制建筑物、建筑单元和房间
	小计 A	
	成本组 09	现场和外部作品
	成本组 10	现场准备
	小计 B	
	小计 C	小计 A + 小计 B
	成本组 11	施工现场费用管理（初步）
	成本组 12	设计和项目团队费用

小计 D		
合计 E	小计 C + 小计 D	
施工现场费用，管理设计和项目组费用占建筑费用的百分比		
百分率 1	（合计 D − 合计 C）/合计 C × 100	
建筑费用		
合计 A	A	
占合计 D 的比例	合计 A × 百分率 1/100	
合计 E	合计 A + 合计 A × 百分率 1/100	
建筑费用基准		
合计 E		
楼面积 X	占地面积，由 CEEC 代码基本定义定义，单位（通常为 m²）	
CEEC 基准	合计 E/X	

附录 C　英国 CEEC 标准成本分析表格

1. 项目详情（表 C–1）

表 C–1　　　　　　　　项 目 详 情

BCIS 建设代码	
单位数	
招标文件	
测量方法	
违约金（每周）	
波动	
复杂的合同	
项目介绍	
住宿和设计	
积分	
提交方：	
客户：	
建筑师：	
工料测量师：	
结构工程师：	
服务工程师：	
总承包人：	

2. 项目细节（表 C-2）

表 C-2　　　　　　　　　　　　　　项　目　细　节

名称					建筑功能	
招标日期						
基准日期						
验收日期						
占有日期						
位置						
邮编						
地方当局区						
客户					客户端类型	
楼层数量	主要:		次要:		基础	
工作类型					工作类型	
总内部面积（GIFA）	m²					
区域功能:						
可用面积	m²		地下室			m²
循环区	m²		一楼			m²
辅助区域	m²		高层			m²
内部部门	m²		总计	0		m²
没有封闭的空间区域	m²（GIFA 中不包括）		区域高度			
垂直区域	m²（区域外墙,门窗）		地下室			m²
内部立方体	m³		一楼			m²
计划屋顶面积	m²		高层			m²
	数量		功能单位		描述	
i)						
ii)						
iii)						
场地						
地面条件						
挖掘						
现有状态						
工作空间						
拆分多个站点						
访问						
场地其他意见						

市场情况						
如果不接受最低投标，请解释为何不						
如果接受投标进行了调整，请说明如何						
投标金额		合同			招标修改	
选择承包商						
招标人数	发行：	接收方：				
合同明细						
		请列出按价值收到的投标				
测量工作		1				
临时金额		2				
主要费用总额		3				
预赛		4				
开销和利润		5				
或有事项		6				
承包商设计费		7				
合同金额	0	8				
合同形式					合同	
合同期限	周数					
由承包商提供	周数					
同意	周数					
BCIS 是否有您的许可发布						
i）英镑/m²						
ii）简明/详细的成本分析						
项目的任何细节提前提交给 BCIS 吗						
建筑认可评分						
BREEAM 评分						
可持续住房水平准则						
SAP 评级						
SBEM 评分						

终身家庭认证						
年二氧化碳排放量						

3. 放大（子元素）成本分析（表 C-3）

表 C-3 　　　　　　　　放大（子元素）成本分析

元　素			总成本	单位数量	规格文字
1		基础结构			
1.1		基础结构			
	1.1.1				
	1.1.2	专业基础			
	1.1.3	最低建筑面积			
	1.1.4	地下室挖掘			
	1.1.5	地下室挡土墙			
				m^2	
2		上层建筑			
2.1		框架			
	2.1.1	框架			
		框架		m^2	
2.2		高层			
	2.2.1	地板			
	2.2.2	阳台			
	2.2.3	排水到阳台			
		高层		m^2	
2.3		屋顶			
	2.3.1	屋顶结构			
	2.3.2	屋顶覆盖物			
	2.3.3	专业屋顶系统			
	2.3.4	屋顶排水			
	2.3.5	屋顶灯，天窗和开口			
	2.3.6	屋顶特点			
		屋顶		m^2	

续表

元 素			总成本	单位数量	规格文字
2.4		楼梯和坡道			
	2.4.1	楼梯/坡道结构			
	2.4.2	楼梯/坡道完成			
	2.4.3	楼梯/坡道栏杆和扶手			
	2.4.4	梯子/滑槽/滑道			
		楼梯和坡道		个（套）	
2.5		外墙			
	2.5.1	地面以上的外围围墙			
	2.5.2	地面以下的外围围墙			
	2.5.3	太阳能/挡雨板			
	2.5.4	外围拱腹			
	2.5.5	附属墙壁、栏杆和所拥有的阳台			
	2.5.6	外墙入口/清洁系统			
		包括外墙保留工程			
		外墙		m^2	
2.6		窗户和外门			
	2.6.1	外部窗口			
	2.6.2	外门			
		窗户和外门		m^2	
2.7		内墙和隔墙			
	2.7.1	墙壁和隔板			
	2.7.2	栏杆和扶手			
	2.7.3	可移动房间分隔			
	2.7.4	小隔间			
		内墙和隔墙		m^2	
2.8		内门			
	2.8.1	内门			
		内门		个（套）	
3		内部饰面			
3.1		墙饰面			
	3.1.1	墙饰面			
		墙饰面		m^2	

续表

元　素			总成本	单位数量	规格文字
3.2		地板饰面			
	3.2.1	地板饰面			
	3.2.2	升降板			
		底板饰面		m²	
3.3		天花板饰面			
	3.3.1	天花板饰面			
	3.3.2	人造天花板			
	3.3.3	可拆卸悬吊天花板			
		天花板饰面		m²	
4		配件、家具和设备			
4.1		配件、家具和设备			
	4.1.1	通用配件、家具和设备			
	4.1.2	国内厨房配件及设备			
	4.1.3	特殊用途配件、家具和设备			
	4.1.4	标志/通知			
	4.1.5	艺术品			
	4.1.6	非机械和非电气设备			
	4.1.7	内部种植			
	4.1.8	鸟和害虫控制			
		配件		m²	
5		服务设备			
5.1		卫生设施			
	5.1.1	卫生洁具			
	5.1.2	卫生辅助设备			
		卫生设施		个（套）	
5.2		服务设备			
	5.2.1	服务设备			
		服务设备		个（套）	
5.3		处置装置			
	5.3.1	地面以上引流			
	5.3.2	化学、有毒和工业废液处理			
	5.3.3	垃圾处理			
		处置装置		个（套）	

元　素			总成本	单位数量	规格文字
5.4		水设备			
	5.4.1	主要供水			
	5.4.2	冷水分配			
	5.4.3	热水分配			
	5.4.4	当地热水分配			
	5.4.5	蒸汽和冷凝水分配			
		水设备		m²	
5.5		热源			
	5.5.1	热源			
		热源		kW	
5.6		空间采暖和空调			
	5.6.1	暖气			
	5.6.2	本地采暖			
	5.6.3	中央冷却			
	5.6.4	局部冷却			
	5.6.5	中央供暖和制冷			
	5.6.6	局部供暖和制冷			
	5.6.7	中央空调			
	5.6.8	局部空调			
		空间采暖和空调		m²	
5.7		通风系统			
	5.7.1	中央通风			
	5.7.2	局部和特殊通风			
	5.7.3	排烟/控制			
		通风系统		m²	
5.8		电气安装			
	5.8.1	电源和电源分配			
	5.8.2	电力装置			
	5.8.3	照明设备			
	5.8.4	专业照明设备			
	5.8.5	局部发电系统			
	5.8.6	接地和接合系统			
		电气安装		m²	

元　素		总成本	单位数量	规格文字
5.9	燃油装置			
	5.9.1　燃油储存			
	5.9.2　燃油分配系统			
	燃油装置		m²	
5.10	电梯和输送机装置			
	5.10.1　升降机和封闭式起重机			
	5.10.2　自动扶梯			
	5.10.3　移动路面			
	5.10.4　动力楼梯			
	5.10.5　输送机			
	5.10.6　码头矫平机和剪式升降梯			
	5.10.7　起重机和未封闭的起重机			
	5.10.8　汽车升降机，汽车堆垛系统，转盘等			
	5.10.9　文件处理系统			
	5.10.10　其他电梯和输送机装置			
	电梯和输送机装置		个（套）	
5.11	防火和防雷			
	5.11.1　消防系统			
	5.11.2　灭火系统			
	5.11.3　闪电防护			
	防火和防雷		m²	
5.12	通信、安全和控制系统			
	5.12.1　通信系统			
	5.12.2　安全系统			
	5.12.3　中央控制/楼宇管理系统			
	通信、安全和控制系统		m²	
5.13	专业安装			
	5.13.1　专业管道供应设备			
	5.13.2　专业制冷系统			
	5.13.3　专业机械设备			
	5.13.4　专业电气/电子设备			
	5.13.5　水设备			
	专业安装		m²	

元　素		总成本	单位数量	规格文字
5.14	建筑师的工作在连接（BWIC）与服务			
	5.14.1　　BWIC 与服务			
	BWIC 与服务		m²	
6	预制建筑和建筑单位			
6.1	预制建筑和建筑单位			
	6.1.1　　完整的建筑物			
	6.1.2　　建筑单位			
	6.1.3　　房间			
	预制建筑和建筑单位		m²	
7	工作到现有的建筑			
7.1	次要拆迁和变更			
	次要拆迁和变更		m²	
7.2	维修现有设施			
	7.2.1　　维修现有设施			
	维修现有设施			
7.3	防潮/真菌和甲虫根除			
	建筑小计			
8	外部工作			
8.1	现场准备工作			
	8.1.1　　现场清关			
	8.1.2　　准备基础			
	现场准备工作		m²	
8.2	道路、路径、铺路和铺面			
	8.2.1　　道路、路径和铺路			
	8.2.2　　特殊的铺面和铺路			
	道路、路径、铺路和铺面		m²	
8.3	软景观、种植和灌溉系统			
	8.3.1　　播种和草皮			
	8.3.2　　外部种植			
	8.3.3　　灌溉系统			
	软景观、种植和灌溉系统		m²	
8.4	篱笆、栏杆和墙壁			
	8.4.1　　篱笆和栏杆			
	8.4.2　　墙壁和屏幕			
	8.4.3　　挡土墙			
	8.4.4　　障碍物和护栏			
	篱笆、栏杆和墙壁		m²	

续表

元 素			总成本	单位数量	规格文字
8.5		外部固定装置			
	8.5.1	现场/街道家具和设备			
	8.5.2	装饰特征 外部固定装置		m²	
8.6		外部排水			
	8.6.1	地表水和污水排水			
	8.6.2	辅助排水系统			
	8.6.3	外部化学,有毒和 工业废液排放			
	8.6.4	土地排水			
		外部排水		m²	
8.7		外部服务			
	8.7.1	水主要供应			
	8.7.2	电力主要供应			
	8.7.3	外部转换设备			
	8.7.4	外部厂房和设备的配电			
	8.7.5	燃气主要供应			
	8.7.6	电信等通信系统连接			
	8.7.7	外部燃料储存和 管道分配系统			
	8.7.8	外部安全系统			
	8.7.9	外部/街道照明系统			
	8.7.10	本地/区域供暖设施			
	8.7.11	BWIC 与外部服务			
		外部服务		m²	
8.8		小型建筑工程及附属建筑物			
	8.8.1	小型建筑工程			
	8.8.2	附属建筑物和结构			
	8.8.3	支持外部现场边界墙			
		小型建筑工程及附属建筑物		m²	
0		促进作品			
0.1		有毒/有害/受污染的物质处理			
	0.1.1	有毒/有害物质的去除			
	0.1.2	污染土地			
	0.1.3	消除植物生长			
		有毒/有害/受污染的物质处理		m²	

	元　素		总成本	单位数量	规格文字
0.2		重大拆迁工程			
	0.2.1	拆除工程			
	0.2.2	软带材工程			
		重大拆迁工程		m²	
0.3		临时支援邻近建筑物			
	0.3.1	临时支援邻近建筑物			
		临时支援邻近建筑物		m²	
0.4		现场脱水抽水			
	0.4.1	现场脱水抽水			
	0.4.2	土壤稳定措施			
	0.4.3	地下气体排放措施			
		专业地面工程		m²	
0.5		临时转用工程			
	0.5.1	临时转用工程			
		临时转用工程		m²	
0.6		特殊现场调查			
	0.6.1	考古调查			
	0.6.2	爬行动物/野生动物迁移措施			
	0.6.3	其他特殊现场调查			
		特殊现场调查		m²	
9		主承包商预选			
9.1		雇主要求			
9.2		主承包商的成本项目			
		预算			
10		主承包商的间接费用和利润			
10.1		主承包商的间接费用			
10.2		主承包商的利润			
		开销和利润			
		合同总额（不包括应急费用和承包商的设计费用）			
11		项目/设计团队费用			
11.1		顾问费			
11.2		主承包商的施工前设计费			
11.3		主承包商的设计费			
		项目/设计团队费用			

续表

	元素		总成本	单位数量	规格文字
12	其他开发/项目费用				
12.1	其他开发/项目费用				
		其他开发/项目费用			
13	风险（客户的意外事件）				
13.1	设计开发风险				
13.2	施工风险				
13.3	雇主改变风险				
13.4	雇主其他风险				
		风险（意外）			
	总合同/项目成本				

注：如果所分析的成本是以建筑合同为基础的，则包括任何雇主的应急费用和接触者设计费用的合同总额。如果包括其他客户成本，则应确定这些费用，总计将是项目成本。

附录 D BCIS 成本分析表格

表 D-1　　　　　　　　　BCIS 成 本 分 析 表 格

Project Details 项目明细		
BCIS construction code BCIS 建筑规范		
Number of units 单位数		
Tender documentation 招标文件		
Method of measurement 测量方法		
Liquidated damages 违约赔偿金		per week 每周
Fluctuations 波动		
Complex contract 复杂合同		
Project description 项目介绍		
Accommodation and design 住宿和设计		
Credits 信用		
Submitted by: 由……所提交：		
Client: 客户：		
Architect: 建筑师：		

Quantity surveyor: 工料测量师：		
Structural engineer: 结构工程师：		
Services engineer: 服务工程师：		
General contractor: 总承包人：		

表 D-2

	Element 要素		Total cost 总成本	Unit quantity 单位数量
1	Substructure 子结构			
1.1	Substructure 子结构			
	1.1.1	Standard foundations 标准基础		
	1.1.2	Specialist foundations 专家基金会		
	1.1.3	Lowest floor construction 最低楼层结构		
	1.1.4	Basement excavation 地下室开挖		
	1.1.5	Basement retaining walls 地下室挡土墙		
	Substructure 子结构			m^2
2	Superstructure 上层建筑			
2.1	Frame 框架			
	2.1.1	Frame 框架		
	Frame 框架			m^2
2.2	Upper floors 高层			
	2.2.1	Floors 地面		
	2.2.2	Balconies 阳台		
	2.2.3	Drainage to balconies 排水到阳台		
	Upper floors 高层			m^2
2.3	Roof 屋顶			
	2.3.1	Roof structure 屋顶结构		
	2.3.2	Roof coverings 屋顶覆盖物		
	2.3.3	Specialist roof systems 专业屋顶系统		
	2.3.4	Roof drainage 屋顶排水		
	2.3.5	Roof lights，sky lights and openings 屋顶灯、天窗和开口		
	2.3.6	Roof features 屋顶特征		

	Element 要素		Total cost 总成本	Unit quantity 单位数量
	Roof 屋顶			m²
2.4	Stairs and ramps 楼梯和坡道			
	2.4.1	Stair/ramp structures 楼梯/坡道结构		
	2.4.2	Stair/ramp finishes 楼梯/坡道完工		
	2.4.3	Stair/ramp balustrades and handrails 楼梯/坡道栏杆和扶手		
	2.4.4	Ladders/chutes/slides 梯子/滑槽/滑动		
	Stairs and ramps 楼梯和坡道			个 (套)
2.5	External walls 外墙			
	2.5.1	External enclosing walls above ground level 地面以上的外围围墙		
	2.5.2	External enclosing walls below ground level 地面以下的外围围墙		
	2.5.3	Solar/rain screening 太阳/雨水隔挡		
	2.5.4	External abutment 外部拱腹		
	2.5.5	Subsidiary walls, balustrades and proprietary balconies 辅助墙、栏杆和专有阳台		
	2.5.6	Façade access/cleaning systems 外墙进入/清洁系统		
	2.5.7	Include façade retention works 包括外墙保留工作		
	External walls 外墙			m²
2.6	Windows and external doors 窗户和外门			
	2.6.1	External windows 外部窗口		
	2.6.2	External doors 外门		
	Windows and external doors 窗户和外门			m²
2.7	Internal walls and partitions 内墙和隔板			
	2.7.1	Walls and partitions 墙壁和隔板		
	2.7.2	Balustrades and handrails 栏杆和扶手		
	2.7.3	Moveable room dividers 可移动的房间隔断		
	2.7.4	Cubicles 小隔间		
	Internal walls and partitions 内墙和隔板			m²
2.8	Internal doors 内门			
	2.8.1	Internal doors 内门		
	Internal doors 内门			个 (套)
3	Internal finishes 内部装饰			

	Element 要素		Total cost 总成本	Unit quantity 单位数量
3.1	Wall finishes 墙面饰面			
	3.1.1	Wall finishes 墙面饰面		
		Wall finishes 墙面完成		m²
3.2	Floor finishes 地板饰面			
	3.2.1	Finishes to floors 完成楼层		
	3.2.2	Raised access floors 高架地板		
		Floor finishes 地板面积		m²
3.3	Ceiling finishes 天花板饰面			
	3.3.1	Finishes to ceilings 完成到天花板		
	3.3.2	False ceilings 临时天花板		
	3.3.3	Demountable suspended ceilings 可拆卸吊顶		
		Ceiling finishes 天花板饰面		m²
4	Fittings，furnishings and equipment 配件、家具和设备			
4.1	Fittings，furnishings and equipment 配件、家具和设备			
	4.1.1	General fittings，furnishings and equipment 一般配件、家具和设备		
	4.1.2	Domestic kitchen fittings and equipment 家用厨房配件和设备		
	4.1.3	Special purpose fittings，furnishings and equipment 特殊用途的配件、家具和设备		
	4.1.4	Signs/notices 标志/通知		
	4.1.5	Works of art 艺术作品		
	4.1.6	Non－mechanical and non－electrical equipment 非机械和非电气设备		
	4.1.7	Internal planting 内部种植		
	4.1.8	Bird and vermin control 鸟类和害虫控制		
		Fittings 配件		m²
5	Services equipment 服务设备			
5.1	Sanitary installations 卫生设施			
	5.1.1	Sanitary appliances 卫生器具		
	5.1.2	Sanitary ancillaries 卫生辅助设施		
		Sanitary installations 卫生设施		个 （套）
5.2	Services equipment 服务设备			

Element 要素			Total cost 总成本	Unit quantity 单位数量
	5.2.1	Services equipment 服务设备		
Services equipment 服务设备				个 （套）
5.3	Disposal installations 处置设施			
	5.3.1	Foul drainage above ground 地上排污		
	5.3.2	Chemical，toxic and industrial liquid waste disposal 化学、有毒和工业废液处理		
	5.3.3	Refuse disposal 垃圾处理		
Disposal installations 处置设施				个 （套）
5.4	Water installations 水设施			
	5.4.1	Mains water supply 主要供水		
	5.4.2	Cold water distribution 冷水分配		
	5.4.3	Hot water distribution 热水分配		
	5.4.4	Local hot water distribution 当地热水分配		
	5.4.5	Steam and condensate distribution 蒸汽和冷凝水的分配		
Water installations 水设施				m²
5.5	Heat source 热源			
	5.5.1	Heat source 热源		
Heat source 热源				kW
5.6	Space heating and air conditioning 空间采暖和空调			
	5.6.1	Central heating 中央供暖		
	5.6.2	Local heating 局部加热		
	5.6.3	Central cooling 中央冷却		
	5.6.4	Local cooling 局部冷却		
	5.6.5	Central heating and cooling 中央供暖和制冷		
	5.6.6	Local heating and cooling 局部加热和冷却		
	5.6.7	Central air conditioning 中央空调		
	5.6.8	Local air conditioning 局部空调		
Space heating and air conditioning 空间暖气和空调				m²
5.7	Ventilation systems 通风系统			
	5.7.1	Central ventilation 中央通风		
	5.7.2	Local and special ventilation 局部和特殊通风		

续表

		Element 要素	Total cost 总成本	Unit quantity 单位数量
	5.7.3	Smoke extract/control 烟雾提取/控制		
		Ventilating systems 通风系统		m²
5.8		Electrical installations 电气装置		
	5.8.1	Electric mains and sub－mains distribution 电力干线和分配电源		
	5.8.2	Power installations 动力装置		
	5.8.3	Lighting installations 照明装置		
	5.8.4	Specialist lighting installations 专业照明装置		
	5.8.5	Local electricity generation systems 本地发电系统		
	5.8.6	Earthing and bonding systems 接地和粘结系统		
		Electrical installations 电气安装		m²
5.9		Fuel installations 燃料装置		
	5.9.1	Fuel storage 燃料储存		
	5.9.2	Fuel distribution systems 燃料分配系统		
		Fuel installations 燃料装置		m²
5.10		Lift and conveyor installations 升降机和输送机安装		
	5.10.1	Lifts and enclosed hoists 升降机和封闭式升降机		
	5.10.2	Escalators 自动扶梯		
	5.10.3	Moving pavements 移动路面		
	5.10.4	Powered stairlifts 动力升降机		
	5.10.5	Conveyors 输送机		
	5.10.6	Dock levellers and scissor lifts 码头水平仪和剪叉式升降机		
	5.10.7	Cranes and unenclosed hoists 起重机和未封闭的起重机		
	5.10.8	Car lifts，car stacking systems，turntables and the like 汽车升降机、汽车堆垛系统、转盘等		
	5.10.9	Document handling systems 文件处理系统		
	5.10.10	Other lift and conveyor installations 其他升降机和输送机安装		
		Lift and conveyor installations 升降机和输送机安装		个 （套）
5.11		Fire and lightning protection 防火和防雷		
	5.11.1	Fire－fighting systems 消防系统		

Element 要素			Total cost 总成本	Unit quantity 单位数量
	5.11.2	Fire suppression systems 灭火系统		
	5.11.3	Lightning protection 防雷		
Fire and lightning protection 防火防雷				m²
5.12	Communication，security and control systems 通信、安全和控制系统			
	5.12.1	Communication systems 通信系统		
	5.12.2	Security systems 安全系统		
	5.12.3	Central control/building management systems 中央控制/建筑物管理系统		
Communication，security and control systems 通信、安全和控制系统				m²
5.13	Specialist installations 专家安装			
	5.13.1	Specialist piped supply installations 专业管道供电装置		
	5.13.2	Specialist refrigeration systems 专业制冷系统		
	5.13.3	Specialist mechanical installations 专业机械装置		
	5.13.4	Specialist electrical/electronic installations 专业电气/电子装置		
	5.13.5	Water features 水功能		
Specialist installations 专业装置				m²
5.14	Builder's Work in Connection（BWIC）with Services 构建器与服务的连接工作			
	5.14.1	BWIC with services 带有服务的 BWIC		
BWIC with ServicesBWIC 与服务				m²
6	Prefabricated buildings and building units 预制建筑和建筑单元			
6.1	Prefabricated buildings and building units 预制建筑和建筑单元			
	6.1.1	Complete buildings 完整的建筑物		
	6.1.2	Building units 建筑单元		
	6.1.3	Pods		
Prefabricated buildings and units 预制建筑物和单位				m²
7	Work to existing building 到现有建筑工作			
7.1	Minor demolitions and alterations 轻微拆除和改建			
	7.1.1	Minor Demolitions and Alterations 轻微拆除和修改		
Minor demolitions and alterations 轻微拆除和改建				m²
7.2	Repairs to existing services 对现有服务的维修			
	7.2.1	Repairs to existing services 对现有服务的维修		
Repairs to existing services 修复现有服务				
7.3	Damp proof course/fungus and beetle eradication 防潮过程/真菌和甲虫根除			

续表

	Element 要素		Total cost 总成本	Unit quantity 单位数量
	Building sub-total 建设小计			
8	External works 外部工程			
8.1	Site preparation works 场地准备工作			
	8.1.1	Site clearance 场地清理		
	8.1.2	Preparatory groundwork's 准备基础工作		
	Site preparation works 现场准备工作			m²
8.2	Roads，paths，paving's and surfacing's 道路、道路、铺路和铺面			
	8.2.1	Roads，paths and paving's 道路、路径和铺路		
	8.2.2	Special surfacing and paving's 特殊表面和铺路		
	Roads，paths，paving's and surfacing's 道路、铺路和铺面			m²
8.3	Soft landscaping，planting and irrigation systems 景观、种植和灌溉系统			
	8.3.1	Seeding and turfing 播种和草坪		
	8.3.2	External planting 外部种植		
	8.3.3	Irrigation systems 灌溉系统		
	Soft landscaping，planting and irrigation systems 景观、种植和灌溉系统			m²
8.4	Fencing，railings and walls 围栏、栏杆和墙壁			
	8.4.1	Fencing and railings 围栏和栏杆		
	8.4.2	Walls and screens 墙壁和屏幕		
	8.4.3	Retaining walls 挡土墙		
	8.4.4	Barriers and guard rails 障碍物和护栏		
	Fencing，railings and walls 围栏、栏杆和墙壁			m²
8.5	External fixtures 外部装置			
	8.5.1	Site/street furniture and equipment 场地/街道设施和设备		
	8.5.2	Ornamental features 装饰性特征		
	External fixtures 外部装置			m²
8.6	External drainage 外部排水			
	8.6.1	Surface water and foul water drainage 地表水和污水排放		
	8.6.2	Ancillary drainage systems 辅助排水系统		
	8.6.3	External chemical，toxic and industrial liquid waste drainage 外部化学、有毒和工业废液排放		
	8.6.4	Land drainage 土地排水		
	External drainage 外部排水			m²
8.7	External services 外部服务			
	8.7.1	Water mains supply 用水供应		
	8.7.2	Electricity mains supply 电力供应		

续表

	Element 要素		Total cost 总成本	Unit quantity 单位数量
	8.7.3	External transformation devices 外部转换设备		
	8.7.4	Electricity distribution to external plant and equipment 向外部设备和设备的电力分配		
	8.7.5	Gas mains supply 燃气总管供应		
	8.7.6	Telecommunications and other communication system connections 电信和其他通信系统连接		
	8.7.7	External fuel storage and piped distribution systems 外部燃料储存和管道分配系统		
	8.7.8	External security systems 外部安全系统		
	8.7.9	External/street lighting systems 外部/街道照明系统		
	8.7.10	Local/district heating installations 地方/区域供热设施		
	8.7.11	BWIC with external services 带有外部服务的 BWIC		
	External services 外部服务			m²
8.8	Minor building works and ancillary buildings 小型建筑工程及附属建筑物			
	8.8.1	Minor building works 小型建筑工程		
	8.8.2	Ancillary buildings and structures 辅助建筑物和结构		
	8.8.3	Underpinning to external site boundary walls 支撑外部场地边界墙		
	Minor building works and ancillary buildings 小型建筑工程及附属建筑物			m²
0	Facilitating works 促进工作			
0.1	Toxic/hazardous/contaminated material treatment 有毒/危险/污染物处理			
	0.1.1	Toxic/hazardous material removal 去除有毒/有害物质		
	0.1.2	Contaminated land 受污染的土地		
	0.1.3	Eradication of plant growth 根除植物生长		
	Toxic/hazardous/contaminated material treatment 有毒/危险/污染物质处理			m²
0.2	Major demolition works 主要拆迁工程			
	0.2.1	Demolition works 拆除工程		
	0.2.2	Soft strip works 软带工作		
	Major demolition works 主要拆迁工程			m²
0.3	Temporary support to adjacent structures 对相邻建筑物的临时支撑			
	0.3.1	Temporary support to adjacent structures 对相邻建筑物的临时支撑		
	Temporary support to adjacent structures 对邻近建筑物的临时支持			m²
0.4	Specialist groundwork's 专业基础			
	0.4.1	Site dewatering and pumping 现场脱水和泵送		
	0.4.2	Soil stabilisation measures 土壤稳定措施		
	0.4.3	Ground gas venting measures 地面气体排放措施		

	Element 要素	Total cost 总成本	Unit quantity 单位数量
	Specialist ground works 专业地面工程		m²
0.5	Temporary diversion works 临时改道工程		
0.5.1	Temporary diversion works 临时改道工程		
	Temporary diversion works 临时改道工程		m²
0.6	Extraordinary site investigation 非常的现场调查		
0.6.1	Archaeological investigation 考古调查		
0.6.2	Reptile/wildlife mitigation measures 考古调查		
0.6.3	Other extraordinary site investigation 其他特殊现场调查		
	Extraordinary site investigation 特殊的现场调查		m²
9	Main contractor's preliminaries 主要承包商的预赛		
9.1	Employer's requirements 雇主的要求		
9.2	Main contractor's cost items 主承包商的成本项目		
	Preliminaries 初步费用		
10	Main contractor's overheads and profit 主承包商的管理费用和利润		
10.1	Main contractor's overheads 主承包商的管理费用		
10.2	Main contractor's profit 主承包商的利润		
	Overheads and profit 开销和利润		
	Total contact sum（excluding contingencies and contractor's design fees）总联系金额（不包括或有事项和承包商的设计费用）		
11	Project/design team fees 项目/设计团队费用		
11.1	Consultant's fees 顾问费		
11.2	Main contractor's pre–construction design fees 主承包商的施工前设计费		
11.3	Main contractor's design fees 主承包商的设计费		
	Project/design team fees 项目/设计团队费用		
12	Other development/project costs 其他开发/项目费用		
12.1	Other development/project costs 其他开发/项目费用		
	Other development/project costs 其他开发/项目费用		
13	Risk（client's contingencies）风险（客户的意外情况）		
13.1	Design development risks 设计开发风险		
13.2	Construction risks 施工风险		
13.3	Employer change risk 雇主改变风险		
13.4	Employer other risk 雇主其他风险		
	Risk（contingencies）风险（意外情况）		
	Total contract/project cost 合同/项目总成本		

附录 E　工作包分解结构示例[1]

表 E　　　　　　　　　　　工作包分解结构示例

序列号	工作包标题/内容		后缀
1	Main contractor's preliminaries	主承包商的开办费	/01.1
2	Intrusive investigations: Asbestos and other hazardous materials Geotechnical and environmental investigations Attendance on archaeological investigations Work package contractor's preliminaries	深入调查： 石棉和其他有害物质 岩土工程和环境调查 进行考古调查 工作包承包商的开办费	/02 /01.2
3	Demolition works: Asbestos and other hazardous materials removal/treatment works Soft strip of building components and sub.components Soft strip of mechanical and electrical engineering services. Demolition. Work package contractor's preliminaries	拆迁工程： 石棉和其他有害物质清除/处理工程 建筑构件和子构件的软带 机电工程设备软带拆除 工作包承包商的开办费	/03 /01.2
4	Ground works: Contaminated ground material removal； Preparatory earthworks； Excavation and earthworks，including basement excavation，earthwork support and disposal； Temporary works – propping of existing basement retaining walls； Below ground drainage； Ground beams； Pile caps； Temporary works – piling mats/platforms； Ground bearing base slab construction，including waterproofing；and Basement retaining wall structures，including waterproofing. Work package contractor's preliminaries	基础工程： 去除被污染的地面材料； 准备土方工程； 土方开挖，包括地下室开挖，土方支持和处置； 临时工程一支撑现有的地下室挡土墙； 地下排水； 地面梁； 桩帽； 临时工程一打桩垫/平台； 地面承重底板施工，包括防水； 以及地下室挡墙结构，包括防水。 工作包承包商的预备	/04 /01.2
5	Piling： Piling works Work package contractor's preliminaries	桩： 打桩工程 工作包承包商的开办费	/05 /01.2
6	Concrete works： Frame Upper floors，including roof structure Core and shear walls Staircases Work package contractor's preliminaries	混凝土工程： 框架 上层，包括屋顶结构 核心和剪力墙 楼梯 工作包承包商的开办费	/06 /01.2

[1] 摘自《NRM2：建筑工程的详细测量》中附件 G：工作包分解结构示例（Example of a workpackage breakdown structure）。当使用工作包 BQ 分解结构时，用于编码工作包的后缀代码的典型示例。

序列号	工作包标题/内容		后缀
7	Roof coverings and roof drainage: Roof cladding/coverings； Flashings；and Roof drainage. Work package contractor's preliminaries	屋顶覆盖物和屋顶排水： 屋顶保护层/覆盖物； 挡雨板；以及屋顶排水。 工作包承包商的预备	/07 /01.2
8	External and internal structural walls: Structural steelwork Masonry（brickwork and blockwork） Roof systems and rainwater goods Cladding Curtain walling Carpentry General joinery Bespoke joinery Windows and external doors Dry linings and partitionsArchitectural metal work Work package contractor's preliminaries	外部和内部结构墙： 钢结构 砌体（砖砌和砌块） 屋顶系统和雨水挡板 保护层 幕墙 木工 普通细木工 定制细木工 窗户和外门 使衬砌和隔板处于干燥状态建筑金属工作 工作包承包商的开办费	/08 /01.2
9	Cladding: Cladding systems，including integral windows and external doors. Work package contractor's preliminaries	用材： 覆面系统，包括整体窗户和外门。 工作包承包商的开办费	/09 /01.2
10	Windows and external doors: （Non.integral to cladding system） Windows； Louvers； External doors；and Shop fronts. Work package contractor's preliminaries	窗户和外门： （不属于覆面系统） 窗户； 百叶窗； 外门；和 店面。 工作包承包商的开办费	/10 /01.2
11	Mastic: Mastic to windows，louvers and external door frames；and Mastic to wet areas. Work package contractor's preliminaries	胶泥： 胶泥窗，百叶窗和外部门框；和 潮湿地区的胶泥。 工作包承包商的开办费	/11 /01.2
12	Non.structural walls and partitions: Tiling（floor and wall） Internal stone finishes Painting and decorating Soft floor coverings Suspended ceilings Work package contractor's preliminaries	非结构性的墙壁和隔板： 平铺（地板和墙壁） 内部石材饰面 粉刷和装饰 软地板覆盖物 吊顶 工作包承包商的开办费	/12 /01.2

续表

序列号	工作包标题/内容		后缀
13	Joinery： Reception desk Internal door sets； Screens； Toilet cubicles； Timber wall linings to toilet cubicles； Skirtings；and All other second fix joinery items. Work package contractor's preliminaries	细木工： 前台 内部门闩； 屏幕； 厕所隔间； 木材墙壁衬里到洗手间隔间； 踢脚板；和 所有其他的安装细木工制品的项目。 工作包承包商的开办费	/13 /01.2
14	Suspended ceilings： Suspended ceilings Work package contractor's preliminaries	吊顶： 悬吊天花板 工作包承包商的开办费	/14 /01.2
15	Architectural metal work： All architectural metal work items Work package contractor's preliminaries	建筑金属工程： 所有建筑金属工程项目 工作包承包商的开办费	/15 /01.2
16	Tiling： Internal stone finishes Wall tiling；and Floor tiling Work package contractor's preliminaries	平铺： 内部石材饰面 墙面砖；和 铺设地砖 工作包承包商的开办费	/16 /01.2
17	Painting and decorating： Painting and decorating Work package contractor's preliminaries	粉刷和装饰： 粉刷和装饰 工作包承包商的开办费	/17 /01.2
18	Floor coverings： Carpet；and Vinyl tiles. Work package contractor's preliminaries	地板覆盖物： 地毯；和 乙烯基瓷砖。 工作包承包商的开办费	/18 /01.2
19	Fittings，furnishings and equipment： Cupboards and shelves to storerooms Loose fittings，furnishings and equipment；and Signage Work package contractor's preliminaries	配件，家具和设备： 橱柜和货架仓库 松散的配件，家具和设备；和标牌 工作包承包商的开办费	/19 /01.2
20	Combined Mechanical and Electrical Engineering Services： Sanitary appliances，including kitchenette sinks； Mechanical engineering services installations； Electrical engineering services installations； Public health engineering services installations（above ground）；and Lifts（by named subcontractor）. Work package contractor's preliminaries	机械和电气工程设施： 卫生用具，包括小厨房水槽； 机械工程设备装置； 电气工程设备装置； 公共卫生工程设施装备（地面）；和 升降机（由指定的分包商）。 工作包承包商的开办费	/20 /01.2
21	Lifts and escalators： Passenger lifts； Fire fighting lift； Platforms；and Escalators	升降机和自动扶梯： 乘客电梯； 消防电梯； 平台；和 自动扶梯	/21 /01.2

序列号	工作包标题/内容		后缀
22	Facade access equipment: Building maintenance units（BMUs），including proprietary storage units. Work package contractor's preliminaries	外观接入设备： 建筑外墙清洁维护单元（BMU），包括专有的存储单元。 工作包承包商的开办费	/22 /01.2
23	External works and drainage: External drainage Soft landscape works Hard landscape works Work package contractor's preliminaries	外部工程和排水： 外部排水 软景观工程 硬景观工程 工作包承包商的开办费	/23 /01.2

附录F 术 语 解 释

表F 术 语 解 释

编号	英文缩略语	中文翻译
1	Regional Electricity Company，REC	地区电力公司
2	Pooling & Settlement Agreement，PSA	电力库及结算规程
3	National Grid Company，NGC	英国国家电网公司
4	the New Electricity Trading Arrangement，NETA	新电力交易协议
5	E&W	英格兰和威尔士
6	Department of Trade and Industry，DTI	贸易与工业部
7	Office of the Gas and Electricity Markets，OFGEM	英国天然气及电力市场办公室
8	Great Britain，GB	苏格兰、英格兰及威尔士三大地区
9	The British Electricity Trading and Transmission Arrangements，BETTA	英国电力交易和输电协议
10	GB System Operator，GBSO	英国国家级系统操作机构
11	IPN	初始发用电曲线
12	National Grid	英国国家电网
13	TWh	太瓦时（单位）
14	Global Position System，GPS	全球定位系统
15	MWh	兆瓦时（单位）
16	Gigawatt，GW	十亿瓦特
17	The European Economic Area，EEA	欧洲经济区
18	Financial Conduct Authority，FCA	英国金融行为监管局
19	Electricity Supply Industry，ESI	英国电力供应产业
20	Central Electricity Generating Board，CEGB	中央电力局
21	Monopolies and Mergers Commision，MMC	垄断与兼并委员会

续表

编号	英文缩略语	中文翻译
22	Gross Domestic Product，GDP	国内生产总值
23	Consumer Price Index，CPI	居民消费价格指数
24	Renewable Obligation，RO	可再生能源义务制度
25	Feed－in Tariff，FITs	新能源补贴制度
26	Contract For Difference，CFD	差价合约
27	Department for Communities and Local Government，DCLG	英国社区与地方政府部
28	Building Regulations Advisory Committee，BRAC	建筑条例咨询委员会
29	Climate Change Act，CCA	气候变化法案
30	Renewable Energy Directive，RED	可再生能源指令
31	Emissions Trading Scheme，ETS	排放交易体系
32	Carbon Capture and Storage，CCS	碳捕捉及储存
33	Standard Method of Measurement of Building Works，SMM	建筑工程工程量标准计算规则
34	Royal Institution of Chartered Surveyors，RICS	英国皇家特许测量师学会
35	The Royal Institute of British Architects，RIBA	英国皇家建筑师学会
36	Union International des Architects，UIA	国际建筑师协会
37	Commonwealth Association of Architects，CAA	英联邦建筑师协会
38	Institution of Civil Engineers，ICE	英国土木工程师协会
39	New Engineering Contract，NEC	新工程合同
40	Office of Government Commerce，OGC	英国商务部
41	Risk Management，RM	风险管理
42	Value Management，VM	价值管理
43	Department for Business，Energy & Industrial Strategy，BEIS	商务、能源与工业战略部
44	department of energy and climate change，DECC	英国能源和气候变化部
45	Design－Build，DB	工程总承包
46	Public－Private Partnership，PPP	政府和社会资本合作
47	Private Finance Initiative，PFI	私人融资计划
48	Officer Electricity Regulation，offer	电力监管办公室
49	New Rules of Measurement，NRM	新测量标准
50	BEC	英国建筑业主联盟
51	Gross Internal Floor Area，GIFA	总内部建筑面积
52	Gross Internal Area，GIA	总内部面积
53	Site Area，SA	场地面积
54	Building Cost Information Service，BCIS	建筑成本信息服务
55	element unit quantities，EUQ	构件单位数量
56	element unit rates，EUR	构件单位价格

编号	英文缩略语	中文翻译
57	Principles of Elemental Classification for Buildings（International），PECB	建筑物构件分类原则（国际版）
58	Elemental Standard Form of Cost Analysis，SFCA	成本分析的构件标准格式
59	Standard Form of Civil Engineering Cost Analysis，SFCECA	土木工程成本分析标准格式
60	CEEC	欧洲经济合作委员会
61	Civil Engineering Standard Method of Measurement，CESMM	土木工程标准测量方法
62	Joint Contracts Tribunal，JCT	联合合同委员会
63	Fédération Internationale Des Ingénieurs－Conseils，FIDIC	国际咨询工程师联合会
64	international monetary fund，IMF	国际货币基金组织
65	International Construction Management Institute，ICM	国际建设管理学会
66	TPI	投标价格指数
67	RPI	零售价格指数
68	Value Added Tax，VAT	增值税
69	British Institute of Architectural Technologists，BIAT	英国建筑技术专家组织
70	Bill of Quantity，BQ	工程量清单
71	Work Breakdown Structure，WBS	工作分解结构
72	International Chamber of Commerce，ICC	国际商会
73	Major Project Construction Contract，MP	主要项目施工合同
74	Standard Building Contract，SBC	标准建设合同
75	SBC/AQ	带近似工程量的标准合同
76	SBC/XQ	不带工程量的标准建设合同
77	World Trade Organization，WTO	世界贸易组织
78	American institute of architect，AIA	美国建筑师协会
79	Engineering Procurement Construction，EPC	设计采购施工

参 考 文 献

[1] 杨晓梅. 英国电网建设及配电系统规划概览 [J]. 供用电, 2015 (9): 44 – 49.

[2] 张建勇. 从 NETA 到 BETTA [J]. 中国电力企业管理, 2005 (8): 15 – 16.

[3] 徐解宪, 王复兴. 英国电力改革和电力市场 [J]. 中国电力企业管理, 1998 (9): 44 – 46.

[4] 李帆, 朱敏. 英国电力市场及输电系统简介 [J]. 电力系统自动化, 1999, 23 (2): 33 – 40.

[5] 鲁海燕, 宋永华. 英国电力工业概述 [J]. 现代电力, 2005, 22 (2): 91 – 94.

[6] 吴兴华. 电力市场条件下的短期电价预测研究 [D]. 北京: 北京交通大学, 2007.

[7] 朱敏. 英国第三次电力工业改革—BETTA 实施 [J]. 现代电力, 2005, 22 (3): 94 – 98.

[8] 郗伟. 电力市场交易模式的比较研究 [D]. 华北电力大学 (北京), 2006.

[9] 英国电力市场调研报告 [R]. 清华大学电机系, 电子经济与信息研究室, 2015.

[10] 孙为民. 核能发电技术 [M]. 中国电力出版社, 2012.

[11] 发展改革委稽察系统政府投资监管体系赴英国培训团, 傅仲保, 张康民, 等. 英国政府投资项目监管的特点及分析 [J]. 中国投资, 2010 (5): 104 – 105.

[12] 张芝年. 英国对跨国并购的政策措施和监管特色 [J]. 新金融, 2007 (10): 59 – 61.

[13] 曾鸣, 周健, 于滢, 等. 国外电力改革对我国电力零售市场建设的启示 [J]. 改革与战略, 2009, 25 (4): 179 – 182.

[14] 杨凤, 朱琳娜. 电力产业市场准入的政府监管模式分析——英国的经验与中国的选择 [J]. 南昌工程学院经济贸易学院会议论文集, 2012: 112 – 116.

[15] 王汝英. 英国电力市场改革探讨 [J]. 天津电力技术, 2006 (1): 13 – 17.

[16] 王建文, 窦以松. 英国技术法规和标准体系特色与启示 [J]. 中国水利学会会议论文集, 2010: 554 – 557.

[17] 王振强. 英国工程造价管理 [M]. 南开大学出版社, 2002.

[18] 朱坚. 工料测量师在英国建设领域中的角色与职责 [J]. 安徽建筑, 2007 (6): 92 – 94.

[19] 孙海玲, 苏天宝. 工料测量师在英国工程造价中的地位与作用 [J]. 山西建筑, 2007, 33 (12): 229 – 230.

[20] 张春煜. 英国电力产业的政府监管 [J]. 世界经济研究, 2004 (5): 84 – 88.

[21] 王淑荣, 李颖, 孙忠云. 简介英国、意大利政府投资项目监督管理体制 [J]. 中国财政, 2007 (11): 76 – 77.

[22] 赵甜甜, 古晋川. 国内外政府对建设工程质量的监督管理探讨 [J]. 科协论坛, 2007 (7): 72 – 73.

[23] 吴学伟. 中国与英国工程造价管理比较研究 [D]. 重庆大学, 2002.

[24] 张庆. 国外工程造价管理经验与对我国的启示研究 [J]. 中国外资, 2011 (19): 62 – 62.

[25] 李玉彬. 国际工程项目成本管理方法研究 [D]. 天津大学, 1997.

[26] 曹洋. 基于建筑伦理的中国建筑设计协作机制优化研究 [D]. 天津大学, 2016.

[27] 刘芸. 浅谈建筑工程成本测算 [J]. 城市建设理论研究：电子版，2015（4）.

[28] 韩晔，张淑桃. 化工建设市场 EPC 总承包项目总承包商费用控制与利润 [J]. 化学工业，2008，26（11）：14−16.

[29] 文钧. 国际货币基金组织与世界银行 [J]. 世界知识，1994（22）：20−20.

[30] 李玉彬. 国际工程项目成本管理方法研究 [D]. 天津大学，1997.

[31] 高根. 工程造价中工程量清单计价问题的几点思考 [J]. 中小企业管理与科技（上旬刊），2008（9）：164−164.

[32] 夏勤，徐宏伟，杨晓春. 浅谈中美两国建设工程造价管理 [J]. 林业建设，2018（2）：91−94.

[33] 刘洪涛，王丽君，张少波. 浅谈工程投标文件的编制 [J]. 城市建设理论研究：电子版，2016（11）.

[34] 郑红彬. 近代在华英国建筑师研究（1840—1949）[D]. 清华大学，2014.

[35] Mcgill R. CESMM4 Civil Engineering Standard Method of Measurement [J]. Pavements，2012.

[36] 亢楠，王秀丽，赵新宇. 英国输电定价模式及在我国电网中的应用 [J]. 中国电力，2004，37（7）：24−28.

[37] Rudnick H，Palma R，Fernandez J E. Marginal pricing and supplement cost allocation in transmission open access [J]. IEEE Transactions on Power Systems，1995，10（2）：1125−1132.

[38] 吴雄志. 发达国家政府投资项目管理模式的分析与借鉴 [J]. 特区经济，2008（7）：100−10.

[39] 文安，黄维芳，张皓，等. 英国输电过网费定价机制分析 [J]. 南方电网技术，2015，9（8）：3−8.

[40] Xia Q，Can−Bing L I，Jiang J J，et al. Electricity Market Surveillance Summary [J]. Power System Technology，2003.

[41] 文安，刘年，黄维芳，等. 英国电力市场的价格机制分析 [J]. 南方电网技术，2015，9（1）：1−6.

[42] 杨丕磊. 国内外工程造价信息管理及信息化的研究与发展概况 [J]. 城市建设理论研究：电子版，2013（18）.

[43] 徐仁武. 英国电力市场竞争与监管 [J]. 电力需求侧管理，2003，5（1）：61−64.

[44] 陈泽. JCT 工程合同范本的经济学分析 [D]. 天津大学，2009.

[45] 高璐. "土木施工合同示范文本"与"JCT 合同条件"比较分析 [J]. 中国房地产业，2011（1）.

[46] 傅刚，费菁. 今日纽约——《世界建筑》专访系列 [J]. 世界建筑，2003（4）：24−46.

[47] 罗凤，向科. 英国土木工程师学会 NEC 合同及其特点[J]. 四川建筑科学研究，2005，31（3）：139−141.

[48] 李琳. FIDIC 合同条件在我国的应用研究 [J]. 中国科技信息，2011（9）：189−189.

[49] 尼尔 G. 巴尼. FIDIC 系列工程合同范本：编制原理与应用指南 [M]. 中国建筑工业出版社，2008.

[50] 何伯森. 工程项目管理的国际惯例 [M]. 中国建筑工业出版社，2007.

[51] 赖逸洁. 基于集成管理理论的施工项目成本管理研究 [D]. 江西理工大学，2012.

[52] 孙薇. 浅谈 FIDIC 合同条件下的投资控制 [J]. 城市道桥与防洪，2004（1）：73−76.

[53] 吕向. RICS 体系在铁路工程造价管理中应用的探讨 [J]. 中国铁路，2011（11）：57−60.

[54] 胡文发，何新华. 国际工程承包合同类型分析 [J]. 施工技术，1999，28（11）：38−39.

[55] 徐绳墨. 英国建筑合同制度介绍之二——JCT 合同文件简介 [J]. 建筑经济, 1993 (3): 41-44.

[56] 张水波, 何伯森. FIDIC 新版合同条件导读与解析 [M]. 中国建筑工业出版社, 2003.

[57] 张玲, 朱星宇, 陈勇强. 新版 FIDIC 系列合同条件中变更问题的辨析 [J]. 国际经济合作, 2018 (6).

[58] 孟凡超. JCT 合同变更计价研究 [J]. 价值工程, 2009, 28 (4): 100-102.

[59] 陈勇强, 张水波, 吕文学. 2017 年版 FIDIC 系列合同条件修订对比 [J]. 国际经济合作, 2018 (5).

[60] 梁鉴, 陈勇强. 国际工程施工索赔 [M]. 中国建筑工业出版社, 2011.

[61] 张树捷, 李岚. 标准施工招标文件与 JCT 调价方法的比较研究 [J]. 工程管理学报, 2011, 25 (3): 271-275.

[62] 张水波, 陈勇强. 国际工程总承包 EPC 交钥匙合同与管理 [M]. 北京: 中国电力出版社, 2009.

[63] 左敏. 浅谈 EPC 项目的计划管理与进度控制 [J]. 钻采工艺, 2011, 34 (6): 105-108.

[64] 杨海涛. 英国工程造价计价模式与招投标活动整合的经验及其启示 [J]. 华东经济管理, 2004, 18 (4): 146-149.

[65] 郭晓菡. 基于计算机仿真技术的施工成本、进度、质量集成控制方法研究 [D]. 浙江大学, 2004.

[66] 浦杰峰. JCT 合同模式的合同管理和造价控制职能 [J]. 山西建筑, 2011, 37 (22): 245-246.

[67] 汤炜. 国内工程建设总承包过程中的造价控制 [J]. 工程建设, 1999 (3): 32-36.

[68] 肖军, 毕承. EPC 模式下火力发电厂建设成本控制方法研究 [J]. 价值工程, 2016, 35 (15): 38-39.

[69] 周宪凤, 王发启. 施工监理过程中投资控制的作用 [J]. 黑河科技, 2000 (4): 28-29.

[70] 张树捷, 李岚. 标准施工招标文件与 JCT 调价方法的比较研究 [J]. 工程管理学报, 2011, 25 (3): 271-275.

[71] 何富刚. 水电工程施工索赔决策分析研究及系统开发 [D]. 四川大学, 2006.

[72] 崔为祥. EPC 工程合同适用会计准则问题研究 [D]. 华北电力大学 (北京), 2011.

[73] 张坤, 王卓甫, 丁继勇. 标准化工程总承包合同条件计价方式的讨论 [J]. 土木工程与管理学报, 2014 (4): 98-102.

[74] 姚长斌. EPC 总承包工程的进度计划管理 [J]. 国际经济合作, 2002 (7): 47-51.

[75] 孟繁荣. 铁路工程总承包模式合同管理探讨 [J]. 铁路工程技术与经济, 2012, 27 (4): 40-43.

[76] 杨明礼. 总承包模式下业主的风险防范 [J]. 中国电力企业管理, 2012 (11): 98-99.

[77] 曲艳杰, 毛金田. 合理解决施工索赔 [J]. 黑龙江水利科技, 2003, 30 (3): 150-150.

[78] 蒋川. 英国计价模式和工程造价的管理 [J]. 中国工程咨询, 2013 (8): 56-56.

[79] 严亚雄, 王建华. 国际工程承包中的 FIDIC 合同条件及应用问题研究 [J]. 上海大学学报 (社会科学版), 2000, 7 (2): 58-62.

[80] FIDIC [J]. 建筑, 2009 (14): 29.

[81] 郭娅. FIDIC《施工合同条件》和 NEC《工程施工合同》的比较研究 [D]. 华北电力大学 (北京), 2005.

[82] 梁晋. 英国政府采购特点及启示 [J]. 中国招标, 2016 (2): 19-21.

［83］ 王振强. 英国工程造价管理［M］. 南开大学出版社，2002.

［84］ 佚名. 英国工程招投标制度［J］. 电力标准化与技术经济，2007，16（2）：57－60.

［85］ 凌莉. 国外工程咨询合同与职业责任［J］. 科技与法律，1992.

［86］ 罗凤，向科. FIDIC 土木工程施工合同和 NEC 施工合同支付条款的比较［J］. 中国工程咨询，2004
（1）：35－37.

［87］ 陶庆林. 建设投资决策阶段造价控制的对策分析［J］. 消费导刊，2012（12）：86－86.

［88］ Akintoye A S，Macleod M J. Risk analysis and management in construction［J］. International Journal of
Project Management，1997，15（1）：31－38.

［89］ 韦华. 国际电力工程风险管理初探［J］. 市场周刊（理论研究），2013（3）：40－41.

［90］ 白光. 海外 EPC 电站项目建设风险管理实践［D］. 上海交通大学，2015.

［91］ 赵君华. EPC 工程总承包项目的风险因素与风险管理［J］. 大陆桥视野，2012（8）：45－45.

［92］ 袁照祥. 国际电力 EPC 总承包项目风险管理研究［J］. 中国市场，2017（35）：85－86.

［93］ 陈宗雷. 工程量清单计价下电力工程造价的风险管理措施［J］. 工程经济，2015（06）：22－26.

［94］ 有令超. 国际工程 EPC 总承包项目风险管理研究［D］. 天津大学，2016.

［95］ Bing L，Akintoye A，Edwards P J，et al. The allocation of risk in PPP/PFI construction projects in the UK
［J］. International Journal of Project Management，2005，23（1）：25－35.

［96］ 吴新民. 赴英、德两国电力工程造价考察体会［J］. 甘肃电力技术，2002（5）：43－46.